불멸의 넥타

니사르가닷따 마하라지의 가르침 2

불멸의 넥타

니사르가닷따 마하라지 지음
로버트 파웰 편집 | 김병채 옮김

The Nectar
of Immortality

 슈리 크리슈나 다스 아쉬람

만약 우리가 신의 발의 감로(넥타), 즉 차란 암리따(charan-amrita)를 얻어서 맛본다면, 마음은 정복될 수 있습니다. 이 말은 마음이 더 이상 우리를 지배하지 못할 것이라는 뜻입니다. 어릴 때부터 우리에게 부과된 마음의 지배력은 더 이상 우리를 억압하지 못할 것입니다……

그러나 그러한 상태를 어떻게 얻을 수 있습니까? 그것은 오직 우리가 "내가 존재한다(I am)."는 지식을 완전한 확신과 신념을 가지고 우리 자신으로서 완전히 받아들이고, '나는 "내가 존재한다."는 것을 아는 바로 그것(that)'이라는 견해를 단호하게 믿을 경우에만 가능합니다. "내가 존재한다."는 이 지식이 바로 차란-암리따입니다. 왜 우리는 그것을 암리따 즉 넥타라고 부릅니까? 그 이유는 우리가 넥타를 마심으로써 불멸의 존재가 되기 때문입니다. 따라서 진정한 헌신자는 "내가 존재한다."는 지식에 거주함으로써 죽음의 경험을 초월하고 불멸을 얻습니다.

의식은 홀로 빛을 내지 않습니다. 그것은 그 너머에 있는 빛에 의해서 빛을 냅니다. 꿈과 같은 의식의 특성을 보았다면, 의식이 나타나고 의식에 존재를 부여하는 빛을 찾으십시오. 의식의 자각은 물론 의식의 내용도 있습니다.

개념을 상술하고 늘리는 것은 간단합니다. 그러나 모든 개념을 버리는 것은 어렵고도 드문 일입니다.

슈리 니사르가닷따 마하라지

감사의 말

이 책은 슈리 니사르가닷따 마하라지에게 헌신하는

소수의 사람들이 함께 노력하여 만들어졌습니다.

그래서 편집자로서 그들에게 감사를 드립니다.

특히 이 대담이 있을 당시에 주요 통역자였을 뿐만 아니라,

마라띠어의 정확한 영어 번역을 위해 원고 내용을 점검해 주신

손미뜨라 K. 물라르빠딴에게 감사를 드립니다.

또한 용어 해설의 편집에 귀중한 도움을 주신

캘리포니아 샌디에이고 대학의 랜스 넬슨 박사, 제프리 M. 매슨 박사,

그리고 R. 랑가나탄 박사에게도 감사를 드립니다.

목차
Contents

권두언 · 11

서문 · 16

머리말 · 18

편집자의 말 · 28

1. 수태하기 전에 나의 정체는 무엇이었는가? · 33

2. 존재성의 출현 · 53

3. 시간은 불임 여성의 자식이다 · 71

4. 지금까지 5원소의 유희를 방해한 것은 아무것도 없다 · 91

5. 우빠니샤드를 넘어서 · 111

6. 신의 발의 넥타 · 129

7. 절대적 상태를 깨닫기 위해서는 존재성마저도 초월해야 한다 · 141

8. 몸 정체감이 없다면, 마음은 어디에 있는가? · 159

9. 존재성의 촉감을 통하여 우주 전체가 생겨난다 · 179

10. 음식이 있는 곳이면 어디에나 그것은 거주한다 · 195

11. 가장 높은 상태도 가장 높은 자에게는 소용이 없다 · 209

12. 그대가 무엇을 보든지 그대는 그것이 아니다 · 231

13. 목격이 일어나기 위해서는 목격 이전에 그대가 존재해야 한다 · 251

14. 공간보다 더 미묘한 것은 "나의 존재성"의 느낌이다 · 269

15. 존재성이 그 자체 내로 융합되는 것이 바로 희열의 원천이다 · 279

16. '무지 상태의 아이 원리'를 이해하려고 노력하라 · 285

17. 자신의 정체성을 알기 위해서는 자신의 시작을 알아야만 한다 · 291

18. 그대의 존재성은 마음의 시작이자 끝이다 · 307

19. 깨달은 사람에게는 이 세상에서 일어나는 모든 작용이 바잔이다 · 317

20. 그대의 존재 느낌을 고수하라 · 329

21. 태어나기 이전의 상태로 돌아가라 · 339

용어 해설 · 357

참고 문헌 · 368

권두언

믿을 만한 성자로부터 "새로운" 이야기가 나올 때마다, 그 이야기들은 그들을 열렬히 따르는 사람들의 손에서 다시 한 번 "길"이나 "방식", "방법", "수련", "진리"—요컨대, 가장 최근에 나온 "자기해방"의 수단이 된다. 구루와 요가도 유행을 탄다는 것은 전혀 놀라운 일이 아니다. 그들은 나타났다가 사라진다.

　슈리 니사르가닷따 마하라지의 두드러진 특징은 "그의" 방식인 아뜨마 요가가 다른 방식들 가운데서도 최고의 방식으로 제시되고 있지 않다는 것이다. 오히려 그는 요가 그 자체의 본질에 우리의 주의를 환기시킨다. 이것은 우리가 아직 시작하지도 않고 있었던 그 지점을 넘어가 버리는 노력을 하지 않도록 가장 절대적인 중지를 요구한다. 사물의 본질이, 나타난 사물 그 자체가 아닌 것(예컨대, 요가의 본질은 나타난 요가의 수련이 아니다)과 마찬가지로, 마하라지도 다른 존재들 가운데서 특별히 눈에 띄는 한 존재로 간주되는 것을 기꺼이 받아들이려 하지 않았을 것이다. 이러한 자세가 우리의 일상적인 방식으로 하고 있는 일상적인 사고에 충격을 준다. 그럼에도 불구하고, 만약 우리가 겉으로 보기에 이해할 수 없는 이러한 것을 거부하지 않고, "그의" 전혀 평범하지 않은 방식이기는 하지만, 우리의 마음을 사물의 핵심 속으로 밀어 넣는 그의 초대에 응한다면, 우리는 조만간 참나 탐구의 필수적인 요가인 아뜨마 요가에 대한 고정된 성향을 즐길 것이다. 그리고 그는 이것을 우리가 경험하도록 즐겁게 요청하고 있다.

실은, 요가의 본질은 '진정한 실재'가 실현되도록 '그냥 내버려두는' 것이다. 그냥 내버려두는 것이란 어떤 것을 하거나 어떤 것을 만드는 것이 아니다. 만약 내가 옛날의 개념들을 기억하면서 새로운 개념을 만들어 내거나 혹은 나 자신이나 타인들을 조종함으로써 출발한다면, 나는 마하라지가 나에게 하라고 요청하는 것을 깨달을 수 없다. 그렇다면 남아 있는 것은 무엇인가? 로버트 파웰 박가가 편집한 이 번역본은 그 자체로서 이러한 질문과 그 대답을 명확히 밝혀 주기에 충분하다. 이 권두언은 그 번역본을 바꿔서 말하려는 것이 아니라, 그들을 연구하는 유익한 관점이 될 수 있는 것을 매우 간략하게 제안하려는 것이다.

일상적인 방식으로 살아가는 일상적인 삶은 여러 동기의 충돌 속에서 영위된다. 자신의 개인적인 생애에서 비전과 수행은 서로 조화를 이루지 못한다. 믿을 만한 요가를 해야 그것들은 조화될 수 있다. 비전의 관점에서 마하라지는 "나는 '내가 존재한다.'는 것을 아는 그것이다."라고 철학적으로 심오하면서도 동시에 영적으로 정확한 자아의 정의를 내리고 있다. 이는 자기의 위치를 개념이나 언어의 어구에 두지 않고 오히려 근원에 둠으로써 마음을 고요히 쉬게 하는 것을 깨닫게 하여 자기에 대한 오해에서 해방시켜 준다.

요가의 전반적인 영역인 수행의 관점에서 보면, 그 문제는 언어에 대하여 훨씬 더 다루기 어렵다. 그 이유는 성자가 말하듯이, "그대는 개념을 받아들이고, 그 개념에 멈추어 버린다. 따라서 그대의 영적인 진보는 개념적인 차원에서 정체되어 버리기" 때문이다. 명상을 방해하는 것은, 다시 말하자면, 개념을 붙잡고 있는 것은 정확히 이 때문이다. 그러므로 "…… 그냥 존재하라. 아무것도 하지 말라…… 어떤 것도 해서는 안 된다. 그러면 그대의 모든 난제들은 해결될 것이고 풀릴 것이다."라는 조언을 해 주는 것이다. 믿을 만한 명상이 발견하는 것은 바로 근본적인 "나의 존재"에 대한 관계를 초월하는 직관인 것이다.

마지막으로, 이러한 직관은 "어디"에서 이해되고 간직되는가? 그것은 정확히 지성이 "가라앉는" 존재성(beingness)과 비존재성 (non-beingness)의 경계선 상에 있을 때이다. 여기서 마하라지는 우리에게 믿을 만한 요가의 분야를 소개하며 그의 진정한 영적인 투사의 정신을 드러낸다. 비록 오직 개념적이기는 하지만 잠시 이 경계선 상을 살펴보자. 한편으로 성자는 "세상은 경험적이지만, 절대적 상태로서 그대는 비경험적이다."라고 말한다. 다른 한편으로,

"'그대가 존재한다.'는 이 경험은 열병처럼 나타났다. 이 열병이 왜 그리고 어떻게 생겨났는가? 여기에 대해서는 아무런 설명이나 이유가 없다." 그의 가르침 전체를 보면, 마하라지는 이 현상을 그토록 간략하게 내버려두지 않는다. 이른바 그가 '마하 요가'(《바가바드 기따》 2장 16절과 비교하라)라고 부르는 "존재성(beingness)과 비존재성(non-beingness)의 경계선"을 실제로 주장하고자 한다면 그는 그렇게 내버려둘 수가 없다. 절대적 상태와 현상의 교차 지점인 이 경계선은 '진정한 실재'가 발견되는 "장소"이다. 사실, 아무것도 없는 것이 아니라 왜 어떤 것이 있어야 하는지를 알 수 없는 것과 마찬가지로, 절대적인 의미에서 "그대가 존재한다."는 이 열병이 왜 생겨났는지를 우리가 알 수 있는 방법은 전혀 없다. 그러나 그것은 상대적으로 볼 때는 맞지 않다. 왜냐하면 환영의 가능성이 없다면, 깨달음의 조건도 전혀 없기 때문이다. "밧줄을 통해 뱀을 보지 않는 것은 밧줄을 볼 수 있는(즉 밧줄을 밧줄로서 볼 수 있는) 필수 조건이다." 마하라지의 《나는 그것이다》에 나오는 이 말은 "경계선"의 지위를 명확히 해 주며, 사실상 참나의 깨달음에서 뱀이나 마야가 담당하는 역할을 확인해 준다. 마치 '진정한 실재'가 하나의 경험인 것처럼 주제넘게 '진정한 실재'를 직접적으로 공격하는 것을 그의 가르침은 얼마나 아름답게 피하고 있으며, 또한 분별없이 자아를 현상과 동일시하는 것도 피하고 있는가!

우리 자신을 이 경계선에 굳건히 안주하도록 하는 데는 용기와 인내가 필요하다. 성자는 《나는 그것이다》에서 다음과 같이 말하고 있다. "나에겐 확신이 필요 없다. 나는 용기에 따라 산다. 용기는 생명에 대한 사랑인 나의 본질이다. 나는 과거에 대한 기억과 미래에 대한 기대도 없으며, 현재의 나와 나-아님에도 관심이 전혀 없다. 나는 자기의 묘사와, '소함(soham)'('나는 그분이다')과 '브람마스미(brahmasmi)'('나는 지고자이다.')에 중독되어 있지도 않다. 이런 것들은 나에게 아무 소용이 없다. 나는 공(nothing)으로서 존재하며 이 세상을 있는 그대로, 즉 공(nothing)으로서 볼 수 있는 용기를 가지고 있다. 그것은 간단한 것처럼 보인다. 그러나 그냥 그것을 한 번 시도해 보라!"

이러한 대화들은 생각과 말 너머에 있는 그 빛나는 심연을 가리킨다. 그러나 그렇게 말하기 위해서는 말이 필요하다. 따라서 태어나지도 않고 죽지도 않는 고마운 마음으로 우리는 슈리 니사르가닷따 마하라지와 로버트 파웰 박사, 기타 모든 사람들에게 감사를 드린다. 왜냐하면 그들의 특별한 지식과 헌신으로 말미암아 이 마지막 번역본이 전수되어 우리가 우리의 계속적인 명상에 그것을 사용할 수 있게 되었기 때문이다.

캘리포니아 샌디에이고
샌디에이고 주립대학 종교학부
명예교수
알란 W. 앤더슨

서문

슈리 니사르가닷따 마하라지의 마지막 가르침에서 분명하게 전해
지는 메시지는 이른바 그대가 "나타나기" 전의 상태로, 다시 말해,
그대가 그렇게 기꺼이 그리고 생각 없이 그대 자신과 동일시했던
특정한 몸이 나타나기 전의 상태로 돌아가라는 것이다. 비록 그대
의 몸은 부서질지라도 완전한 상태이며, 비록 그대에게 세속적인
재산은 없다 할지라도 부유한 상태이며, 그리고 그대 주위의 세상
은 불타오를지라도 동요함이 없는 평화와 평온의 상태인 그러한
영원 속에 존재하라.

　나타나기 이전의 그 상태는 바로 지금이며, 그리고 언제나 지금
이다. 왜냐하면 그것은 시간 그 자체가 있기 이전에, 다시 말해,
"변화"의 탈을 쓴 시간이 우리의 삶을 지배하고 우리를 예속시키
는 폭군과 같은 개념으로서 나타나기 이전에 존재하기 때문이다.

그것은 공간, 시간, 경험의 전 세계, 그리고 우리가 소중히 안고 있는 모든 환영과 같은 이 모든 변화가 일어나는 무변화의 실재이다. 따라서 마하라지의 지혜를 깊이 생각하고 그것을 즐거이 받아들이는 것이 진정 신들의 감로를 맛보는 것이다. 왜냐하면 그렇게 함으로써 우리는 우리 본래의 순수한 희열의 상태로 돌아가서 우리의 '진정한 근원'을 재발견할 수 있기 때문이다.

머리말

이들 이야기들이 실제로 다루고 있는 내용은 초월 즉 "넘어서는 것"이며, 슈리 니사르가닷따 마하라지는 초월이란 기술의 진정한 대가이다. 이 초월의 실제적인 성격을 인식하지 않고서는 마하라지를 결코 올바르게 이해할 수 없다. 왜냐하면 우리의 모든 노력이 단순한 지적인 활동으로 남아 있기 때문이다. 그리고 영적인 탐구에서 만날 수 있는 커다란 함정 가운데 하나는, 자신은 최종 목표를 달성했다고 줄곧 생각하지만 어떤 특정한 단계에 달라붙어 꼼짝 못하는 것이다.

이러한 경우에 초월의 과정은 두 단계로 이루어진다. 첫째로, "주의로 가득 찬" 관찰과 명상을 통하여 기능적으로 자신의 정체가 무엇인지를 철저하게 이해함으로써 우리는 존재 의식에 대한 깨달음, 즉 "개성"의 기미라고는 조금도 없는 가장 순수한 상태에서의 "나의 존재성(beingness)"에 대한 의식에 이를 수 있다. 왜냐하면 이 의식은 실제로 우주적 의식이며 오직 "나"를 초월함으로써만 깨달아질 수 있기 때문이다.

이러한 깨달음에 필수적인 것은 우리가 몸과 동일시함으로써 모호해진 우리의 진정한 정체성에 대한 이해이다. 몸 그 자체는 활동력이 없고 어떠한 정체성도 선언하지 않는다. 우리는 몸과 동일시함으로써 실제로는 전혀 한계가 없는 우리의 참나에 한계를 부과하고 있다. 따라서 우리는 모든 대상들과 "개성들"이 나타났다가 사라지지만, 본질적으로는 "개성이 없는" 즉 비개성적인 완전한 상태이다. 이런 그릇된 몸과의 동일시를 차단할 때, 우리의 진정한 본성은 무형으로서, 즉 몸도 없고 마음도 없는 것으로서 나타난다. 따라서 거기에서는 마음이 '무심'의 상태에 첨가된 단순한 "내면의 소음"이나 혹은 인위적인(즉, 개념적인) 골격, 즉 나타난 역동적인 의식으로서 보여진다. 이러한 상태에서는 아무런 욕구나 요구 사항이 없다. 그래서 더 이상 어떠한 문제도 존재할 수 없다.

생명력이 없는 고깃덩어리와 우리를 구별시켜 주는 지각력인 이러한 의식이나 존재성은 어떤 뚜렷한 인과율도 적용받지 않고 밤중의 낯선 이처럼 우리에게 다가온다는 것도 또한 분명히 알아야 한다. 비록 본질적으로 엄격하게 시간적인 성격을 띠고 있으며 간헐적으로 나타나지만, 그것은 몸의 의식에 머물고, 또 몸과 정신의 결합을 이루고 있는 다양한 경험과 개념적인 이미지에 대한 기억에 머무름으로써 늘 시간적인 지속성을 유지하려고 애쓴다.

초월 과정의 두 번째 단계는 심지어 이러한 존재성이나 우주적 의식마저도 초월하는 것이다. 존재성은 그것이 갖고 있는 앎의 양상으로 그 자체를 초월하여, 우리가 오직 현상이나 나타남만으로서 그 존재성이지만 근본적으로 우리는 전혀 그것이 아니라는 깨달음으로 이끌고 간다. 우리는 이러한 시간적인 것들이 전혀 아니다. 왜냐하면 공간과 시간은 우리의 존재 밖에서는 전혀 실재가 없기 때문이다. 그것은 존재성이 인지적 경험의 양상으로 있을 때, 다시 말해, 우리로 하여금 본질적으로 형상도 없고 시간도 없는 것을 순차적으로 일어나는 "대상"으로서 볼 수 있게 해 주는 하나의 경험적인 구조로서 생겨났기 때문이다. 그래서 피상적이고도 첨가된 이 모든 외양들을 다 제거하고 나면 그 뒤에 남는 우리의 정체는 무엇이겠는가? 우리는 항상 지금까지도 무시간적으로 존재해 왔으며 앞으로도 항상 무시간적으로 존재하게 될 그것, 다시 말해, 상대적인 이 전체 세계를 만들어 낸 참 근원이나 절대적 상태이다. 다른 한편으로, 존재성은 엄격하게 시간적이기 때문에 심지어 그 자체를 지지할 수도 없다. 그것은 절대적 상태의 지지를 필요로 하고 있다. 그래서 궁극적으로 우리는 바로 그것(That)이다.

흔히 볼 수 있는 한 가지 문제는, 사실은 우리가 언제나 그것임에도 불구하고, 우리가 그것에 '도달'하기를 바란다는 것이다. 우리는 참나의 깨달음이 절대적 상태를 "알게 되는 데", 혹은 "아는 데", 혹은 "경험하는 데", 혹은 "이해하는 데" 있다고 생각을 한다. 이들은 모두가 오직 존재성에만 적용되는 이원성의 양상들이다.

바다에 있는 물고기가 자신의 역할을 다하기 위하여 물에 대한 어떤 자각을 가질 필요가 있는가? 공간 속에 사는 우리 인간들도 공간에 대한 특별한 이해가 필요한가?

이와 관련하여 마하라지는 "그대가 무엇을 이해하더라도 그대는 이해하는 그것이 아니다. 이해가 없는 상태에서 그대는 그대 자신을 이해하게 된다."라고 역설적으로 말한다. 그러므로 최선의 방법은 (그것에 대하여) 생각하려고도 하지 말고, 다시 말해, "마음"과 같은 혼란을 첨가시키지도 말고, 단순히 그냥 존재하라는 것이다.

이때 특히 우리를 아프게 하는 것은 기존의 사회적 가치관의 완전한 전도이다. 우리의 궁극적인 참 실재를 일종의 공(Nothingness)이나 텅 빔(Emptiness)으로서, 어떤 유용한 목적을 향한 계속적인 이동이나 활동이 아닌 영원한 정적(Stillness)으로서 보는 것은 사태를 혼란에 빠뜨리는 것과 같다. 문제는 우리가 본질적으로 깨어 있는 상태를 위해 살아가고 있다는 것이다. 이 상태에서 우리는 "행위자"로서 일을 하며, 우리가 상상하는 안전이나 행복을 향하여 노력해 가며, 그 과정에서 늘 더 많은 "경험들"을 모으게 된다. 동시에, 잠의 상태는 "시간의 낭비"는 아닐지 몰라도 부적절한 막간이나 무서운 저승사자로 간주되고 있다. 그러나 사실은 정반대이다. 즉, 깨어 있는 상태만이 "시간"이다. 그리고 그 모든 것은 불가피하게 잃어버려야 할 존재성(beingness)의 일부분이다. 그래서 궁극적으로 무엇이 유용하다는 것인가? 사물에 궁극적인 유용성이 있다는 개념은 가장 깊은 차원에서는 절대적 상태의 시간(Time)과 동일하기 때문에, 잘못된 것으로 버려야만 한다. 마하라지가 그토록 예리하게 지적했듯이, "심지어 가장 높은 상태도 가장 높은 자에게는 소용이 없다."는 것이다.

꿈이 없는 수면 상태에서는, 그날의 활동에 대한 모든 기억들도 사라지고, 그러면 어떤 문제도 없다. (보내거나 낭비할) 어떤 "시간"도 없다. 그래서 우리가 깨어나면 단지 희열의 상태에 대한 기억만을 가지게 된다. 사실, 깨어 있는 상태는 단지 또 다른 꿈에 지나지 않고, 우리가 잠을 자면서 꿈을 꾸도록 하는 똑같은 구조의 일부에 지나지 않는다는 것이다.

위에서 간략하게 소개한 두 가지 초월은 아마도 다음의 비유를 통해 더욱 명확해질 수 있을지 모르겠다. 우리가 영화를 보고 있는 동안, 우리는 스크린에 나타난 움직이는 모습들의 실재에 너무 마음을 빼앗긴 나머지, 그것들이 실제로는 상당한 수의 정적인 사진들이 만들어 낸 그림자라는 것과, 또 우리가 실제로 보고 있는 것이 스크린뿐이라는 것을 잠시 잊어버린다. 이러한 관찰에서 스크린은 유일한 실재이고, 그 밖의 모든 것은 외양이며 그러므로 환영과 같다. 이 같은 비유는 우리의 세계에 대한 인식과 우주적 의식이나 존재성(beingness)에서 볼 수 있는 따로 독립된 개체들과 각각 관련이 된다. 그러나 궁극적으로 이 스크린은 영사기에서 나온 빛이 없었다면 관찰되지 않았을 것이다. 그리고 우리가 실제로 인식하는 것은 스크린에 반사된 그 영사기의 빛인 것이다. 마찬가지로, 존재성(beingness)은 절대적 상태의 빛이 없었다면 나타날 수 없었을 것이다. 그리고 물리적인 빛 그 자체가 직접 인식될 수 있는 것이 아니라, 오직 표면을 배경으로 반사를 통해서만 인식될 수 있는 것과 꼭 같이, (순수한 주체성으로서) 절대적 상태도 직접 경험될 수 있는 것이 아니라, 오직 ("객체"성으로서) 상대적인 세계를 배경으로 반사를 통해서만 의식으로서 현시된다.

마하라지는 여러 차례에 걸쳐서 "다섯 가지 원소들"[1]에 입각한 "세 가지 구나들"[2]의 작용과 그들의 상호 작용으로서 존재성(beingness)에 대한 모든 것을 언급할 때 인도인들의 우주관을 약간 소개한다. 한 가지 이유는 분명히 인도에 사는 그의 독자들에게 너무나 잘 알려져 있는 이들 전통적인 인도인들의 종교의 개념들과의 관계를 입증하려는 것이다. 그러나 나는 더 중요하게 고려해야 할 사항이 절대적으로 "행위자"의 존재를 허용하지 않는 세계 과정의 엄격하게 비개성적인(impersonal) 성격을 강조하는 것이라고 생각한다. 결국 만약 우리가 비개성적인(impersonal) 원소들의 그러한 상호 작용의 결과로서 생겨났다면, 우리는 본질적으로 여전히 ("비개성적인") 그것일 수밖에 없다. 왜냐하면 어떠한 때에도 하나의 개념으로서를 제외하고는 개인의 실체가 도입되지 않았기 때문이다. 또 어떤 때는 마하라지가 우주적 의식을 "화학적"인 것이라고 언급하는데, 이것은 그것의 타고난 기계적인 성격을 강조하는 것이다.

따라서 우리는 필연적으로 모든 것이 자동적으로 일어나며, 개

1과 2. 55페이지의 주석을 참조하라.

인적인 행위자는 완전히 우리가 만들어 낸 상상의 산물이라는 결론에 이르게 된다. 우리는 또한 독립된 "내"가 근본적인 차원에서 개인적 영혼의 주입이나 "창조"를 일으켰을 것이라고도 말할 수 있다. 우리의 진정한 본성이 무엇인지를 이해했기 때문에, 이제 마하라지는 "영혼 창조설"에 대한 모든 이론들을 신기하게 초월한 것처럼 보인다!

더욱더 주목해야 할 점은 마하라지는 그의 가르침을 통해 다른 모든 이원성들도 명시적으로나 묵시적으로 또한 시종 초월하고 있다는 것이다. 심지어 인도의 철학 사상에서 오랫동안 논쟁의 초점이 되어 왔던 문제, 즉 이원성이나 비이원성이 궁극적인 실재의 본질이냐 하는 근본적인 문제마저도 초월했다는 것이다. 존재성(beingness)이나 나타남의 차원에서, 모든 구분들이 실재가 아니며 어느 하나도 참나의 속성 즉 내재적인 정체성을 가지고 있지 않다는 것을 봄으로써, 우리는 궁극적인 실재가 비이원성 즉 '아드바이따'라는 분명한 확신에 이르게 된다. 그러나 이러한 이해마저도 절대적인 상태, 즉 나타나지 않은 상태의 차원에서 존재 그 자체를 초월할 때는 쓸모없게 된다. 절대적 상태는 속성이 없거나 특성이 전혀 없기 때문에 비이원적이라고도 말할 수 없다. 왜냐하면 그것은 이원성과 비이원성 그 둘 다를 초월해 있기 때문이다.

이 문제에 접근하는 또 하나의 길은 "이원성이나 비이원성에 대한 이 문제를 누가 제기하는가?"를 물어보는 것이 될 것이다. 그는 분명히 사정에 따라서 이원성이나 비이원성의 속성을 가지고 있어야만 한다. 그리고 이것은 이 문제에 대한 그의 결론을 무의미하게 만들어 버린다. 왜냐하면 프로타고라스가 "인간은 만물의 척도이다."라고 너무나 웅변으로 잘 말했듯이, 세계에 대한 인식은 반드시 인식하는 사람의 본성과 접촉해 있기 때문이다. 이 말은 답이 이미 질문 속에 포함되어 있어서 실제로는 오직 질문자의 한계를 분명히 해 줄 뿐이라는 뜻이다. 이 점에 대한 명상은 질문하는 지성을 가라앉히고 지성의 초월로 이끈다.

유신론과 무신론의 이원성도 마찬가지로 초월된다. 일신론이나 다신론도 오직 존재성(beingness)의 영역에서만 있을 수 있다. 마하라지의 우주관에서, 신은 가장 높은 상태가 아니다. 왜냐하면 신도 절대적 상태의 지지를 필요로 하기 때문이다. 그가 너무도 자주 말한 것처럼, "신이 존재하기 위해서는 그대가 먼저 존재해야만 한다. 그대가 없다면 신도 존재할 수 없다."

마지막으로, 마하라지는 헌신과 지식인 '박띠'와 '냐나(jnana)'라는 독립된 길을 초월하고 있다. 이 두 접근 방법은 가장 높은 상태로 이끌 수 있다. 그에게 가장 도움을 주는 것은 그 사람의 기질과 적성에 달려 있다. 그러나 은총의 순간에 볼 수 있는 궁극적인 개화는 동일하다. 즉, 자아의 최종적인 복종이다. 그것은 어떠한 길이나 어떠한 개인적 특성들도 초월하는 사건이다. 따라서 마하라지의 독특함은 아마도 그의 가르침의 보편성일 것이다. 왜냐하면 그 가르침은 가슴 지향적인 사람이나 머리 지향적인 사람에게, 즉 동양과 서양에 동일하게 타당하고 적절하기 때문이다.

불멸의 넥타

편집자의 말

위대한 아드바이따 스승들이 가르치는 것의 기본적인 진리는 본질적으로 동일하다. 그것은 오직 하나의 실재만이 존재하기 때문에 예상할 수 있는 것이다. 그러나 스승들은 이 가르침의 다양한 측면들 가운데 서로 다른 측면을 강조하며, 각자 이러한 목적을 위해 약간씩 다른 전문 용어를 이용하거나, 혹은 이러한 용어들을 그들의 목적에 맞도록 융통성 있게 사용하고 있다.

　따라서 마하라지가 대화 속에서 사용하는 '내가 있음(I-am-ness)' 이나 '존재성(beingness)'이란 말은 일반적으로 자기 자신을 몸이라고 여기는 데서 생겨나는 독립적인 정체성에 대한 의식에 기본적으로 바탕을 두고 있는 제한적인 이해 상태들을 나타낸다. 그 용어들은 완전히 관념적이다. 흔히 마하라지는 이들 용어를 서로 바꾸어 사용하기도 한다. 또 어떤 때는 그가 전달하고 싶은 강조점에 따라서 존재성을 '내가 있음'을 초월하는 데서 일어나는 다소 우월한 상태로서 나타내고, 또 현시된 의식과 동등시하기도 한다. 마하라지는 또한 존재성을 '의식(consciousness)'이나 '앎(knowingness)'이라 언급하기도 하는데, 그에 의하면 그것은 여전히 (물질성에 뿌리를 둔) 다섯 원소의 소산이다. 따라서 그는 이렇게 말하고 있다. "'내가 존재한다'(I am)나 '존재성'에 대한 이러한 지식은 절대적 상태(절대자)를 가리는 망상의 외투입니다. 그러므로 브람만이 초월될 때는 오로지 빠라브람만만이 존재하며, 거기에는 '내가 있음'에 대한 지식이 조금도 없습니다." '존재성'의 상태[3]는 분명히 불완전하고 일시적인 이해의 상태이다. 그것은 마하라지의 다음 말에서 분명히 증명되고 있다. "현자들과 예언자들은 처음에 '존재성'의 의미를 인지하였습니다. 그 다음 그들은 그것에 대하여 명상을 하고 거기에 머물렀으며, 결국은 그것을 초월하여 궁극적인 깨달음을 얻게 되었습니다."

'내가 있음'이나 '존재성' 혹은 '앎'이 물질적인 원소들에서 번갈아 일어나는 몸에 바탕을 두고 있는 반면에, 절대적 상태(절대자)는 모든 '물질성'을 초월해 있어서 더 이상 말로 설명할 수 없다. 절대적 상태의 경우에는 어떤 말을 할 수 있는 수단이 없다. 절대적

---

3. "상태"라는 용어는 말로 나타낼 수 없는 불변의 바탕인 보다 기본적인 실재의 "조건", 즉 제한을 의미한다. 그러므로 이러한 제한을 표현할 때 새끼줄에서 뱀을 보는 것과 다소 유사한, 빠라브람만의 "비–상태"(non-state)에 덧씌워진 첨가물이라고 표현하는 것이 더 정확할 것이다.

인 의미에서 나의 본질은 어떠한 말로도 전달하는 것이 불가능하다. 그 궁극적인 자각 속에서는 현존해 있다는 의식을 가지고 있는 사람이 아무도 없다. 현존 그 자체가 절대적 상태에서는 없는 것이다.

마하라지의 가르침에 의하면, 개인의 의식이 우주적인 현시된 의식으로 초월할 때, 후자는 현시되지 않는 존재(the Unmanifest) 즉 빠라브람만에 의지하여 그 안에 있다. 거기서 후자는 '우주가 소멸되어도 영향을 받지 않는 원리'를 나타내며, 상태-없음(non-state)이다. 그는 또한 다음과 같이 말한다. "절대적 상태인 그대는 어떠한 몸의 정체성도 없는 완전하고, 완벽하며, 태어남이 없는 존재라는 이 사실을 분명히 이해하십시오." 그의 가르침에서 그대는 절대적 상태로서 지금도 과거에도 결코 어떤 태어남도 없었다. 모든 형상들은 다섯 원소들의 작용의 결과이다.

이 빠라브람만은 이원성과 비이원성 둘 다를 초월해 있다. 왜냐하면 그것은 공간과 시간보다 앞에 있기 때문이다(우리는 당연히 물질-정신계 즉 의식 내에서의 이원성이나 비이원성에 대해 이야기할 수 있을 뿐이다). 존재하는 것은 절대적 상태 혹은 자신의 본질인 궁극적 주체이다. 왜냐하면 그것을 경험할 어떤 사람이나 어떤 것도 더 이상 없고, 심지어 의식마저도 없기 때문이다.

마지막으로 여기서 주목해야 할 점은 전통적인 베단따 경전은 물론이고 다른 성자들도 보통 '내가 있음'과 '참 존재성'(대문자 B로 시작하는 Beingness)을 '빠라브람만'이나 '절대적 상태'와 서로 바꾸어 사용하고 있다는 것이다. 따라서 절대적 상태는 참 의식(대문자 C로 시작하는 Consciousness)으로 일컬어지기도 하고, (슈리 라마나 마하리쉬의 경우) 일관성 있게 '참나(Self)'라는 용어로서, (슈리 아뜨마난다의 경우) '나-원리(I-Principle)'라는 용어로서 표시되기도 한다.

"심지어 이 의식마저도 모든 것이 아닙니다. 그래서 그것은 항상 지속되지는 않을 것입니다. 그 의식이 어떻게 일어나는지, 즉 그 의식의 근원을 찾아내십시오······ 이 몸은 무엇입니까? 몸은 음식과 물의 축적물에 불과합니다. 그러므로 그대는 몸이나 의식과는 분리된 별개의 어떤 것입니다."

슈리 니사르가닷따 마하라지

"지바뜨만은 세상과는 분리된 개인으로서 몸-마음과 동일시하는 자입니다. 아뜨만은 단지 존재성 혹은 의식에 불과하지만, 그것은 세상입니다. 이 존재성을 아는 궁극적인 원리에는 어떤 이름도 붙일 수 없습니다. 그것은 다가갈 수도 없고, 어떤 말로도 규정지을 수 없습니다. 그것은 궁극적 상태입니다."

슈리 니사르가닷따 마하라지

슈리 니사르가닷따 마하라지
1897–1981

1

수태하기 전에
나의 정체는 무엇이었는가?

방문객 참나를 깨달은 후에도 여전히 자아가 있습니까?

마하라지 그에겐 자아에 대한 지식이 전혀 없습니다. 우리가 형태와 동일시하는 한, 자아는 있습니다. 참나를 깨달은 사람에게는 더 이상 몸이란 형태와의 동일시가 조금도 없기 때문에, 그런 문제는 전혀 일어나지 않습니다. 더군다나, 자신의 존재 자체에 대해서조차 그는 전혀 모릅니다.[4] 그 말은 참나 깨달음의 원리가 존재성

---

4 마하라지에 따르면, 모든 존재는 한계를 지니고 있다. 따라서 모든 존재는 실재하지 않는다. 그러므로 냐니는 제한된 실체로서의 자신의 존재를 모른다. 왜냐하면 그는 자각 그 자체이기 때문이다. 이 문제에 대한 더 많은 설명을 원한다면, 예컨대, 미국 초판 인 《나는 그것이다(I am That)》의 355쪽을 참고하라.

(beingness)과 더불어 생명력인 나타남의 원리를 목격하고 있다는 뜻입니다.

방문객 우리에게 형태가 없다면 더 이상의 문제는 없습니까?

마하라지 몸의 주름 하나도 그를 건드릴 수는 없습니다. 참나를 깨달은 그 존재는 모든 나타난 것을 세상과 또한 존재성(beingness)과 함께 목격하게 됩니다.

방문객 참나를 깨달은 사람의 경우에는 몸의 모든 행동이 자연적으로 일어납니까?

마하라지 모든 행동은 자연적으로 일어납니다. 존재성(beingness)이 느껴졌을 때, 몸의 형성은 그 존재성(beingness)을 중심으로 자연스럽게 일어났습니다. 누구에 의해 몸이 만들어지느냐는 문제가 되지 않았습니다.

방문객 절대적인 상태에 자리를 잡고 있는 냐니(jnani)의 경우, 그의 생계를 위한 일들은 어떻게 일어날 수 있습니까? 아이에게는 자연적으로 부모가 있으므로, 그 아이는 부모의 도움을 받아 발달할 수 있지만, 그러나 냐니(jnani)에게는 주위에 아무도 없습니다.

마하라지 존재성(beingness)이 자궁 안에 있을 때, 몸의 형성은 자연적으로 일어났습니다. 그렇죠? 마찬가지로, 냐니(jnani)의 경우에도, 그가 자연과 하나이기 때문에 그는 자연 그 자체입니다. 그래서 그를 돌보는 것은 자연이 걱정해야 할 일입니다. 개성을 가진 그런 인물은 필요하지 않습니다. 그에게는 알아서 모든 것들이 일어납니다.

방문객 이 모든 위대한 요기들은 수천 년 동안 살기 위해 애쓰고 있습니다. 그들은 거꾸로 매달리기도 하고, 공중에서나 혹은 오직 물 위에서 살기도 합니다. 그들의 관심을 끄는 것은 무엇입니까? 왜 그들은 그렇게 많은 고통을 받으며 그토록 오랫동안 살려고 합니까?

마하라지 그들은 거기에서부터, 다시 말해, 그들이 영적인 어떤 수행을 하고 있고, 참회를 하고 있다는 사실에서부터 일종의 만족감을 얻습니다. 그들은 생명을 연장하고 싶어 하고, 영적인 분야에서 자신의 생명을 연장함으로써 해야 할 어떤 의무가 있다고 느낍니다. 이러한 존재성(beingness)은 무엇에 의존해 있습니까? 당신은 무엇 때문에 삽니까? 이 생명은 계속되지 않습니다. 왜냐고요? 육체에 뭔가가 잘못되면, 생명은 끝나기 때문입니다. 그대는 그대가 존재한다는 것을 확신하고 있지만, 그것이 무엇에 의존해 있습니까? 그리고 어떤 이유로 이런 자신감, 이런 존재는 사라지게 될까요?

그 과정에서 존재는 "비존재"가 됩니다. 그리고 "비존재"는 다시 자동적으로 존재가 됩니다. 이제 어떻게 이런 일이 일어나는지에 대해서 우리는 누구에게 질문을 해야 할까요?

우리는 우리 자신을 연구해야만 합니다. 그대는 "그대가 존재한다."는 신념을 가지고 있습니다. 그것은 무엇에 의존해 있습니까? 아무도 이런 방면에 대해 연구하지 않습니다. 왜 이런 존재성 (beingness)이 생겨나고, 어떻게 내가 존재하고, 왜 내가 존재하며, 그것은 무엇에 의존해 있습니까? 이런 면은 결코 고려되지 않습니다. 사람들은 단지 몸-마음에 관한 상대적인 요소들만 고려하지, 그 너머의 영역은 결코 들여다보지 않습니다.

그대가 보통 일반적인 말로 "죽음"이라고 말할 때 그 뜻은 무엇입니까? "내가 존재한다."는 이 신념이 사라지고, "내가 존재한다."는 확신이 없어진 그것이 바로 죽음입니다.

방문객 어떤 사람들은 자신의 생명을 연장하고 싶어 합니다. 그것은 그들이 자기애를 가지고 있다는 것을 의미합니다. 그것은 그들이 마야(환영)의 한계 내에 있다는 것을 의미합니까, 아니면 그들은 그것을 초월했습니까?

마하라지 일단 그대가 몸에 대한 개념을 초월하면, 오래 사느냐 짧게 사느냐 하는 것은 중요하지 않습니다. 그대는 그대의 존재를 위해서 어떤 것에도 의존해 있지 않습니다. 어떤 것에도 혹은 어느 누구에게도 의존함이 없이, 그대의 정체가 무엇인지를 스스로 찾아보도록 노력하십시오.

그대가 무엇에 관해 생각하거나 숙고하든지, 그것은 그대가 생각하는 "그대" 이외의 다른 어떤 것입니다. 그대는 늘 그대가 아닌 어떤 것에 대하여 깊이 생각하고 있습니다! 그렇지만 그대 자신에 대해서는 생각할 수 있습니까? 그대는 그렇게 할 수 없습니다. 이것을 분명히 인식하면, 그대는 생각에서 자유로워집니다. 그대가 무엇을 하든지, 그대는 그대 아닌 어떤 것에 대하여 생각을 합니다. 심지어 이슈와라(신)와 같은 고상한 생각의 경우에도, 사실 그것은 여전히 관념적이고 그러므로 그것은 그대 자신과는 떨어져 있는 것입니다. 이것이 문제인데, 우리 자신의 참나에 대하여 생각하는 것이 가능할까요?

방문객 당신은 우리가 기능적인 존재(다시 말하면, 몸–마음의 존재)에서 독립해야 한다고 말합니다. 저는 그러기 위해 노력하고 있지만, 어쨌든 저는 건강에서 독립할 수 없습니다.

마하라지 그대는 우리가 다루고 있는 주제에 대하여 질문을 해야 합니다. 그대는 천박하고 관련 없는 질문을 하고 있습니다. 나는 우리가 우리 자신에 대해 깊이 생각해야만 하는 그런 주제를 다루고 있습니다. 말(개념)이 개입될 여지는 전혀 없습니다. 또한 말이 없게 되면, 생각도 없게 됩니다.

그대는 그대 어머니의 자궁에서 임신되기 8일 전에 무엇을 하고 있었습니까? 그대가 압니까, 아니면 내가 압니까? 자궁에 들어가지 전의 상황을 나에게 설명해 보십시오. 그대는 어떠했습니까? 오직 그대만이 그 상태에 대해서 뭔가를 말할 수 있습니다.

방문객 기억이 없습니다만, …… 저는 존재성(beingness)이었습니까?

통역자 존재성(beingness)은 자궁 안에서 일어납니다. 어머니의 자궁 속 태아에게 존재성(beingness)은 잠복 상태로 있습니다.

마하라지 누가 임신되기 이전의 존재성(beingness)에 대해서 알 수 있을까요? 만약 그대가 임신되기 전의 존재에 대해 알았다면, 그대는 자궁 속으로 들어가려고 하지 않았을 것입니다.

방문객 기억이 나지 않습니다.

마하라지 그것은 주의력이 전혀 없는 상태이기 때문에 불가능합니다. 그래서 기억한다는 문제가 도대체 어디에 있겠습니까? 존재성과 더불어, 주의력은 나중에 시작합니다. 존재성(beingness)은 잠복 상태로 자궁에 들어옵니다. 존재(being)와 "비존재(non-being)" 사이의 경계선은 물라마야(moolamaya)입니다. 그것에 거룩한 이름이 붙여졌군요. 처음에는 주의력이 없습니다. 그러다 갑자기 주의력이 시작됩니다.

　여기에 하나의 물건이 있습니다〔마하라지가 그의 담배 라이터를 보여 준다〕. 그것이 존재하기 전에 그것의 이름은 무엇이었을까요? "비존재"에서 존재 상태로 바뀔 때, 그것은 어떻게 관찰되었습니까? 그대는 방금 그 촉감을 느꼈습니다. 어떤 것을 관찰하기 전에, 우리는 "내가 존재한다(I am)."는 촉감을 느끼게 됩니다.

　임신되기 전의 그 상태, 그 상태가 무엇이든 그 영원한 상태를 깨닫고, 거기에 거주하는 것이 가장 높은 상태입니다. 이제 그대를 위해 나는 거기에다 '빠라브람만' 상태, 즉 절대적 상태라고 이름을 붙입니다.

방문객 임신되기 전에 말입니까?

마하라지 임신되기 전에 어떠한 상태가 존재하더라도, 그것은 그대의 가장 자연스러운 완벽한 상태이고, 그것은 항상 어디에나 존재해 있습니다. 이 존재성(beingness)이 사라질 때도 그 상태는 여전히 거기에 있을 것이며, 그것은 늘 어디에나 존재합니다.

　그대가 임신되기 8일 전이나 수백만 년 전의 상태는, 그것이 무엇이었든지, 그 상태는 어디에나 존재하며, 지금도 또한 그러하고, 그리고 이 존재성(beingness)이 떠난 다음에도 그것은 여전히 어디에나 존재합니다!

　나는 현재의 건강 상태 때문에 말을 많이 하고 싶지 않습니다.

오로지 이 주제만을 다루기 때문에, 내가 의도하는 바를 이해하는 사람은 매우 드물 것입니다. 누군가가 나에게 어떤 천박한 질문을 한다면, 그대는 내가 그 수준으로 내려가서 마치 유치원 수업에서처럼 모든 자세한 것들을 설명해 주기를 기대합니까?

나는 몇 가지 매우 이상한 의문점들을 가지고 있습니다! 내가 태어나기 전, 내가 임신되었을 때, 누가 나를 자궁 안으로 끌어들였을까요? 나의 아버지? 나의 어머니? 그리고 어떤 형태로? 내가 태아 이전에 어떤 형태, 색깔 혹은 디자인을 가졌다면, 그것은 가능성이 있는 얘기일 것입니다. 그렇게 되어야만 비로소 나는 자궁 속으로 들어갈 수 있었을 것입니다. 이 수수께끼를 푼 사람은 이 존재성(beingness)과 이 나타난 세상 전체가 실재하지 않는다는 결론에 도달하게 됩니다.

이 존재성(beingness)이 존재하지 않는다면 지식을 구할 필요가 전혀 없습니다. 브람마와 비슈누 같은 위대한 신들조차 이런 문제를 직면하게 되면, 그들은 눈을 감고 사마디로 들어가서 그냥 사라져 버렸습니다.

방문객 그들은 아무것도 하지 않았습니까?

마하라지 그들이 무엇을 할 수 있었을까요? 현재 그대는 생명의 호흡과 연관이 되어 있기 때문에 "그대가 존재한다."는 것을 느끼고 있습니다. 생명의 호흡이 작동하고 있기 때문에, 그대는 "그대가 존재한다."는 것을 압니다. 그러한 연관이 없다면, 그대는 무엇을 할 수 있겠습니까? 실제로 어떤 것이라도 할 수 있겠습니까?

방문객 지식을 얻기 위해 제가 무엇을 할 수 있습니까?

마하라지 그대 자신을 고수하는 것 이외에 아무것도 하지 마십시오. 단지 그 존재성(beingness) 안에 계십시오. 그러면, 그것이 어떻게 존재성(beingness)이 "비존재성(non-being)"으로 변하는지를 알려 줄 것입니다. 그러므로 나는 그대에게 단 한 가지만 알려 드리겠습니다. 즉, 오직 "나의 존재성(-am-ness)", 즉 그 존재성(beingness)에 대한 그 감촉만을 붙들고, 그것을 깊이 생각하고, 그리고 오직 그것만을 명상하십시오.

방문객 하기에 가장 좋은 것은 바로 "내가 존재한다(I am)."는 그 상태의 거기에 존재하는 것입니까? 존재하는 것이 명상입니까?

마하라지 "거기에 존재하라."는 것은 전혀 없습니다. 단지 그냥 존재하십시오.

방문객 하루 종일 그렇게 할 수 있을까요? 어떤 특별한 명상이 있습니까?

마하라지 누가 하루 종일이라고 말합니까? 그 존재성(beingness) 이 외에 누가 하루 종일이라고 말할 수 있을까요? 그것은 이 명상을 통하여 모든 것을 사로잡을 수 있습니다. 그러나 그 자신은 사로잡을 수 없습니다.

방문객 까르마는 우리가 만든 문제입니까?

마하라지 그대를 창조한 사람이 이 까르마와 까르마의 문제들을 만들었습니다. 그래서 그대는 그 안에 연루된 것입니다. 누가 그대를 창조했습니까? '까르마'는 그대에게 무엇을 의미합니까? 그것은 움직임이고 활동입니다.

방문객 우리가 까르마의 영향을 받는 한, 우리는 그것과 마주치게 되고, 그것은 실재하는 무엇처럼 보이게 됩니다. 그러나 그것은 실제로는 환영이 아닌가요?

마하라지 나는 그대가 자궁 안에 있는 것처럼 그대를 계속 가두어 놓으려고 노력하고 있습니다. 그대가 주의 깊게 조용히 내 말을 듣는다면, 모든 것들이 싹을 틔울 것입니다. 우리가 몸이라는 형태와 동일시하게 되었다는 것은 흔히 볼 수 있는 잘못이나 실수입니다.

방문객 마지막 실수입니까?

마하라지 처음이자 마지막 실수입니다. 내가 이전에 했던 말을 다시 기억하십시오. 이 몸이나 그 밖의 모든 것을 창조한 그 씨앗이 살아 있고 습기를 머금고 있는 한, 그대는 이러한 말을 설명할 것입니다. 일단 그 씨앗이 사라지면, 그대는 오직 영원 속에, 즉 그대의 영원한 상태 속에 존재하게 됩니다.

아주 작은 씨앗으로부터 아주 큰 나무가 하늘 높이 자라납니다. 마찬가지로, 이 작은 씨앗, 즉 이러한 존재성(beingness)— "나의 존재성(I-am-ness)"이란 촉감— 바로 그 씨앗에서 이 모든 나타난 세계가 창조됩니다. 이 지점에서 말에 남아 있는 에너지는 전혀 없습니다. 그러므로 말로는 그것을 더 표현할 수 없습니다.

방문객 저의 자아, 저의 몸, 여기 이 방에 있는 다른 자아의 몸들, 그들이 듣고 있는 것은 모두가 개념들이고 이 존재성(beingness)의 움직임입니다. 맞습니까?

마하라지 그렇습니다. 그대가 좀 더 분명히 이해하고 싶다면, 꿈을, 그대의 꿈을 예로 들어 보겠습니다. 나는 지식의 가장 높은 양상을 언급하고 있기 때문에, 어떠한 천박한 질문에도 대답할 입장이 아닙니다. 누군가가 얘기를 하거나 질문을 한다면, 나는 그에게 도전하지 않을 것입니다. 왜냐하면 그에게나, 그의 관점과 수준에서 보면, 그것들은 맞는 질문이니까요. 바로 지금 내가 조금이라도 어떤 상태에 관심을 가지고 있어야 한다면, 그것은 임신하기 8일 전의 그 상태, 즉 **빠라브람만** 상태입니다. 오늘처럼 어제도 "자아"라는 단어가 사용되었습니다. 어떤 단계에서 이 "자아"가 달라붙게 됩니까? 그리고 언제 달라붙습니까?

모든 것은 가장 신성하면서 가장 신성하지 못합니다. 그 존재성(beingness)이 거기에 있는 한, 신성함과 신성하지 않음에 대한 문제는 있게 마련입니다. 만약 그 존재성(beingness)이 없다면, 신성함과 신성하지 않음에 대한 문제가 어디에 있겠습니까?

그대는 어떤 사람들을 만나고, 그들이 매우 학식이 높다고 부릅니다. 그들은 그대에게 다음 생에는 위대한 왕이 되고 그 다음 생에서는 훨씬 더 위대한 왕이 될 것이라고 말할 것입니다. 그런 조언을 듣게 될 때, 듣는 사람들은 매우 행복하고 매우 만족해합니다. 자기사랑은 그 밑에 깔려 있는 환영입니다. 그러나 누구도 그것을 인정하기를 원치 않습니다. 누구도 그의 존재성(beingness), 즉 "나는 존재한다(I am)."는 그의 지식을 포기하고 싶어 하지 않습니다.

다음 질문을 지식인에게 했다고 가정해 봅시다. 즉, "태아 이전에 당신은 어땠습니까?" 이 사람은 다음과 같이 대답할 것입니다. "나는 부모의 정수 속에서 잠복한 상태로 있었습니다." 그것이 바로 영리한 사람이 대답하는 방식일 것입니다. 그러나 그것은 매우 관습적인 견해에 기초한 것입니다. 그래서 만약 그대가 부모의 부모를 계속 추적해 가다 보면, 그대는 무한정 뒷걸음질 치는 일로 자신을 주체하지 못할 것입니다. 그러므로 형태는 없으나 오직 잠

46

복 상태의 지식으로만 존재하는 이 원리, 그것을 그 근원까지 추적해 가면, 그것은 영원으로 돌아갑니다. 바로 그 때문에 원리는 영원한 것입니다. 이제 나는 더 깊이 공부하도록 하기 위해서 그대에게 두 가지 실마리를 주겠습니다. 하나는 태아가 되기 이전의 그 상태에 확고히 자리를 잡는 것이고, 다른 하나는 전통적인 부모라는 개념으로 그대 자신을 감싸는 것입니다. 후자의 경우, 그대는 그대 자신의 진정한 본성을 잘 파악하지 못할 것입니다. 관습적인 지식은 파괴되지 않지만 그 지식을 얻을 필요가 전혀 없습니다. 왜냐하면 기본적으로 그것은 실재하지 않으며 진실이 아니기 때문입니다. 무지한 아이나 교양 있는 성자가 얘기하는 게 무엇이든지, 그 둘 다 맞습니다.

나는 그대에게 또 다른 개념을 주겠습니다. 즉, "어떤 사람이 태어나기 전 존재했던 완벽한 원리나 개성은 누구입니까?" 여기에서도 또한 요람의 아이와 완벽한 냐니(jnani) 사이의 유사성이 있습니다. 아이는 음식을 맛볼 때 그것이 오줌인지 대변인지, 음식인지 우유인지 알지 못합니다. 왜냐하면 이 모든 것들이 그에게는 똑같은 맛이기 때문입니다.

어린아이는 어떻게 그 상태에서 그 자신을 알까요? 그냥 그는 압니다. 이제 그대는 어린아이와 냐니(jnani)에 대해서 무엇을 말하고 싶습니까?

방문객 저는 어린아이처럼 되어 모든 애착을 떨쳐 버리는 것이 중요하다고 믿습니다.

마하라지 모든 것을 포기하고 단념하는 문제가 어디에 있습니까? 그
것은 자연적으로 일어났으며, 그대는 어떤 것이라도 내버릴 필요
가 없습니다. 그대는 그냥 이해해야만 합니다. 그대는 단지 존재성
(beingness)의 출현 때문에 고통을 겪거나 경험하지 않으면 안 됩니
다. 그대가 가서 그 존재성(beingness)을 붙잡았습니까? 그것은 자
연적으로 일어났습니다. 아이가 무언가를 꼭 붙잡고 있습니까? 아
이가 어떤 개념이나 생각 혹은 자아를 붙잡았습니까? 이러한 존재
성(beingness)의 상태와 그 모든 작용을 이해했으므로, 냐니(jnani)
는 그것을 초월한 뒤에 태아 이전의 상태에 머무르고 있습니다. 그
는 그 존재성(beingness)이 나타나든지 사라지든지 관계없이 늘 그
완벽한 상태에서 살아가고 있습니다.

　그대는 살아오면서 아주 많은 것들을 성취했습니다. 그대는 아주
많은 정체성을 가지고 있었고, 이 모든 정체성들과 그 이해는 그대
를 떠났습니다. 결국, 그대는 어떤 정체성을 가지고 죽게 될까요?

　그대가 정말로 "그대"의 정체를 이해했다면, 영적인 문제를 추
구할 필요가 있겠습니까?

방문객 실은, 없습니다. 저는 제가 왜 여기에 있는지, 그 이유가 무
엇인지 스스로에게 물어봅니다. 제가 너무나 잘 알고 있는 것이라
고는 저에게 무지가 있다는 것입니다. 제가 여기에 온 이유는 그

무지를 없애는 데 도움을 받기 위해서라고 생각합니다.

마하라지 그대의 무지는 없어졌습니다. 이제, 그대가 무지라고 말할 때 그 뜻이 무엇인지를 설명해 주시겠습니까?

방문객 저는 많은 것들을 볼 수 있지만, 충분히 명확하게는 그것을 인식하지 못합니다. 때때로 저에게 문제가 생기는데, 그것은 저의 무지 때문이라고 생각합니다.

마하라지 깨어 있는 상태, 잠, 존재성(beingness), 이 모든 경험들이 합쳐진 것이 무지입니다. "태어남"이라고 하는 그 무지는 이 세 가지를 의미합니다. 이것을 알게 되면, 그대는 어떤 것도 할 수 있고 자유롭게 됩니다. 그대가 거짓을 거짓으로 알게 될 때, 그대는 더 이상 숭배할 필요가 없습니다. 그대가 무언가를 하기 때문에 일이 일어난다는, 행위자라는 생각도 또한 사라지게 됩니다.

이 존재성(beingness)이 출현하기 전에, 그대는 순수하게 빠라브 람만, 즉 절대적 상태였습니다.

냐니(jnani)는 이 깨어남, 잠, 존재성(beingness)을 중요하게 여기지 않습니다. 당신이 고무로 만들어진 뱀을 두려워하지 않는 것과 마찬가지로, 냐니도 이 깨어 있는 상태나 존재성(beingness)에 전혀 관심이 없습니다.

방문객 그 모두가 같은 것입니까?

마하라지 그대는 이 지식을 이용할 것입니까? 그것이 거짓이라는 것을 알고 확인하기 위해, 그대는 노력할 필요가 있습니까?

방문객 당신은 노력이 없어도 어떤 것을 볼 수 있습니다.

마하라지 일단 그대가 무지를 알게 되면, 노력은 필요하지 않습니다. 왜냐하면 그대는 그것을 무지로서 깨끗이 정리했고, 미래에 참고하기 위해서 그것을 기록할 필요는 없으니까요.
　그대는 무엇을 겪거나 경험하고 있습니까? 이 몸이라는 형태의 이름과 그것의 연상과 그 존재성. 그대가 그것에 대해 곰곰이 생각해 본다면, 바로 해결책을 얻을 수 있을 것입니다.

방문객 당신은 태아 상태에 대해서 얘기했습니다. 또한 우리가 영원한 빠라브람만 상태에 있다고도 했습니다. 그러나 무엇이 까르마죠? 그것은 그 영원한 상태의 변형입니까?

마하라지 빠라브람만 상태에는 까르마가 없습니다. 까르마의 문제가 어디에 있겠습니까?

방문객 그러나 당신은 임신이나 몸-마음에 대해서 이야기하고 있었

50

습니다.

마하라지 누가 몸-마음의 형태로 들어갔습니까?

방문객 제가……? 우리가……?

마하라지 이제 공간이 이 방 안으로 들어왔습니다. 공간은 저기 있습니다. 왜, 어떻게 공간이 이 방 안으로 들어왔습니까?

방문객 처음에는 공간도…… 시간도 없었습니까?

마하라지 공간은 밖에 있습니다. 공간은 여기에도 또한 있습니다. 밖과 안의 공간 사이에는 구별이 없습니다. 모두가 공간일 뿐입니다! 그러니 오고 간다는 문제가 어디에 있겠습니까?

1980년 1월 8일

존재성의 출현

방문객 저는 기독교는 몸-마음에서 의식으로 이끌어 가지만, 그 이상은 넘어가지 않는다고 느낍니다.

마하라지 그리스도, 크리슈나 또는 다른 예언자들에 관하여 제발 한 가지는 확실히 이해하기를 바랍니다. 그들이 인간의 몸을 받게 되었을 때, 그 과정에 들어가는 원료와 자질은 오직 다섯 가지 원소들뿐이었습니다.[5] 더구나 그런 화신의 형태에서 출현한 존재성 (beingness)은 이들 5가지 원소의 상호 작용의 결과물이었습니다.

---

5. 힌두교 철학에서 지수화풍 및 에테르로 구성된 "다섯 원소"는 물질적인 우주 전체를 구성하는 기본적인 요소로 간주되고 있다.

그것은 세 가지 구나[6]를 통해 발현되었고, 다섯 원소로 된 음식의 정수가 사용될 수 있는 경우에만 지속되었습니다. 그리고 존재성(beingness)이 사라졌을 때, 이 구세주들은 그들의 존재를 알지 못했으며, 또한 화신의 상태를 통해 보여 준 그들의 공적도 알지 못했습니다. 우리는 언제 어떻게 세계에 대한 경험을 처음으로 가지게 될까요? 이 경험은 다섯 원소로 된 음식의 정수로서 만들어진 몸에서부터 존재성(beingness)이 출현한 이후에라야 비로소 가능해집니다. 그런데 이 존재성(beingness)이란 망원경과 같은 무엇입니다. 관찰자는 망원경을 통해서 태양, 달, 별 등을 봅니다. 그러나 관찰자는 망원경도 아니요, 또한 그 관찰 시역도 아닙니다. 마찬가지로, 다섯 원소로 이루어진 나타난 세계와 우주를 목격하는 일은 절대적 상태, 다시 말해, 빠라브람만이라고 하는 아직 태어나지 않은 영원한 원리에서 일어납니다. 그러나 절대적 상태인 그 목격자는 목격의 매체인 존재성(beingness)이 아니며, 또한 목격된 나타난 우주도 아닙니다.

이제 질문을 하겠습니다. 그대가 잉태되기 열흘 전에 그대는 무엇을 하고 있었습니까?

방문객 단지 관찰하고 있었습니다.

---

6. 세 가지 구나, 즉 사뜨바(순수, 명료, 조화), 라자스(정열, 에너지, 활동) 그리고 따마스(불활동, 저항, 어둠)는, 인도의 종교의 가르침에 따르면, 세계 진행과정의 근저에 있으면서 그 과정을 움직이는 기본적인 속성이나 특성이다.

마하라지 이 대답은 틀렸습니다. 그대는 어떤 관점에서 말하고 있습니까? 나는 그대를 망원경의 시점으로 꼼짝 못하게 고정시키고 싶습니다. 나는 그대를 존재성(beingness)으로 데려가지만, 그대는 엉뚱한 소리를 하고 있습니다. 내가 그대에게 어떤 망원경에 대해 말했습니까? 바로 지금 어느 것이 그 망원경입니까? 그것은 무언가로 만들어졌습니다. 다시 말해, 그것은 무언가로부터 나타났습니다. 이 점에 집중하지 않고, 그대는 이것저것 쓸데없는 말을 지껄이며, 자신이 유식하다고 생각합니다. 그대는 망원경을 통해 이 세상을 경험하고 관찰하지 않습니까? 그러나 그대, 즉 절대적 상태는 망원경이 아닙니다. 그렇지요?

여기 이 지점에, 즉 존재성(beingness) 내에 그대로 계시는 것이 더 낫습니다. 그러나 그대는 여기저기로 뛰어다니면서, 그대의 관점을 떠나고 있습니다. 그러면 그대가 어떻게 평화를 얻겠습니까?

방문객 그것이 바로 삶의 모든 이름이요, 게임입니다.

마하라지 현재와 같은 그대의 태도를 보면, 아무리 지식이 많아도 그대는 평화를 얻지 못할 것입니다. 그 존재성(beingness)에는 수많은 이름과 명칭이 주어집니다. 5원소로부터 이 망원경을, 다시 말해, 이 존재성(beingness)을 만들어 내는 데 아홉 달이 걸렸습니다. 그대는 이것에 대해 숙고해 본 적이 있습니까? 그 망원경을 가지면, 이 모든 것을 경험하고 볼 수가 있습니다. 그러나 관찰자는 망원경이 아닙니다.

방문객 크리슈나의 말을 빌리면, 내가 존재하지 않았던 때는 결코 없었습니다……

마하라지 오직 참 관찰자만의 표현인 그 존재성(beingness) 즉 망원경을 통하여 그는 나타난 세계를 목격합니다. 그러나 그대는 망원경과 관찰의 영역이 없어지면 참 관찰자도 또한 사라진다고 생각합니까?

하나의 사물이 존재한다고 말하기 위해서는 두 가지 조건이 필요합니다. 하나는 사물이고, 다른 하나는 "사물이 존재한다."고 말하는, 사물의 관찰자입니다. 존재성(beingness)의 첫 번째 자질은 '나의 존재성(beingness)'에 대한 느낌입니다. 그 이후에 여러 자질들이 생겨나게 됩니다. 그러나 참 관찰자 즉 절대적 상태는 어떤 자질로부터도 완전히 자유롭습니다. 그러므로 그것은 "자질이 없는" 혹은 "속성이 없는" 등을 의미하는 니르구나(nirguna)라고 불립니다.

방문객 크리슈나가 몸의 형상으로 있지 않았을 때는 어떠한 말도 할 수 없었다는 것에 당신은 동의했습니다. 왜냐하면 말할 사람이 아무도 없었기 때문입니다.

마하라지 당연하죠. 왜냐하면 절대적 상태에 있는 크리슈나에게는 말을 할 수 있는 어떤 수단도 없었기 때문입니다…… 그리고 말할 대상도 없었기 때문입니다!

일단 이 모든 일들이 존재성(beingness)의 영역에서 일어난 5원소의 작용의 결과라는 것을 깨닫게 되면, 그대는 그것의 영향을 받지 않고, 그것과 떨어져 있게 됩니다.

나의 관심은 오직 "내가 존재한다(I am)."는 것을 알고 또 세계를 경험하는 수단이 되는 그 매개체에 집중되어 있습니다. 나는 '싯디' 즉 초능력과 그 밖에 나타나는 어떤 것에도 관심이 없습니다. 당면한 문제와 관련된 유일한 적절한 질문은 이 매개체가 어떻게 존재하게 되었는가 하는 것입니다.

방문객들은 후천적으로 얻은 지식을 가지고 와서, 제가 그것에 대해 말해 주기를 기대합니다. 제가 어떻게 할 수 있겠습니까? 그들은 이미 그 지식에 의해 방해를 받고 있습니다. 그래서 그들을 혼자 힘으로 꾸려 가게 합니다.

죽은 사람은 산 사람의 일에 간섭하지 않습니다. 마찬가지로, 존재성(beingness)을 이해하고 깨달은 사람은 존재성(beingness)의 영역에서 일어나는 활동과 일들에 대해서는 관심이 없습니다.

여기에서는 존재성(beingness)을 초월하는 지식을 논의하고 있습니다. 그러나 도대체 누가 그런 심오한 지식에 진정으로 관심을 가지고 있을까요?

그대가 이런 대화에 귀를 기울이고 싶어 한다는 것은 대단한 특권입니다. 많은 사람들은 기회가 있음에도 불구하고 이런 대화에 관심을 가지려 하지 않습니다.

방문객 어느 선사(禪師)에 대한 이야기가 있습니다. 한 제자가 찾아 오자, 선사는 "왜 왔느냐? 아직도 죽지 않았느냐?"라고 외쳤습니다. 또한 라마나 마하리쉬는 마음을 완전히 죽여야 한다고 말했습니다.

마하라지 그대의 모든 잡담이나 개념과 말을 집어치우세요! 결국 마음이란 무엇입니까? 그것은 단지 내부에서 계속 일어나는 소음에 불과합니다.

깨어나면서 수다는 시작되고, 그 후 끊임없이 잡담이 이어집니다. 이것이 그대의 마음입니다. 그리고 그대는 그것을 쫓아다닙니다. 그대의 호흡 그 자체도 잡담입니다. 호흡이 멈추면, 더 이상 잡담은 존재할 수 없습니다.

방문객 그 문제에 대해 생각하면서 저는 사랑과 진리가 같다는 것을 발견했습니다. 그리고 또한 사랑에 대한 깨달음은 마음 저 건너편에 있다는 것을 알게 되었습니다.

마하라지 이 모든 이야기는 마음의 단계에서 일어나고 있습니다. 그러나 나는 개인의 관점에서 말하는 것이 아니라, 완전한 나타남의

60

단계에서 말합니다. 개인은 어떤 개념을 통해서 자기 자신을 이해합니다. 따라서 기쁨과 고통을 겪게 됩니다. 그러나 실제적으로 그것은 그렇지가 않습니다. 행복과 불행을 판단하는 마음은 세상의 일들을 처리하도록 되어 있습니다.

방문객 등불을 흔드는 의식, 즉 아라띠(arati)나 바잔(bhajan)들의 노래와 같은 숭배 의식들은 신에 대한 열정이 살아 있게 하고 단조로움을 막아 주는 데 필요합니다.

마하라지 그대가 이해하고 있는 아라띠의 의미는 무엇입니까?

방문객 특별한 사랑입니다.

마하라지 마라띠 언어로 아라띠는 "특별한 필요(special need)"를 의미합니다. 이 특별한 필요는 모든 동물이 자기 자신에 대해서 가지고 있는 사랑입니다. 개개의 동물이 세상에서 활동을 계속 이어가도록 자극하는 것은 바로 그 존재하고자 하는 사랑입니다. 그것은 모든 종(種)의 타고난 본성입니다. 개개의 종(種)이 그 자신의 종족과 동일시하기 때문에 "상이성"의 개념이 생겨나고, 그리고 바로 이 "상이성"이 기쁨과 고통의 근본 원인이 됩니다. 존재하고자 하는 사랑은 자기애(愛)입니다. 누가 자기 자신을 사랑하지 않겠습니까? 바로 이 사랑을 아뜨마–쁘렘(atma-prem) 또는 "참 자기애(愛)"

라고 부릅니다.

인간은 자신을 개인으로 간주하기 때문에 고통과 기쁨을 겪게 됩니다. 오직 의식의 상태에서는, 몸-마음의 단계에서만 경험할 수 있는 행복과 불행에 대한 그러한 문제가 전혀 없습니다. 나는 이러한 몸-마음의 상태, 즉 개인적인 상태를 초월했습니다. 그래서 나는 역동적인 나타난 의식으로 그대에게 얘기하고 있습니다. "선"이나 "악"이 일어날 것이라는 개념 자체가 나에게는 완전히 사라졌습니다. 또한 나는 태어남과 죽음에 대한 어떤 개념도 가지고 있지 않습니다.

나의 신체 상태는 매우 약합니다. 다른 어떤 사람이라도 이러한 상태에 있다면, 그는 일어날 수조차 없을 것입니다.

개성에 대한 자만심의 완전한 상실이 나의 니르바나, 다시 말해, 정체성이 전혀 없는 상태입니다. 그대는 어떤 정체성을 가지고 모든 세속적이고 영적인 활동들을 수행합니다. 그대의 개성이 사라지지 않는 한, 그대는 기쁨과 고통, 과거와 미래, 태어남과 죽음 등으로 괴로워할 것입니다.

그대는 이런 방면에 대해서 생각해 본 적이 있습니까? 누가 그대에게 이런 질문을 던지겠습니까? 형태가 없고, 역동적이고, 나타난 의식인 내가 그대에게 질문을 던지고 있습니다.

그대는 왜 고통을 겪습니까? 그대는 그대 자신을 압축시켜 어떤 형태나 어떤 정체성으로 만들어 놓았기 때문에 고통을 받고 있습니다. 그대는 조건 지워진 제한적인 동일한 관점에서 영성을 추구

62

합니다. 그러므로 그대는 영적인 문제를 추구하는 이 일에 어떠한 발판도 확보할 수 없습니다. 그대가 어떤 주제에 몰입해 있든지, 그대는 역동적이고 나타난 의식으로서가 아닌, 개성화된 실체의 관점에서 그것을 다루고 있습니다. "그대가 존재한다(you are)."는 지식은 나타나며 그리고 모든 곳에 다 존재하고 있습니다. 그것은 이 빛보다 더 순수하고 섬세합니다. 그러므로 그것은 빛을 인지합니다. 그대가 개인적인 기억에 집착해 있기 때문에, 그대는 이 지식을 받아들일 수가 없고, 그래서 어떠한 평화도 얻지 못합니다.

성스러운 이름을 암송하는(자빠 수행) 사람들과 금욕적인 생활을 실천(따빠 수행)하는 사람뿐만 아니라, 많은 하타 요가 수행자들도 있습니다. 표면상, 그들 다수는 영적인 길을 추구하고 있습니다. 그러나 그들은 기적을 마음껏 즐기기 위한 초능력(싯디)을 얻는 데 만족해하고 있습니다. 그들은 참된 영적인 지식을 향해 진보할 수 없습니다. 그리고 그들은 그들의 특별한 학문 체계나, 수행 중 얻은 능력이나, 그들의 개성을 자랑합니다. 이것은 전혀 영적인 지식이 아닙니다. 신을 섬기는 사람은 자신의 얼마 안 되는 월급에 만족해하든지, 아니면 직장을 그만두어야 합니다. 마찬가지로, 냐니(jnani)는 깨어 있음, 깊은 잠, 그리고 지식이란 세 가지 상태에 만족해야 하든지, 그것들을 그만두어야 합니다. 나는 냐니(jnani)로서 그대에게 나의 이야기를 전해 주고 있습니다. 이처럼 깊은 잠과 깨어남을 번갈아 하는 것이 나에게 무슨 소용이 있을까요? 나는 그것을 원하지 않습니다. 지각할 수 있는 이 세계는 한계가 없고 무한합니다. 그것을 가지고 있음으로써, 내가 무엇을 얻게 될까요?

깨달음을 얻은 성자는 완벽한 상태에 머물러 있기 때문에, 그는 어떤 것도 얻을 필요가 없습니다. 그러나 구도자는 단순히 성자의 삶을 곰곰이 생각하고 기억하는 것만으로도 백만 배의 은혜를 얻을 것입니다. 그 잠재력은 엄청납니다. 범부는 심지어 냐니(jnani)의 절대적 상태를 어렴풋이 일견하거나 알아챌 수조차 없습니다. 그는 냐니(jnani)의 존재성(beingness)의 결과로서 입증된 그의 행동과 신체적 표현에 만족해야만 합니다. 그러나 그러한 성자는 신체적 표현도 아니요, 존재성(beingness)도 아닙니다. 예를 들어, 군의 장교는 그의 계급을 나타내는 계급장이 달린 제복을 입습니다. 이 모든 것이 장교를 구성하고 있지만, 제복과 계급장이 장교는 아닙니다. 따라서 그대의 몸은 음식이 든 꾸러미이기 때문에 그대가 아닙니다. 그러나 몸 안에 내재되어 있는 "그대 존재성(beingness)"의 원리는 본질적으로 바로 "그대"입니다.

그대는 몸과의 동일시를 포기할 수 없습니다. 이것이 바로 큰 마야입니다. 그러므로 그대는 내가 말하는 것을 받아들이지 못합니다.

방문객 냐니(jnani)는 자신이 깨달았다는 것을 어떻게 압니까?

마하라지 그것은 그가 "내가 존재한다(I am)."는 느낌인 그의 앎을 인식할 때입니다. 바로 지금 여기에서 그대는 깨달은 상태에 있습니다. 그러나 그대는 욕망과 마음이란 개념을 통하여 그것을 판단하

64

려고 애씁니다. 그러므로 그대는 그것을 알고 그 안에 머물 수 없는 것입니다.

냐니(jnani)의 상태에서는, 어떠한 것도 얻을 필요가 없으며, 심지어 자기 자신을 알 필요조차 없습니다. 그대는 몸의 감각에 집착해 있습니다. 그러므로 심지어 그대가 100살의 나이에 도달하더라도, 그대는 여전히 더 오래 살기를 갈망할 것입니다.

방문객 스승님, 당신은 당신을 찾아오는 우리와 같은 무식한 구도자들에 대해 측은함이나 걱정이 들지 않습니까?

마하라지 왜 나에게 그런 생각이 들겠습니까? 나는 바로 지식의 태양이며, 모든 사람을 그 자체로서 봅니다.

방문객 점성학이나, 별, 행운, 불운의 의미는 무엇입니까?

마하라지 모든 것은 그 적절한 장소에서는 중요합니다. 자신의 참된 정체성을 깨닫지 못한 자는 자연히 점성학, 별, 행운 등의 "의미"를 찾으려 할 것입니다. 그러나 참나 속에서 안정된 사람에게는 중요하고 의미심장한 것은 아무것도 없습니다. 그러한 사람은 어떤 것에도 관심이 없습니다.

방문객 절대적 상태는 영원하다고 합니다. 그러한 영원의 상태에서 존재성(beingness)과 같은 단명의 일시적인 상태가 생겨나는 것은 어째서입니까?

마하라지 그러한 일시적인 상태가 나타나기 위해서는 반드시 원인이 있어야 합니다. 예컨대, 서로 사이좋게 지내는 친한 친구 두 명이 있는데, 갑자기 그들은 말다툼을 시작합니다. 이때는 의견의 대립이나 어떤 오해와 같은 원인이 틀림없이 있습니다.

마찬가지로, 절대적 상태에서 5원소와 나타난 우주를 생겨나게 하는 데는 틀림없이 어떤 이유가 있었습니다. 이 최초의 원인은 설명할 수 없습니다.

친구들이 그들의 의견 차이나 대립으로 서로 갈라진 것과 꼭 같이, 지수화풍공과 같은 최초의 원소들도 마찰과 상호 작용의 결과로서 가장 높은 상태에서 만들어졌습니다. 이 과정이 계속되면서 다양한 형태들이 창조되고, 결국 식물계와 동물계가 나타났습니다.

바나스빠띠(vanaspati)라 불리는 식물계에서는 한 장소에서 자라며 여기저기 옮겨 다니지 못하는 관목, 식물, 나무 등이 있습니다. 진화의 다음 단계는 바차스빠띠(vachaspati)라고 불리는 동물계인데, 여기에는 많은 미생물, 벌레, 동물 및 인간이 있습니다. 이들 종은 이동과 의사소통의 특권을 누리고 있습니다.

인간은 비록 생물학적으로는 동물이지만 보다 상위의 종으로 브리하스빠띠(brihaspati)라 불립니다. 인간은 고도로 진화된 내재 원리인 의식으로 인하여 직관적으로 지혜를 얻을 수 있고, 자신을 초월하여 최고의 상태로 들어갈 수 있습니다. 이 과정에서 인간의 의식은 처음에는 몸과 마음에 조건 지워져 있지만, 우주적 의식으로 발전해 감으로써 브리하스빠띠라는 명칭을 충분히 정당화시켜 줍니다. 이것은 "거대한 크기의 신"을 의미하는데, 만유에 편재하는 원리를 암시하고 있습니다. 궁극적으로 우주적 의식은 가라앉아 절대적 상태가 됩니다.

방문객 생명의 호흡이 몸을 떠날 때 어떤 신체적 고통이 있습니까?

마하라지 개념에 연루되어 있는 사람은 죽을 때 고통을 받습니다. 고통의 강도는 그가 붙들고 있는 개념의 의미와 일치합니다. 신에게 헌신하고 개념이 없는 자는 마치 잠에 빠져들 듯이 행복하고 평화롭게 죽음을 맞이합니다. 그대는 잠들 때 고통을 받습니까?

시인이며 성자인 뚜까람은 그의 시에서 식물은 우리의 일가친척이요, 또한 우리의 조상이라고 말했습니다. 그러나 식물의 정수가 바차스빠띠 과인 동물계와 또한 브리하스빠띠 과인 인간의 창조에 절대적으로 필요한 것이고 보면, 식물이 우리의 일가친척이나 조상이 아니고 달리 무엇이 될 수 있겠습니까?

천상의 신들은 인간의 형태를 취해야만 지상에 나타날 수 있습니다. 그리고 그들의 몸은 식물의 정수를 먹어 유지되며 자양분을 공급받습니다. 신의 상태에 도달하기 위해 우리는 반드시 인간의 몸과 의식을 가져야만 합니다.

가장 높은 상태에 머무르기 위해 그대는 이러한 이야기를 주의 깊게 듣는 것 이외에 다른 어떤 것도 할 필요가 없습니다. 그러면 모든 것은 정확하게 일어날 것이고 그대의 영적인 발전에 도움이 될 것입니다.

지금까지 나는 그대에게 5원소의 작용 결과이며 음식물의 정수로 만들어진 몸의 결과물인 존재성(beingness)에 대하여 말씀을 드렸습니다. 그러나 절대적 상태로서 "그대"는 몸도 아니요, 심지어 내재하는 존재성(beingness)도 아닙니다. 그렇다면 왜 그대는 몸의 떠남에 대하여 걱정을 합니까?

방문객 우리는 태어났기 때문에, 우리는 죽을 것입니다……

마하라지 냐니(jnani)는 태어나지 않습니다. 그리고 그는 죽지도 않습니다. 그러나 냐니(jnani)의 몸이 떨어져 나가면, 그의 주변에 있던 사람들은 슬퍼서 울지도 모릅니다. 왜냐하면 그들은 몸과 동일시하고 있기 때문입니다. 그러므로 그들은 냐니(jnani)가 몸을 가진 사람이라고 생각합니다. 그러나 실은 그렇지 않습니다.

방문객 "전혀 앎이 없는" 상태에 거주하는 냐니(jnani)가 우리와 의사 소통을 할 수 있는 것은 어째서입니까?

마하라지 우리가 냐니(jnani)를 냐니라고 부르는 이유는 그가 몸에 의해 유지되는 냐나(jnana) 즉 존재성(beingness)을 가지고 있기 때문입니다. 냐니는 냐나를 갖고 있지만, "전혀 앎이 없는" 절대적 상태에 있습니다. 존재성(beingness)과 몸은 냐니에게 의사소통의 수단입니다. 그러나 그는 의사소통을 위해 표현된 언어는 아닙니다.

만약 그대도 그대에게서 말이 나오기 이전의 상태로 물러나 거기에 거주한다면, 냐니의 상태에 있을 수 있습니다. 이러한 상태는 의식이 출현하는 바로 시작 단계인 깊은 잠과 깨어 있는 상태의 경계선에서 드러납니다.

이 상태는 빠라-샥띠 혹은 빠라-바니 상태로 알려져 있는데, 그것은 말이나 언어의 근원입니다. 첫 번째 단계인 이 근원으로부터 의사소통을 위해 마지막으로 입에서 발음될 때까지, 언어는 세 단계를 더 거쳐야 합니다. 다시 말해, 모두 네 단계를 거치게 됩니다. 두 번째 단계는 무형의 언어가 형성되기 시작하는 초기 단계인 빠슈얀띠입니다. 세 번째 단계는 마음의 영역에서 유형의 언어 형성이 일어나는 마드야마 즉 중간 단계입니다. 네 번째의 마지막 단계는 바이까리로서, 이때 호흡으로 인해 언어는 입에서 파열되어 목소리로 표현됩니다.

빠라-바니는 가장 미묘한 형태의 언어입니다. 이 용어는 더 깊은 함축적 의미를 지니고 있습니다. '빠라'는 절대적인 상태와 분리되어 있다는 것을 가리키는 "저쪽의 것"을 의미하지만, 그 절대적 상태에 가장 가까이 있습니다.

냐니 즉 크리슈나는 "나는 빠라-바니가 아니다."라고 말합니다.

왜냐하면 그들은 가장 높은 상태에 거주하고 있기 때문입니다. 내가 크리슈나에 대하여 이야기를 할 때, 그를 인격체로 간주하지 마십시오. 그는 절대적 상태입니다.

우리는 어떤 개념이나 칭호나 이름을 들으면, "이해했다"고 느낍니다. 그러나 그렇지 않습니다. 우리가 그를 진실로 이해하기 위해서는 우리 자신이 바로 크리슈나가 되어야 합니다.

빠라-바니는 여전히 존재성(beingness)의 결과물이기 때문에 절대적 상태의 언어가 아닙니다. 그것은 다양한 단계의 발달 과정을 거친 뒤에 마침내 목소리를 통하여 하나의 개념을 표현합니다. 그리고 우리가 그 개념을 받아들이면 그 개념은 우리를 지배합니다. 이 과정에서 우리는 완전히 그 개념과 동일시하면서, 우리의 참된 정체성을 잃게 됩니다.

방문객 일단 명상에 들면, 저는 마음이 일어나기 전인 빠라-바니 상태에 확고히 자리를 잡고, 과거와 미래의 비전을 봅니다.

마하라지 빠라-바니 상태에서, 우리는 싯디 즉 초능력을 얻고 과거와 미래를 읽을 수 있습니다. 그것은 또한 꾼달리니 에너지를 일깨워 줍니다.

1980년 1월 9일

70

3

시간은 불임 여성의 자식이다

방문객 신체적 고통과 심리적 고통의 차이는 무엇입니까?

마하라지 몸에 병이 나면 신체적 고통이지만, 생각이나 개념 때문에 혼란이 생기면 그것은 심리적 고통입니다. 이 모든 것이 언제 시작되는지를 그대는 압니까?

방문객 모릅니다.

마하라지 그것은 자연발생적이며 내부에서 일어났습니다. 그러나 인생의 첫날에 대한 등록은 언제 어떻게 이루어졌습니까?

방문객 죽음에서 태어남이 일어났습니다. 그 이전에는 어떠한 의식도 없었습니다.

마하라지 이 태어남의 명칭은 무엇에 붙여졌습니까? 정말로 무엇이 태어났는지, 단지 그것을 조사해 보십시오.

방문객 개념이 태어났습니다.

마하라지 개념이 태어났다고 말하는 것조차 완전한 진리가 아닙니다. 실제로 무엇이 일어났습니까?

방문객 시간과 공간이 나타났습니다.

마하라지 올바른 답을 찾아내기 위해서는 많은 디야나 요가를 해야 할 것입니다. 다수의 우빠니샤드 경전과, 하타 요가, 빠딴잘리 요가 등과 같은 요가들이 있습니다.

그러나 내가 아는 것은 오직 아뜨마 요가이며, 그것은 참나 지식이며 그 밖의 어떤 것도 아닙니다.

보통의 밀 더미에서 조리하는 방법에 따라 많은 형태의 음식이 만들어집니다. 마찬가지로, 영성에 있어서도 많은 학문 체계가 있습니다. 나는 여러 가지 방법과 기교에 해당하는 다양한 맛있는 음식들을 조금씩 맛보는 데 관심이 있는 것이 아니라, 오로지 모든

74

존재의 근본적인 참 근원인 주요 요리에만 관심이 있습니다.

나의 존재성(beingness)의 상태와 나의 존재(existence) 그리고 완전한 나타남은 언제 어떻게 무엇에서 일어났습니까? 그 본래의 근원에서는 나의 현존에 대한 어떠한 느낌도 없습니다. 그 궁극적인 근원에 대하여, 차별(이원성)을 초래하는 존재의 상태가 어떻게 일어났습니까?

우빠니샤드와 요가의 다양한 체계들은 개념적인 환영들입니다. 나는 이 모든 것들을 조금도 조사하지 않았습니다. 나는 오직 나의 "비존재성(non-beingness)"과 존재성(beingness)을 조사했으며, 그리고 그들이 왜 어떻게 일어났는지를 조사했습니다.

방문객 제가 태어났다는 것은 그 자체가……

마하라지 그러나 이것은 그대가 받아들인 하나의 개념입니다. 그것은 남에게 들은 이야기입니다.

방문객 매 순간 우리는 태어납니다.

마하라지 그렇습니다. 매 순간 탄생은 일어납니다. 그러나 태어나는 그 물질은 무엇입니까?

방문객 그것이 무엇일까요?

마하라지 "비존재성(non-beingness)" 위에서 존재성(beingness)이 나타났습니다. 그리고 그 존재성(beingness)에서 수천의 탄생과 살아 있는 형태들이 한 순간에 창조되었습니다.

방문객 그러나 이 모든 것의 배경은 오로지 "공(nothingness)"입니다.

마하라지 또한 이 "공"을 아는 자가 있습니다. 이 아는 자도 또한 "공"입니다! "비존재성(non-beingness)"에서 그것이 어떻게 표현될 수 있고, 그리고 누가 그렇게 하겠습니까? 그 상태에서는 주체도, 객체도 없습니다. 그래서 그것은 니르비샤야(nirvishaya)라고 불립니다. 그러나 존재성(beingness)의 상태에서는 주체와 객체 둘 다가 거기에 있습니다. 그러므로 그것은 사비샤야(savishaya)라고 불립니다.

그대는 빠딴잘리 요가가 이원성을 다루고 있다는 것을 이해했습니까? 그대는 요가를 공부한 적이 있습니까? 그것은 결합[7]과 분리를 다루고 있습니까?

방문객 조금 읽어 본 적이 있습니다. 요가는 이원성을 다루고 있습니다.

마하라지 빠딴잘리는 무엇에서 이원성을 만들어 냈습니까? 그가 이

---

7. '요가'란 용어는 멍에 즉 결합을 의미하는 산스끄리뜨어인 유가에서 유래한다.

원론을 확립했을 때 그는 무엇을 나누었습니까? 그가 무엇을 나누었든지, 그것은 존재성(beingness)의 영역에, 다시 말해, 주체와 객체의 영역에 있지 않았습니까?

방문객 우리가 무언가를 나누려고 하자마자, 그것은 "객체"가 됩니다.

마하라지 그러나 궁극의 원리는 주체와 객체의 영역보다 앞에 있습니다. 나는 그대가 그 상태를 어떻게 나누는지를 알고 싶습니다.

"비존재성(non-beingness)"의 상태 위에서 존재성(beingness)은 나타남과 더불어 나타나서, 마치 "내가 존재하는" 것 같은 느낌을 만들어 냈습니다. 그것이 누구인지 하는 것은 중요하지 않습니다. 오직 "내가 존재한다(I am)."는 것이 중요합니다.

우리는 이원성에 대하여 이야기했습니다. 그것은 "비존재성(non-beingness)" 위에 존재성(beingness)이 나타나면서 시작되었습니까, 아니면 나중에 그것이 생겨났습니까? 그것은 간단합니다. 존재성(beingness)이, 즉 "나의 존재성(I-am-ness)"이 느껴질 때, 그 특성[8]이 시작된 것은 분명합니다. 나중에, 수많은 형태를 통하여 실제로 작용하기 때문에, 존재성(beingness)은 다양하게 나타납니다. 존재성(beingness)이 "나는 존재한다(I am). 나는 존재한다(I am)."라고 처

---

8. 즉, 속성, 특성에 대한 자각은 의식으로 가능해졌다.

음 윙윙거리는 소리가 이원성입니다. 그러나 누가 그 이원성을 받아들이고 있습니까? 절대적인 "비존재" 상태가 존재의 상태를 취함으로써 나타날 때 이원성이 됩니다.

말이 우리들 사이에 이원성을 만들어 냅니다. 두 사람이 조용히 앉아 있습니다. 그럴 때는 말다툼이 전혀 없습니다. 그러나 그들이 대화를 시작하자마자, 이원성은 시작됩니다.

"비존재성(non-beingness)"이 존재 상태를 통하여 객관성을 표현할 때, 후자인 존재 상태는 여성적 측면인 마야라고 불립니다. 반면에, "비존재(non-beingness)" 상태는 남성적 측면으로 간주됩니다. 그러므로 나타난 우주의 작용은 쁘라끄리띠와 뿌루샤, 즉 여성적 측면과 남성적 측면의 작용이라고 불립니다.

방문객 저는 나타난 것이 나타나지 않은 것을 경험하는 것과 매한가지인, 이러한 존재성(beingness)이 "비존재성(non-beingness)"을 경험할 수 있는 길을 따라가려고 노력하고 있었습니다. 바로 시작부터 우리는 그것이 불가능하다는 것을 이해해야만 합니다.

마하라지 나는 그대에게 동일한 것을 말해 왔습니다. 그대는 깊이 있는 많은 명상을 해야 합니다. 존재성(beingness)이 "비존재성(non-beingness)"의 상태로 완전히 융합되어야 합니다. 매일 나는 깊은 잠으로 빠져들 때 나의 스트레스와 긴장을 없애 버립니다. 이런 식으로 나는 나 자신을 잊어버린 채, 망각과 긴장 이완을 경험하니

78

다. 따라서 존재성(beingness)은 "비존재성(non-beingness)" 속으로 사라집니다.

디야나 요가를 바르게 행하면, 존재성(beingness)은 점차 분해되어 "비존재성(non-beingness)"이 됩니다. 깊은 수면과 깨어남의 중간 상태에서 꿈의 전경이 나타납니다. 마찬가지로, 깊은 명상 속에서는 모든 필요한 지혜가 그대에게 드러납니다. 이 모든 것을 이해하고 또 나타난 세계가 실재가 아니라는 것을 깨달은 뒤에도 그대가 여전히 그대 자신을 인격체로서 생각하겠습니까? 존재성(beingness)의 상태는 나타난 상태입니다. 그것은 개성적인 것이 아닙니다. 그것은 다섯 가지 원소와 세 가지 구나들, 그리고 여성적 원리와 남성적 원리인 쁘라끄리띠와 뿌루샤로 이루어져 있습니다. 그 뒤 존재성(beingness)은 점차 "비존재성(non-beingness)"으로 변해 갑니다.

그 때문에 나는 나의 방법이 참나 속에 거주한다는 것을 의미하는 아뜨마 요가라고 말합니다. "비존재(beingness)" 상태가 존재(being) 상태가 되었을 때 이 세상은 너무도 많은 것들과 함께 생겨나게 되었습니다. 나의 구루의 지시대로 나는 존재성(beingness)과 하나가 되었습니다. 존재성(beingness)은 우리가 역동적인 우주 전체라는 비전을 가지는 것을 의미합니다. 우리가 개성을 초월하면, 우리는 오직 나타나는 존재성(beingness)일 뿐입니다. 이 과정에서 나타나지 않은 것이 스스로 모습을 드러냅니다.

방문객 이것이 곧 마하라지께서 말씀하시는 명상, 즉 존재성(beingness)의 상태에 머무는 것입니다.

마하라지 창조자도 없고, 아무도 나를 창조하지 않았습니다.

방문객 창조자는 이미 나타난 것입니다. 우선, 우리가 창조자가 되기 전에 존재(being)의 감각(sense)이 필요합니다.

마하라지 창조는 그의 마음과 관념을 통해 일어납니다. 그의 마음속의 윙윙거리는 소리를 통하여 그의 세계가 창조됩니다. 비록 그대가 혼자이더라도, 그대 마음의 재잘거림과 수다는 계속됩니다.

방문객 또한 마음도 창조되었습니다.

마하라지 그렇습니다. 그러나 언제 창조될까요? "비존재(non-being)"가 존재(being)로 바뀔 때, 그때서야 비로소 마음이 나타나고 작용을 합니다. 극소수의 사람만이, 백만 명중 한 명만이 내 말을 바르게 받아들일 것입니다.

방문객 일단 그 말을 받아들이고 나면, "개인으로서의 사람"은 전혀 없습니다.

마하라지 '너의 것' 혹은 '나의 것'에 관한 문제도 전혀 없습니다. 나의 나타난 바다에서는 그대와 같은 수백만 명의 사람들이 파도나 물결처럼 주위를 어슬렁거리고 있습니다.

방문객 구루를 제외하고는 기타 모든 사람들이 물결입니다.

마하라지 그러나 구루는 어떤 분입니까? 그는 한 조각의 **빵**으로 유지되는 물질입니까?

방문객 그것은 형언할 수 없는 것을 나타내는 또 하나의 말입니다. 저의 구루는 저에게 우선 한 개인으로서 제가 구루를 받아들여야 한다고 말씀하셨습니다. 그러면 구루가 처음에는 저를 나타난 것으로, 그 다음에는 나타나지 않은 것으로 안내해 갈 것이라고 했습니다.

마하라지 그러나 구루는 나타난 상태입니다. 만약 그대가 개성을 받아들이면 그대는 발전하지 못할 것입니다. 그대는 동이 트는 첫 순간부터 나타난 완전함과 동일시해야 합니다. 완전한 명료함의 빛이 사방으로 넘쳐흐릅니다. 이런 식으로 그대가 전체로서 나타난 것과 동일시하면 그대는 모든 곳에 두루 존재하게 됩니다. 반면에, 만약 그대가 개인의 실체에 집착한다면, 그대는 진보할 수 없습니다. 죽음은 피할 수 없습니다. 따라서 왜 내가 구루의 지시를 따르지 못하겠습니까? 그대가 묵시적으로 아무 노력도 없이 그리고 자연스럽게 구루를 따라갈 때, 나타난 것은 나타나지 않은 것이 되고, 존재성(beingness)은 "비존재성(non-beingness)"으로 융합되어 갑니다. 나타나지 않음이란 완전한 고요와 휴식을 의미합니다. 그때가 되면 태어남과 죽음도, 오고 감도 없게 됩니다.

존재성(beingness)의 윙윙거리는 소리가 없다면 세속적인 활동은 불가능합니다. 개성과 나타남은 사람이 깊은 수면에서 깨어나는 것처럼 "비존재성(non-beingness)"의 상태가 존재성(beingness)으로 바뀔 때 나타나는 결과입니다. 깊은 잠에 빠진 사람과 완전히 깨어 있는 사람은 아주 동일합니다. 잠을 자고 있는 사람은 또한 깨어 있는 사람입니다.

방문객 깨어 있는 상태는 이 세상을 나타내는 또 다른 말입니다.

마하라지 깨어 있음은 세상의 완전한 나타남을 의미합니다.

방문객 그가 깨어나면, 그는 항상 이원성으로 다시 돌아갑니다.

마하라지 내가 그대에게 말하기 때문에 그대는 계속 나에게 말합니다. 그대가 어떤 진지한 사람을 알고 있다면 그 또한 이곳으로 데려 오십시오.

방문객 저는 어떤 사람에게 여기로 오라고 거의 말하지 않습니다.

그렇게 한 적이 한두 번 있긴 합니다만.

마하라지 나는 간절히 이해하고 싶어 하는 사람을 좋아합니다. 나는 논쟁을 위한 논쟁만을 좋아하는 사람이면 누구든지 쫓아 냅니다.

나는 늘 나타나지 않은 상태에 머물러 있습니다. 그러나 모든 것은 요가마야, 즉 존재성(beingness)의 힘 때문에 일어납니다. 그러나 그것도 또한 나타난 상태입니다.

마라띠의 한 위대한 시인은 그의 시에서 나타나지 않은 상태를 언급하며 다음과 같이 말합니다. "어느 누구와도 접촉하지 않았지만 임신하여 아이를 분만한 그런 불임 여성을 오로지 생각하라." 마찬가지로, 요가마야는 이 나타난 세계를 분만했습니다. 다시 말해, 음식의 정수로 된 이 몸의 결과인 존재성(beingness)이 이러한 이 나타남을 투사했습니다. 그리고 그것은 나의 구루의 이미지입니다. 나타나지 않은 상태와 나타난 상태 즉 요가마야는 결코 함께 존재할 수 없습니다.

방문객 어떤 분이 《나는 그것이다》라는 책을 외국어로 번역했습니다. 그리고 그는 그 번역서의 제목을 《땃-뜨밤-아시》라고 달기를 원합니다.

마하라지 나는 그 제목이 맘에 안 듭니다. 원제목 《나는 그것이다》를 그대로 사용하든지, 아니면 아무 제목도 달지 마십시오.

방문객 그러나 모리스 프리드만 씨는 이미 동의했습니다.

마하라지 나는 동의하지 않습니다. 그리고 또한 비록 그대가 그대 자신을 냐니(jnani)라고 여길지 몰라도, 그대의 이해력으로 그 책의 내용을 희석시키지 마십시오. 프리드만이 한 것과 꼭 같이 하십시오. 즉, 어떠한 가감도 없이 원본을 정확히 번역해야 합니다.

방문객 사실, 저는 명상을 한 후에 당신의 가르침의 요체가 《나는 그것이다》에 들어 있다는 것을 알았습니다.

마하라지 만약 그대가 《나는 그것이다》의 의미를 깨닫고 싶다면, 깊은 명상에 들어가십시오. 그러나 나타난 상태인 "그대"는 나타나지 않은 상태인 "참 그대" 속으로 합체되어야 합니다. 그것이 궁극적인 의미입니다. 내가 이 세상과 신에 대하여 어떤 경험을 얻더라도 그것은 신의 어떠한 은총이나 은혜 때문이 아니라, 전적으로 나로 인한 것이며 나의 상태 때문입니다. 만약 내가 없었더라면, 나는 그러한 경험을 결코 하지 못했을 것입니다. 나는 과거에도 어디에나 존재했으며 지금도 항상 어디에나 존재하고 있습니다. 나의 존재성(beingness) 때문에 나는 이 세상을 경험합니다. 나는 이제 세 명의 현자들(샹까라, 마다바, 라마누자) 즉 아차리야들의 가르침 속에 나타난 동일성을 분명히 알겠습니다.

모든 창조물은 최초의 환영과 그 은밀한 윙윙거리는 소리인 물라마야(moolamaya)에서 나옵니다. 모든 말과 이야기와 제목은 그렇게 나온 것들을 가리킵니다. 마찬가지로, 이 모든 이미지들은 누군가의 지껄임이요, 표현입니다. 그 이미지들은 두 사람의 사랑의 이야기와 결합의 산물입니다.

존재성(beingness)의 상태는 신이라고 불립니다. 신의 상태는 전체적인 나타남입니다. 그것은 경험할 때의 나의 상태입니다. 그것은 이원성입니다. 그러나 나의 나타나지 않은 상태는 비이원성입니다. 그리고 그 상태에서는 경험도 나타남도 전혀 없습니다. 절대적 상태로서 나는 존재성(being)의 상태가 아닙니다.

모든 영적인 지식에도 불구하고, 그대는 몸과 마음의 차원에서 일어나는 경험을 포기하고 싶은 마음이 없습니다. 만약 그대가 몸과 마음이라는 느낌과 동일시하지 않는다면, 그대는 우선 존재성(beingness)의 상태로 초월해 들어갈 것이고, 나중에는 그 존재성(beingness)마저도 초월할 것입니다. 그러나 그대는 몸과 마음의 차원에서 경험은 물론이고 그대의 개성을 지키며, 존재성(beingness)과 "비존재성(non-beingness)"의 상태에 모두 있고 싶어 합니다. 그러나 그것은 불가능합니다.

절대적 상태로서 나는 나타남 전체인 나의 존재성(beingness)의 목격자입니다. 이러한 상태는 신이나 마헤쉬와르 등과 같은 매우 고귀한 특성과 함께 미화되고 있으며, 많은 사람들로부터 숭배받고 있습니다. 그들에게 나의 이러한 이야기는 짓궂은 장난 같은 데가 있을지 모르겠습니다.

방문객 만약 내가 "나는 그것이 아니다."라고 말해도, "나는 그것이다."라는 것은 역시 있습니다.

마하라지 경험은 경험자를 의미하지 않습니다.

방문객 경험자는 경험되고 있습니다. 경험자는 하나의 대상이지만, 주체로 간주되고 있습니다. 저는 당신을 경험합니다. 그리고 "나의 존재"는 하나의 대상이지만, 하나의 주체로서 취급되고 있습니다. 대상을 주체로서 보는 것은 환영입니까?

마하라지 만약 그대가 자신이 이야기하고 있다고 말한다면, 그대는 거짓말쟁이입니다. 그대의 이 모든 이야기는 지적인 것이며, 오로지 나의 이야기에 대한 답변일 뿐입니다. 그대는 그대가 이야기하는 것을 직접 실천합니까?

방문객 그것이 수행입니다. 저는 지금까지 어디를 가나 "나"를 찾아왔습니다. 제가 "나"를 찾아 어디를 가든지 거기에 저는 없습니다.

마하라지 "나"는 "나"라는 단어가 아닙니다. 그것은 모든 것입니다.

방문객 개인으로서 "나"는 그 모든 것에 도달할 수 없습니다.

마하라지 나는 모든 사람이 개성을 가진 사람이라고 비난하지 않습니다. 그대는 그대 자신을 한 개인으로서 판정하고 있습니다. 죽음에 대한 두려움이 있기 때문에 그대는 존재성(beingness)으로 초월할 수 없습니다.

방문객 오직 그릇된 자만이 그릇된 자로 계속되기를 바랍니다.

마하라지 절대적 상태인 "나"는 개인적인 "나"가 아닙니다. 개인적인 "나"는 비개성적(impersonal)인 존재성(beingness)을 묵인할 수 없고, 죽음을 두려워하고 있습니다.

절대적 상태인 실제의 영원한 "나"에게는 죽음에 대한 두려움이 전혀 없습니다.

그대가 다섯 가지 원소로 구성된 음식물로 부양, 양육, 유지시키고 싶어 하는 그것은 그대가 아닙니다. 그대는 실재가 아닌 무언가와 동일시하기 때문에 죽음에 대한 두려움이 있습니다.

절대적 상태인 "그대"는 개인적인 "그대"가 아닙니다. 그러나 스물네 시간 동안 내내 개인적인 실체인 "그대"는 끊임없이 계속될 수 있도록 (절대적 상태인 그대에 의해) 감시, 양육, 보호를 받고 있습니다. 요컨대, 그대는 실제로 그대가 아닌 그것을 감시하고 양육하고 보호하고 지켜 주고 있는 것입니다.

방문객 사자를 만나면 두 가지 선택이 있습니다. 도망가든지, 잡아

먹히든지 둘 중의 하나입니다.

마하라지 세 번째 선택도 있습니다. 어떤 식으로든 사자가 그대를 죽일 것이기 때문에 그대가 사자를 위협하는 것입니다. 그래서 왜 겁에 질려 겁쟁이처럼 죽어야 합니까? 용감하게 공격하여 사자의 이빨을 몇 개 부러뜨리십시오.

시간을 두려워하는 자는 시간의 먹이가 됩니다. 그러나 시간 그 자신은 시간을 두려워하지 않는 사람의 먹이가 됩니다.

시간과 존재성(beingness)과 그 속성을 초월한 자는 절대적 상태에 머물 수 있습니다.

냐니(jnani)는 시간을 끊임없이 먹어 치우지만, 다른 모든 사람들은 시간에게 먹히고 있습니다. 냐니는 시간과 (다섯) 원소와 속성과 정서를 초월한 사람입니다.

방문객 우리는 우리가 먹어 치우려고 하는 어떤 것이 실재한다고 주장하지 않도록 대단히 주의를 기울여야 합니다.

마하라지 그대는 건방지게 냐니(jnani)처럼 굴지만, 그대는 너무 많은 음식물로 가득 차 있습니다. 시간을 두려워하는 것은 태어나지 않은 자식을 두려워하는 것과 같습니다.

방문객 저는 저 자신을 냐니로 생각한다고 말하지 않았습니다.

마하라지 시간은 불임 여성의 자식입니다. 〔방문객과 또 다른 사람을 가리키며〕 그대 두 분은 영성으로 이름난 저명한 인물로, 단단히 무장을 한 채 나를 공격하러 왔습니다. 그러나 나는 그대들에게 말하지만, 그대들은 나의 위치를 찾아낼 수 없습니다.

내가 시간을 두려워하지 않는 이유는 무엇이겠습니까? 그 이유는 심지어 이 나타난 우주인 브람만이 소멸해도 그것이 나를 파괴시킬 수 없기 때문입니다. 이 우주가 소멸되기 전이나 소멸되는 동안이나 그 이후에도 절대적 상태인 나는 늘 아무 접촉됨이 없이, 아무 오염됨이 없이, 그리고 아무 변함이 없이 어디에나 존재합니다.

임종을 맞이하여 그대는 어떤 정체성을 가지고 죽을 것입니까? 그대의 죽음을 확신하고 있다면, 왜 저속하게 죽어야 합니까? 고귀하고 명예롭게 죽음을 맞이하십시오. 죽음 앞에서 가장 높은 상태가 되고, 무한한 상태가 되고, 절대적인 상태가 되십시오.

1980년 1월 14일

4

지금까지 5원소의 유희를
방해한 것은 아무것도 없다

방문객   자아는 무엇입니까? 왜 그것은 언제나 그 자신에 대하여 생각합니까?

마하라지   맨 처음 그대는 이른바 아함-바바(aham-bhava), 즉 "내가 존재한다(I-am)."는 느낌을 갖게 됩니다. 나중에 이 감각이 몸의 형태와 동일시하게 되는데, 그때 그것은 아함-아까르(aham-akar), 즉 "내가 존재한다(I am)."는 형태라고 불립니다. 이것이 자아입니다.

방문객   왜 그것은 사람들에게서 사라지지 않습니까? 그들은 그들이 행위자라고 느끼고 사랑을 받기를 원합니다.

마하라지 이것은 세 가지 구나들의 자연스러운 결과입니다. 몸은 음식의 정수가 만들어 낸 작품이지만, 이들 세 가지 구나들이 모두 작용을 하는 매개체입니다. 자아는 바로 이들 구나들의 본성 그 자체입니다. 사람은 비록 자신이 아무런 행동을 하지 않아도 자신이 행위자라고 생각하지만, 실제로 모든 행위는 구나들의 탓으로 돌려야 합니다. 오직 냐니(jnani)만이 이것을 깨닫고, 자아를 초월합니다. 자아는 결코 직함이나 이름이 아니라, 단지 말이 나오기 이전의 "내가 존재한다(I am)."는 느낌입니다. 깨어 있는 상태, 수면 상태 그리고 "내가 존재한다."는 앎이 자아를 구성하고 있습니다. 이 세 가지 상태가 없으면, 그대는 어떤 존재라고 생각합니까? 그대가 존재한다는 증거는 무엇이 되겠습니까?

방문객 자아는 생각의 탓으로 돌릴 수는 없습니까?

마하라지 이 세 가지 상태는 존재성(beingness)이나 "나의 존재성(I-am-ness)"의 자연스러운 결과입니다. 존재성(beingness)을 깨달은 자는 이 세 가지 구나들, 즉 사뜨바(의식)와 라자스(역동적인 특성)와 따마스(행위자 신분을 주장)를 모두 초월합니다. 그러나 의식이 나타나기 위해서는 음식으로 이루어진 몸이 절대적으로 필요합니다. 이러한 몸이 없다면, 의식도 세 가지 구나들도 있을 수 없으며, 또한 깨어 있음, 수면, 앎이라는 세 가지 상태도 있을 수 없습니다.

94

방문객 당신은 의식을 "마음의" 의식이라고 부릅니까?

마하라지 우리가 세 가지 상태에 관해 이야기할 때, 마음은 어디에서 들어옵니까? 깨어 있음, 깊은 수면, 앎이 없다면, 마음은 어디에 있습니까? 그대는 의식이 없이는 "그대가 존재한다."는 것을 알지 못합니다.

방문객 그렇다면 생각은 의식에서 나타날 수 있는 것입니까?

마하라지 〔타고 있는 향을 가리키면서〕 그렇습니다. 향이 타면, 향 냄새가 거기에 있을 것입니다. 태어남이란 무얼 말합니까? 태어남이란 곧 깨어 있는 상태와 깊은 수면과 앎이 태어나는 것을 의미합니다. 그러나 이러한 태어남의 재료는 음식으로 된 몸의 가장 순수한 형체입니다. 질문이 있으면 꼭 하십시오. 그러나 그대가 존재하지 않는다면, 누가 그대의 질문을 보살피겠습니까? 그대가 존재하지 않는다면, 그대의 질문들이 어디에 있을 수 있겠습니까, 심지어 그대의 태어남과 죽음과 관련된 질문마저도 어디에 있을 수 있겠습니까?

방문객 태어남은 오직 몸에 일어납니다.

마하라지 그러나 그대가 몸이라고 할 때, 그것은 음식의 정수로 된 가장 순수한 형체가 아닙니까?

방문객 나이가 들면서 그리고 편집증 환자의 경우에서처럼 몸이 황폐해지면서 무엇 때문에 자아는 이따금 팽창합니까? 자아는 나이를 먹어 감에 따라 증가하는 것 같습니다.

마하라지 그러나 자아는 무엇의 산물입니까? 그대가 어떤 경험을 하더라도 그것은 존재성(beingness)의 산물이고, 그 존재성(beingness)은 음식의 결과입니다. 음식에서 몸의 형태가 나오고, 몸의 정수에서 태어남이 나옵니다. 그밖에 그대는 무엇을 원합니까? 존재성(beingness)이 나타나면서 그대에게는 태어남이란 칭호가 붙습니다. 다시 말해, 그대는 태어났다는 말을 듣습니다.

이러한 대답으로, 그대의 질문들과 이야기는 모두 의미를 잃어버립니다. 자, 이제 누가 이야기하고 있는지를 말해 주십시오. 그대가 이야기를 하고 있습니까, 아니면 이야기를 하는 그것은 존재성(beingness)의 특성입니까?

방문객 이야기를 하는 "나"는 결코 없습니다.

마하라지 그대는 여전히 내가 말하는 뜻을 파악하지 못하고 있습니다. 이 세상의 경험에 대한 씨앗은 존재성(beingness)입니다. 이 모든 것 안에 "나"가 어디에 있습니까? 이야기는 존재성(beingness)이 하고 있습니다. 그러나 그것은 음식의 산물인 몸의 정수에 의존해 있습니다. 몸 안에 있던 음식의 정수가 그 특성을 잃어버리면, 존재성

96

(beingness)은 약화되고, 죽음을 두려워하게 됩니다. 〔방문객이 알아들을 수 없는 말을 중얼거린다.〕 하고 싶은 말이면 무엇이든 하십시오. 그러나 생각하는 바를 말하십시오. 그대는 여러 책을 썼습니다. 그러나 어떤 정보를 그 책에다 밝혔습니까? "내가 존재한다."라든가 혹은 "내가 존재하지 않는다."는 것은 존재성(beingness)과 관련이 있습니다. 모든 말은 존재성(beingness)에 의해서 나옵니다. "내가 존재한다(I am)."는 의미가 없으면, 즉 존재성(beingness)이 없으면, "내가 존재한다."고 말할 사람이 누가 있겠습니까?

방문객 제가 책을 쓰고 있었다는 생각은 전혀 없었습니다.

마하라지 그대와 토론하는 것이 무슨 소용이 있겠습니까? 그대는 내가 말하는 것을 거부해도 소용이 없습니다. 그대의 정체는 무엇입니까? 그리고 그대는 깨어 있음과 깊은 수면과 "나의 존재"에 대한 앎이란 세 가지 상태가 없다면 무엇이 될 수 있겠습니까?

방문객 그러므로 저는 제가 어떤 것을 하고 있다는 것을 부정합니다.

마하라지 그러나 그대의 말 속에는 어떤 독단이 있는 것 같습니다. 제발 대화를 위한 대화는 하지 않도록 노력하십시오. 그대가 조용히 귀를 기울이면 모든 것이 밝혀질 것입니다. 누구든지 여기에 올 때 나는 그 사람에게 티끌만큼의 지식도 없다는 것을 알고 있습니다. 사람들은 나에게 선물을 가지고 옵니다. 그러나 이것은 병입니다. 그리고 "나"는 그것에 관심이 없습니다. 마찬가지로, 우리의 생활 속에는 정신적, 신체적 규율과 의식(ritual)들이 규정되어 있습니다. 그러나 나는 늘 이러한 제약 조건 형성들에서 벗어나 있습니다. 이것은 나에게 너무도 분명합니다.

나는 4천 루피 이상을 호가하는 이 중국제 카펫을 선물 받았습니다. 그러나 나는 그것에 대하여 아무런 느낌이 없습니다. 마찬가지로, 나는 나에게 부과된 이른바 "태어남"에 전혀 관심이 없습니다. 태어남은 세 가지 구나들, 즉 세 가지 상태와 존재성(beingness)과 관련이 있습니다. 그런데 나는 그 모든 것이 아닙니다.

나는 그 카펫을 사용하지만, 나는 카펫이 아닙니다. 마찬가지로, 나는 존재성(beingness)을 이용합니다. 여기를 방문하는 사람들은 존경하는 마음에서 나의 발아래에 엎드립니다. 그러나 그 존경심은 존재성(beingness)의 특성에게 보여지는 것이지, 나는 접근될 수 없는 존재입니다.

이 모든 영적인 지식은 존재성(beingness)의 영역에 속합니다. 그리고 그것은 손님처럼 반드시 왔다가 가는 것입니다. 문제는 언제 어디에서 어떻게 그대가 궁극적인 지식을 갖게 될 것인가 하는 것입니다.

방문객 누가 이 궁극적인 지식을 갖고 있습니까?

마하라지 아무도 참나 지식을 갖고 있지 않습니다. "내가 존재한다(I am)."는 지식은 절대적인 상태가 아닙니다.

세 가지 구나들로 이루어져 있는 존재성(beingness)은 브람마, 비슈누, 마헤쉬 같은 신의 명칭을 부여받습니다. 브람마는 창조자이고, 비슈누는 보존자이며, 마헤쉬는 파괴자입니다. 그리고 결합된 이 세 신들은 우리가 바잔(bhajan)들을 노래할 때 우리의 숭배와 찬양을 받습니다. 그러나 이 모든 신들은 냐니라고 하는 참나를 깨달은 성자에게는 가라앉아 죽음의 잠자리에 들게 됩니다. 냐니의 상태는 시간 의식과 심지어 숭고한 감정마저도 초월합니다. 바로 그 가장 높은 상태는 빠라브람만이나 빠람아뜨만 등과 같은 명칭을 부여받습니다.

영적인 책들을 읽은 후에 사람들은 그들의 해석에 대하여 논쟁을 벌입니다. 그러나 그러한 말다툼을 벌인들 무슨 소용이 있습니까? 이 모든 이야기들은 존재성(beingness)의 영역에서 일어나고 있습니다. 그리고 궁극적 상태인 참 그대는 존재성(beingness)이 아닙니다.

방문객 어제 마하라지께서는 저에게 존재성(beingness)이 언제 나타나는지에 대하여 명상하라고 하셨습니다. 또한 존재성(beingness)이 나타난 이후의 상태에 대해서도 왜, 언제, 어떻게 등과 같은 질문을 던져 볼 수 있습니다.

마하라지 그렇습니다. 이러한 질문들은 오직 존재성(beingness)이 나타난 이후에 던져 볼 수 있습니다. 그리고 그 존재성(beingness)은 음식의 정수가 가용될 수 있는 한 남아 있을 것입니다. 사람은 왜 그리고 언제 죽습니까? 음식의 정수가 공급되지 않으면, 인체의 기능은 그치고, 내재하고 있는 존재성(beingness)은 사라집니다. 이것을 죽음이라고 합니다. 그런데 누가 죽었습니까?

방문객 하나의 대상이 죽었습니다.

마하라지 그러나 누가 이것을 말합니까? 그것이 죽은 사람일 수 있습니까? 그렇지 않다면 누가 그것을 말하고 있습니까?

방문객 우리는 이러한 존재성(beingness)이 나타나고 사라지는 것을 날마다 볼 수 있습니다. 거기에는 틀림없이 다른 무엇인가가 있습니다.

마하라지 궁극적인 보는 자는 눈을 통해서 볼 수 없습니다. 그러나 눈을 통해서 보지 않아도 그 보는 자는 볼 수 있습니다. 그러나 그 궁극적인 보는 자는 존재성(beingness)의 영역에 속해 있지 않습니다.

방문객 저에게는 보는 것 그 자체가 보이는 것 같습니다.

마하라지 그러나 그 원인은 무엇이겠습니까? 그것은 오직 존재성 (beingness)입니다. 즉, 세 가지 양상의 사뜨바 구나입니다. 이해가 안 되면, 제발 가만히 계십시오.

절대적인 상태는 이해될 수 없습니다.

그대가 무엇을 이해하더라도, 그대는 그것이 아닙니다. 이해가 없는 상태에서 그대는 그대 자신을 이해할 수 있습니다.

방문객 그렇다면 어떻게 세 가지 구나들이 목격의 원인이 될 수 있습니까?

마하라지 〔턱수염이 있는 새 방문자에게 말을 걸면서〕 당신은 마하뜨마처럼 수염을 길러서 손질해 왔군요. 자, 질문을 하십시오.

방문객 당신은 냐니에 대하여 이야기했습니다. 냐니는 생각합니까? 그는 감정도 없이 존재할 수 있습니까?

마하라지 의사소통을 위하여, 그는 "냐니가 생각하고 있다."라든가 혹은 "냐니가 말하고 있다."와 같은 그런 말들을 사용해야만 합니다.

방문객 그러나 실제로는 그런 것이 하나도 없습니다. 그가 생각하는 것에 대하여 말하고 있고 느끼고 있다는 것은 위안을 줍니다.

마하라지 냐니는 세 가지 구나들의 속성들을 초월해 있으며, 감정도 초월해 있습니다. 냐니가 어떻게 생각과 감정에 연루될 수 있겠습니까?

방문객 저는 생각과 감정의 차이를 알 수 있습니다. 제가 말하는 감정이라는 것은 강물의 흐름과 같은 것들입니다. 그것들은 나타났다가 사라집니다.

마하라지 그렇습니다. 감정과 정서가 이처럼 나타나고 사라지는 것은 세 구나들의 본성입니다. 그대의 것이 아닙니다.

방문객 저는 이것이 구나들의 자연스런 유출이지, 절대적인 상태와 같은 것은 전혀 아니라는 것을 이해합니다.

마하라지 그대는 공(nothingness)에 대하여 확신하고 있지만, 누구를 확신하고 있습니까? 그대는 냐니가 공(Nothing)이거나 혹은 "내가 존재한다(I am)."는 지식이 공이라는 것을 확신하고 있습니까? 그 지식은 손님과 같습니다. 그것은 왔다가 갑니다. 그대는 여기에 왔습니다. 그대는 매우 영리합니다. 자, 이제 어떤 일이 실제로 일어났습니까? 지금까지 그대가 다른 곳에서 끌어 모아 여기에 가져왔던 그 모든 지식이 쓸모없고 불필요하게 되었습니다. (두 방문객을 가리키면서) 이 두 사람의 지식은 쓸모없게 될 것입니다. 현재 그들은 바로 지식의 바다입니다. 그러나 그들의 세 구나들과 존재성 (beingness)이 사라지면, 그들의 모든 지식도 또한 사라집니다. 존재성(beingness)이 계속되는 한, 모든 세속적인 활동이 계속 일어날 것입니다. 그러나 그대는 이제 "참 그대"가 존재성(beingness)에서 일어나는 활동도 아니요, 또한 존재성(beingness)도 아니라는 것을 깨달았습니다. 절대적 상태로서 "참 그대"는 이들 가운데 그 어떤 것도 아닙니다.

방문객 존재성(beingness) 다음에 나타나는 것에 대하여 명상하는 것은…… 제가 그것을 알 수 있는 유일한 방법은 모든 것이 사라지고 난 뒤에 남아 있는 것이 무엇인지를 보는 것입니다. 시간과 공간과 모든 것이 사라진 뒤에 무엇이 남아 있습니까?

마하라지 세 구나들에 의해 나타난 세계가 사라지고 난 뒤에 무엇이 남아 있든지 그것은 백 년 전이나 그대가 태어나기 이전의 그대의 정체성을 가리킵니다. 그 상태에서 "참 그대"는 깨어남과 깊은 수면과 앎이라는 세 가지 상태를 빼앗기고 있었습니다. 그대는 명상을 하는 동안에 바로 그 상태에 거주해야 합니다.

방문객 우리는 이러한 명상에서 사마디에 들어가는 것을 어떻게 피할 수 있습니까?

마하라지 사마디에 들어가거나 사마디에서 나오는 것은 그대의 특성이 아닙니다. 그대는 특성을 초월해 있습니다.

방문객 저의 질문은 어떻게 그것을 피하는가 하는 것입니다.

마하라지 사마디에 들거나 사마디에서 나오는 것은 세 구나들의 다른 모든 특성들과 같은 특성들입니다. 그래서 사마디를 피하려고 애쓰지 마십시오. 그것은 세 가지 구나들의 자연스러운 작용입니다. 사마디는 거기에 있더라도, 절대적 상태인 "참 그대"는 사마디에 없을 것입니다.

방문객 저에겐 이런 경향들이 있었습니다. 그래서 저의 구루는 저에게 명상과 관찰을 허락하지 않았습니다.

마하라지 하지만 "그대가 존재한다."는 지식에 "참 그대"가 어떻게 어디에서 소개되었는지 말해 주시겠습니까? 그대의 구루는 그대에게 그것을 말해 주었습니까? 존재성(beingness)과 절대적 상태의 결합이 어떻게 일어났습니까?

방문객 그런 질문은 결코 일어나지 않았습니다.

마하라지 무지한 사람은 다른 무지한 사람에게 무엇이든지 말할 수 있습니다. 그러나 무지가 무엇인지를 깨닫는 그 사람은 아는 자 즉 냐냐라고 여겨집니다. 많은 사람들이 스스로를 냐냐라고 생각하지만, 그들은 단지 무지할 뿐입니다. 어떤 사람은 "나는 지식이 많다."라고 말하고, 또 다른 사람은 "나는 알고 있다."라고 말하지만, 그들 둘 다 무지합니다.

깨어 있는 상태 다음에는 깊은 수면이 따라오고, 깊은 수면 다음에는 깨어 있는 상태가 따라오면서 이 주기는 계속 일어납니다. 이러한 주기가 바로 존재성(beingness)을 구성하고 있습니다.

그대는 누군가가 그대에게 총을 겨누고 그대는 그 총알을 피하려고 애쓸 때처럼 정신을 바짝 차려야 합니다. 무지를 간파하는 것은 아이의 장난이 아닙니다.

방문객 노력하겠습니다.

마하라지 그대는 세 가지 상태 밖에서 질문을 하시겠습니까, 아니면 세 가지 상태 안에서 질문을 하시겠습니까?

방문객 세 가지 상태를 사용하면서 질문하겠습니다.

마하라지 그렇다면 무슨 소용이 있겠습니까? 조금 전에 그대는 여기에 3주 동안 머물고 싶어 했습니다. 아직도 그 기간 동안 머물기를 바랍니까? 그만큼 필요합니까?

방문객 조금 전에 마하라지께서는 저에게 물었고 저는 그렇게 대답했습니다. 그러나 일단 저의 목적이 이루어지면 저는 갈 것입니다.

마하라지 아직 성취하지 못한 것이 남아 있습니까? 그리고 "목적"은 무엇을 말합니까?

방문객 제가 목적을 다루는 방법을 완전히 의식적으로 알 수 있습니까?

마하라지 목적을 달성하는 과정은 세 구나들의 범위 내에 있지만, 목적 그 자체는 세 구나들을 초월해 있습니다.

방문객 그렇다면 목적을 달성하는 과정은 사라집니까?

마하라지 그 과정에 연루된 명상자는 실재하는 것(real one)이 아니라, 목표가 실재하는 것입니다.

방문객 〔책을 가리키면서〕 이것이 최후의 장애물입니다.

두 번째 방문객 책의 가치는 무엇입니까?

마하라지 책이 그 독자에게 가치를 지니려면, 독자가 그 저자보다 더 무지해야 합니다. 저자는 무지를 그의 책 속에다 매우 아름답게 써 놓았습니다. 그래서 우리는 그 책에 너무 열중한 나머지 잠들게 됩니다.

방문객 하지만 그 책을 읽은 뒤에 많은 사람들이 당신을 찾아왔습니다.

마하라지 왜 그들이 찾아왔습니까?

방문객 명상에 대한 지침을 얻기 위해서입니다.

마하라지 "내가 존재한다(I am)."는 지식을 초월할 때, 절대적 상태는 어디에나 존재합니다. 그 상태를 빠라브람만이라고 합니다. 반면에 "내가 존재한다."는 지식은 브람만이라고 합니다. "내가 존재한다."는 이 지식이나 존재성(beingness)은 환영에 불과합니다. 그러므로 브람만이 초월될 때만 "내가 존재한다(I am)."는 지식이 조금도 없는 빠라브람만이 있습니다.

그러한 세 가지 상태, 즉 깨어 있음, 깊은 잠, 그리고 앎이 거기에 없다면, 존재성(beingness)이 있을 수 있겠습니까? 없다면 왜 그렇습니까? 그 상태에서 존재성(beingness)은 일어났습니까? 빠라브람만 상태에서 존재성(beingness)이 일어날 필요성이 있겠습니까? 존재성(beingness)이 없을 때, "참 그대"는 하늘에서 태양과 달과 별들을 보았습니까? 그 상태에서는 태양과 달과 별들에게서 얻을 어떤 이익이라도 있습니까?

존재성(beingness)은 절대적인 상태 위에 씌워진 환영의 외투입니다. 다시 말해, "내가 존재한다(I am)."는 최초의 근본적인 개념인 존재성(beingness)은 그 자체가 개념적인 환영입니다.

이 나타난 세계는 다섯 원소들의 역동적인 작용입니다. 거기에는 개인이 들어설 여지가 전혀 없습니다. 다이아몬드는 사방으로 빛을 발산합니다. 그것은 광휘 그 자체입니다. 보다 깊은 명상에 들어가면, 그대는 사방으로 발산되는 광휘처럼 나타난 세계가 그대에게서 나온다는 것을 깨닫게 될 것입니다. 그것은 오로지 그대의 광휘입니다.

방문객 사방의 벽에 거울이 달려 있어 자신의 다양한 이미지를 반사해 주는 옛날식 카페처럼.

마하라지 우주 전체는 존재성(beingness) 또는 태어남이라고 하는 그 원리로 나타납니다. 이러한 존재성(beingness)은 존재하는 모든 것을 밝혀 줍니다. 그것은 우주 전체가 존재성(beingness)의 몸으로서 나타나게 된다는 것을 의미합니다.

텔레비전 화면에서 그대는 각기 다른 모양과 이미지와 경치를 봅니다만, 그것들은 모두가 단지 브라운관에서 나온 전자 빔의 표현이나 작용에 불과합니다. 마찬가지로 그대의 이해 범위 내에 있는 나타난 세계 전체는 그대의 존재성(beingness)의 산물입니다.

그대가 이러한 이야기들을 철저하게 이해하고 난 뒤에 깊은 평온의 상태로 들어가면, 그대는 "그대가 존재한다(I am)."는 지식 속에 무수한 세계와 우주가 보이지 않게 잠복해 존재한다는 것을 알게 될 것입니다. 〔외국인들을 가리키면서〕 이들은 참된 지식을 찾는 구도자들이지만, 이 지방의 사람들은 그들의 세속적인 욕구가 충족될 수 있도록 신에게 헌신하고 있습니다. 그러므로 나는 외국인들에게 최고의 존경심을 가지고 있습니다. 왜냐하면 그들은 무슨 일을 떠맡든지 끝까지 그것을 관철시키기 때문입니다. 나는 그들의 인내력을 찬탄합니다.

방문객 여기에 오기 위해서 우리들 중 많은 사람들은 모든 심오한 아차리야들을 완전히 떠나 왔습니다.

마하라지 그러한 영적인 사람들은 어떤 나라에도 속하지 않습니다. 그들은 다섯 원소의 작용의 결과입니다. 사람들은 의식의 작용으로 태어나고 죽습니다. 다음 몇 백 년이 지나면 이 모든 사람들은 죽게 될 것이고, 새로운 다수의 방문객들이 계속적으로 이 세상에 올 것입니다. 이것도 또한 다섯 원소들의 작용입니다. 많은 아차리야들이 왔다가 갔지만, 아무도 창조와 보존과 파괴의 과정에, 다시 말해, 다섯 원소들의 작용에 심지어 조그마한 변화마저도 일으킬 수 없었습니다. 아차리야들뿐만 아니라, 심지어 라마, 크리슈나 등과 같은 위대한 화신들도 그렇게 할 수 없었습니다. 영적으로 고도로 진화된 사람들인 리쉬(rishi)들과 성자들과 싯다뿌루샤(siddhapurusha)들에 대해서도 똑같이 말할 수 있습니다.

비록 위대한 드라마가 "한 종(種)이 다른 종을 잡아먹는다."는 것과 같은 가증스러운 원리에 의해 지배받고 있지만, 그 드라마는 가차 없이 계속 일어날 것입니다.

동물들에게 잔악 행위를 금하자는 단체들도 있지만, 그들은 단지 동물들의 생명과 고통을 연장시켜 줄 뿐입니다. 과연 그들이 동물의 창조를 멈추게 할 수 있습니까? 이러한 창조의 결과로서, 인간과 동물은 모두가 이 세상에서 고통을 받고 있습니다. 인간이나 동물 전체로 어느 쪽에서든 "가족 계획"을 한다면 어떤 진전이 있겠습니까?

사람은 자기 자신에 대하여 어떤 권한을 가지고 있습니까? 사람들에게는 어떤 변화라도 그 변화를 가져오도록 하기 위하여 다섯 원소들의 이 웅대한 드라마에 간섭할 권한이 전혀 없습니다. 왜냐하면 그들의 근본적인 본성은 늘 똑같은 상태로 남아 있기 때문입니다.

1980년 1월 15일

5

우빠니샤드를 넘어서

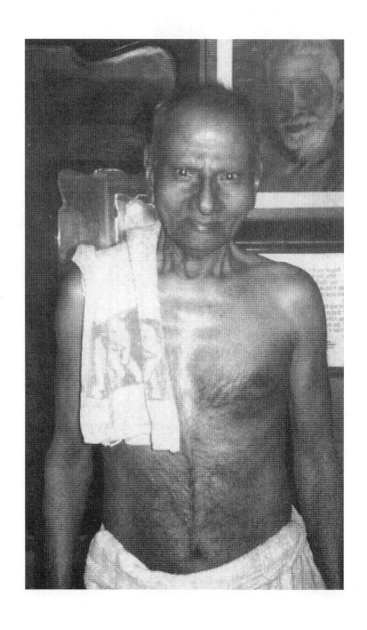

마하라지 나는 밖에서 일어나는 기적들에는 관심이 없고, 오직 나의 내부에서 일어나는 기적들에만 관심이 있습니다.

내가 원래 앎이 없는 상태에 있을 때는 내 존재의 의미를 알지 못했습니다. 그러나 갑자기 존재성(beingness)이 자연스럽게 느껴졌습니다. 이것이 첫 번째 기적입니다. 그 다음 어느 순간 단박에 나는 이 거대한 나타난 세계와 또한 나의 몸을 알게 되었습니다. 나중에 나는 우주 전체가 오로지 나의 존재성(beingness)의 작은 조각에서 나타나게 되었다는 것을 이해했습니다.

왜 이러한 기적들에 주의를 기울이지 않습니까? 많은 기적들이 일어나며 그 각각의 기적은 다른 나머지의 것보다 더 대단합니다. 그러나 거듭 말하지만, 이러한 기적들은 어떻게 되어 있습니까?

첫째로, "내가 존재한다(I am)."는 메시지가 전혀 없었습니다. 또한 이 세상도 없었습니다. 그러다가 즉시 "내가 존재한다(I am)."는 메시지와 이 장엄한 세계가 "공"에서 나타났습니다! 얼마나 놀라운 일입니까!

"내가 존재한다(I am)."는 이 메시지는 영원한 진리를 알리는 것 이외의 어떤 것도 아닙니다. 마찬가지로, 성자와 현자와 마하뜨마들의 이름과 직함과 형상들도 똑같은 원리를 알리는 것에 지나지 않습니다. 예를 들면, 그대가 밀을 가지고 많은 요리를 만들 때, 그 요리에는 다양한 이름들이 붙지만, 그 모든 요리의 기초가 되는 것은 바로 밀입니다.

이러한 영원한 원리에 나를 확고히 앉히기 위하여, 나의 구루는 "나는 그것이다."를 의미하는 "땃 뜨밤 아시"라는 신성한 말을 소리 내어 읽음으로써 나를 입문시켰습니다. 그 순간부터 계속해서 나는 세속적인 문제에 대한 모든 흥미를 잃어버렸습니다.

이 신성한 말은 마하-바끼야라고 하는데, 그것은 숭고한 의미로 채워져 있는 심오한 말입니다.

방문객 "나는 그것이다."의 뜻은 무엇입니까?

마하라지 이 말 속의 "그것"이란 단어는 전체 속에 있는 모든 것을 가리킵니다.

방문객 몸과 세상을 통하여 얻은 어떤 경험으로부터 영원한 상태를 알아챌 수 있습니까?

마하라지 어림도 없습니다. 그것은 비경험적 상태입니다. 경험이 있기 이전에 나의 상태는 어떤 것이었습니까? 여기에 대답할 사람이 있었습니까? 이것을 반드시 이해해야 합니다.

　그 최초의 상태에서 나는 나 자신에 관한 어떤 정보도 갖고 있지 않았습니다. 그러고 나서 "내가 존재한다(I am)."는 정보와 함께 하나의 형태가 나에게 인식됩니다. 그대는 이 상태에 대하여 듣고 싶어 하며, 그리고 그것을 가리키는 이름을 원합니다. 그렇다면 그것을 빠라브람만이나 혹은 빠람아뜨만이란 이름으로 부르십시오. 그러나 그 이름은 누구에게 부여되었습니까? 형상도 없고, "내가 존재한다(I am)."는 참나의 정보도 없는 "나"에게 부여되었습니다.

　그대는 자신이 현명하고 냐니라고 생각하며 거기에 자부심을 느끼고 있습니다. 그러나 그대는 어떻게 그리고 왜 이러한 경험의 상태에 있는지를 생각해 본 적이 있습니까?

　단지 이것에 대하여 곰곰이 생각해 보십시오. 생명이 없는 하잘것없는 개미 한 마리가 거의 눈에 띄지 않게 땅에 누워 있었습니다. 내가 그것을 쳐다보고 있는 동안 그것은 살아 있다는 조짐을 보였고, 그리고 갑자기 무서운 사자 한 마리가 거기에서 나왔습니다! 내가 어떻게 이러한 사자를 진짜로 받아들일 수 있겠습니까? 마찬가지로, 내가 어떻게 이 세상을 진짜로 받아들일 수 있겠습니까?

이 모든 창조와 신이라고 불리는 것은 숭배의 대상이 되고 있지만, 언제부터 그랬습니까? 그 신은 유동체의 에너지에서 나와 하나의 형태를 지니게 되었습니다. 비록 그 신이 존경과 숭배의 대상이지만, 그것은 타액과 같은 것의 산물입니다. 그렇지 않습니까?

내가 몸의 형태를 지니기 이전에 나는 내가 누구였으며 언제 그리고 어디에서 나왔는지에 대하여 전혀 몰랐습니다. 그러나 나의 구루가 나를 불러 깨우자마자, 모든 것이 밝혀졌습니다.

나의 이 존재성(beingness)은, 다시 말해, 경험적 상태는 야비하고 저속하며 비열합니다. 앞서 언급한 작은 개미는 거의 죽은 상태였습니다. 그것은 누정(漏精)의 결과 유동성의 형태를 지니게 되었습니다. 그것의 습기와 유동성의 에너지에서 사자가 생겨났습니다. 이 유동체는 다름 아닌 타액과 같은 어떤 것이었습니다.

똑같은 유동성의 에너지에서 몸의 형태가 모양을 띠게 되었고, 그것은 존재성(beingness)이 머무를 거처로 판명이 되었습니다. 그것이 바로 "존재하려는 사랑"의 상태입니다. 그 문제에 대해서 말하자면, 무엇이 창조되더라도, 그것은 그 기초로서 자기애의 습기, 즉 "존재하려는 사랑"을 가지고 있습니다. 습기 그 자체는 또한 움직이는 세계와 움직이지 않는 세계 전체로 나타날 수 있습니다. 몸 속에는 유동성의 에너지가 거주하며, 유동성의 에너지 속에는 보이지 않는 몸이 거주하고 있습니다. 이 유동성의 에너지는 에테르와 같고, 미묘하며, 가장 강력합니다.

이 주제에 대한 질문이 있으면 하십시오.

방문객 제가 목격하는 상태를 어떻게 초월할 수 있습니까?

마하라지 그대의 질문은 부적절합니다. 내가 뭐라고 말했습니까? 타액에서 "자기애"가 모양을 지닌 것입니다. "자기애"의 공간에서 똑같은 원리로 맥박치고 고동치는 전 우주가 나타납니다.

나는 이 주제를 충분히 설명했는데, 그대는 거기에 어울리지 않는 질문을 던지고 있습니다. 나는 지금까지 그대에게 "그대 존재"의 정체에 대하여 설명을 해 왔는데, 그대는 목격이란 주제로 갑자기 비약해 버렸습니다!

그대는 이 존재성(beingness)의 근원이 타액이고 그것은 비열하다는 것을 이해했습니까?

방문객 예, 이해했습니다.

마하라지 그대는 그대의 존재성(beingness)이 실재하지 않고, 무가치하고, 저속하며, 그리고 하나의 속임수라는 것을 알고 있습니까? 그대로 하여금 "나는 이것과 같고, 나는 저것과 같다."라고 생각하도록 하는 이 존재성(beingness)은 환영과 같고, 사기와 같습니다.

방문객 우리가 목격자가 되면, 그것은 우리가 이것저것과 같다는 것을 의미하지 않습니다.

마하라지 현재 그대는 목격자가 아닙니다. 문제는 그대의 현재 상태가 무엇이냐 하는 것입니다. 현재 그대의 정체는 무엇입니까?

그대는 자신이 목격자라고 말함으로써 과시하고 싶어 합니다.

"내가 존재한다(I am)."는 메시지가 없었을 때, 다시 말해, 존재성(beingness)이 나오기 이전에 나는 어떤 상태였습니까? 나는 그대에게 그러한 상태를 가리키는 이름들을 제공했습니다. 빠라브람만, 빠람아뜨만 등과 같은 이름들이 바로 그것입니다. 그 이름들은 상태 그 자체가 아니라 오직 그 상태를 가리키는 지시물에 불과합니다. 궁극적으로 그들은 불필요하며, 관계가 없으며, 가짜입니다.

방문객 존재성(beingness)은 목격입니다. 그리고 저는 그 너머에 무언가가 있다는 것을 알고 있습니다. 그러므로 저는 어떻게 초월하느냐고 질문을 했습니다.

마하라지 나는 존재성(beingness)과 그 근원에 대하여, 또한 몸과 세계의 근원에 대하여 논의하고 있습니다. 그런데 그대는 존재성(beingness)의 상태에서부터 세계와 그 목격에 대하여 이야기하고 있습니다.

이야기의 주제는 사람들이 기적을 믿는다는 것입니다. 내가 말하고자 하는 것은 세상을 경험하는 "나"보다 더 큰 기적은 없다는 것입니다. 그 첫 번째의 기적은 내가 "나의 존재"와 세계를 경험하고 있다는 것입니다. 이러한 경험이 있기 이전에 나는 나 자신 속에, 즉 나의 영원한 절대적 상태에 거주하고 있었습니다. 앞서 언급한 명칭들이 이 상태를 가리킵니다.

방문객 이해했습니다만, 좀 더 설명을 해 주시면 좋겠습니다.

마하라지 아직도 설명이 더 필요하다니! 그렇다면 그대의 머리는 톱밥으로 가득 차 있다고 말해도 맞지 않습니까? (마하라지는 한 헌신자에게 주제에서 이탈하지 말고 이 문제를 다시 그 방문객에게 설명해 주라고 부탁한다.) 나는 나의 구루를 만난 뒤에 여러 성자들과 다른 구루들을 쫓아 다니는 일을 그만두고, 나의 주의력을 전적으로 나 자신에게로 돌렸습니다.

오직 나의 존재성(beingness)이 거기에 있을 때만, 성자들과 구루들의 존재가 일어날 수 있습니다. 그들은 나의 존재성(beingness)이 있는 한 나의 존재성(beingness) 속에서 지속적으로 번성할 수 있습니다. 나의 존재성(beingness)이 없다면, 다시 말해, "내가 존재한다."는 메시지가 없다면, 나의 영원한 절대적 상태만이 존재할 것입니다.

방문객 그것이 바로 제가 목격하는 일 너머라고 말했을 때 정확히 제가 묻고 싶었던 것입니다.

마하라지 나는 정확히 나의 상태에 대하여 그대에게 말해 주고 있습니다. 나는 다른 어떤 정보도 그대에게 제공하고 있지 않습니다. 아마도 그대는 남에게 과시하기 위해 지식을 얻어 사이비 구루가 되고 싶은 모양입니다.

내 존재성(beingness)의 세 가지 상태(깨어 있음, 깊은 수면 그리고 앎)는 존재성(beingness)과 그 유희와 그 침잠에서 일어나고 있습니다. 내가 "나"와 관련하여 이야기할 때, 그대는 그것을 그대 자신의 존재에 적용하고 그것을 완전히 이해해야만 합니다. 왜냐하면 내가 말한 모든 것이 그대에게도 똑같이 관련되기 때문입니다.

그래서 이 미숙한 사람들이 영성을 찾아 여기로 왔습니다. 내가 그들에게 무엇을 말해 줄 수 있겠습니까? 만약 그들이 나에게서 지식을 얻겠다고 고집한다면, 나는 그들을 나의 청소부로 돌려야 할 것입니다. 왜냐하면 청소부들도 여기서 쓸고 닦는 일과 같은 봉사를 하면서 지식의 원리를 알려 줄 수 있기 때문입니다.

신들의 계급 체계를 보면, 술과 고기와 같은 공물을 제공받고 진정될 수 있는 반신반인들도 더러 있습니다. 이러한 보다 하위의 신들은 보다 상위의 신들에게 하인으로서 봉사를 한 뒤에 그들의 영적인 능력을 받았습니다. 그런데 이러한 신들 가운데 하나가 화가 나서 나에게 복수하고 싶어 한다고 가정해 봅시다. 그 복수의 여신이 무엇을 할 수 있을까요? 기껏해야 그 여신은 발로 나를 짓밟아 뭉개고, 나의 존재성(beingness)인 세 가지 구나들의 이러한 상징을 파괴할 것입니다. 그러나 누가 걱정이라도 하겠습니까? 왜냐하면 절대적 상태인 나는 늘 아무런 영향도 받지 않고 그대로 남아 있기 때문입니다. 〔방문객에게〕 그대는 지식을 얻거나 혹은 구루가 되는 방법을 배우려고 여기 왔습니까?

방문객 저는 미치지 않았습니다.

마하라지 그렇다면 왜 그대는 "목격"이라는 말을 언급하였습니까?

방문객 여기 오기 전에 저는 그 "목격"하는 지점까지 안내받았습니다.

마하라지 무엇을 목격한다는 말입니까?

방문객 나타나고 사라지는 모든 것을 목격합니다.

마하라지 목격을 하기 위해서는 그 유동체 즉 존재성(beingness)이 반드시 거기에 있어야 합니다.

방문객 그렇습니다.

마하라지 그렇다면 목격한다는 문제가 어디에 있습니까? 그리고 무엇을 목격한다는 말입니까?
　나는 그대에게 이미 어떻게 화신과 태어남이 타액, 즉 유동성의 에너지에서 나오는지를 알려 드렸습니다. 그것 이외에 그대의 정체는 무엇입니까?

방문객 아무것도 없습니다.

마하라지 그러므로 내가 어떤 사람을 좋거나 나쁘다고 어떻게 판단을 내릴 수 있겠습니까? 나는 오로지 모두의 근원인 그 존재성(beingness)을 위해서 나의 판단을 삼가고 있습니다.

나의 접근 방식은 단순하고 간단합니다. 절대적인 비존재의 상태에서 존재성(beingness)이 나타난 세계와 더불어 내 앞에 나타났습니다. 이것이 어떻게 일어났습니까? 나의 구루는 내가 깊은 명상에 잠겨 있는 동안 어떻게 그리고 어떤 원인 때문에 형상으로 있는 이 세계가 창조되었는지를 나에게 드러내 보여 주셨습니다.

방문객 당신이 명상할 때 당신에게 드러났던 것과, 그리고 당신의 구루께서 당신에게 말씀해 주신 그 모든 것은 정말로 매우 중요합니까?

마하라지 의심의 여지도 없이 그 두 가지는 매우 중요합니다. 그러나 "나는 존재한다(I am)."는 메시지가 없었던, 존재성(beingness)보다 앞에 있었던 나의 절대적 상태가 가장 중요합니다. 만약 나의 가장 앞에 있던 상태인 "비존재성(non-beingness)"이 없었다면, "내가 존재한다(I am)."는 메시지를 누가 목격했겠습니까?

방문객 누가 그들[9]을 창조했겠습니까?

마하라지 창조는 스스로 빛을 내며 자연발생적입니다. 어떤 창조자도 없습니다. 장대한 나무는 하나의 작은 씨앗에서 자라납니다. 〔마하라지는 방문객들에게 질문을 하라고 하지만, 아무도 하지 않는다. 그래서 그는 다음과 같이 말한다.〕 내가 창조의 뿌리에다 도끼를 갖다 두었으니 어떻게 질문이 일어날 수 있겠습니까?

마라띠어로 물라(moola)라는 단어는 나무의 뿌리를 나타냅니다. 그리고 그 단어의 발음을 약간 수정하면, 그것은 "아이"를 의미합니다. 장대한 나무가 작은 씨앗에서 뿌리를 내리는 것과 꼭 같이, 완전히 성장한 어른도 아이와 그의 존재성(beingness)에 보이지 않게 뿌리를 내리고 있습니다.

그러나 절대적 상태로서 나는 그 뿌리, 즉 아이와 그 존재성(beingness)보다 앞에 존재합니다.

그대는 그대의 "어린 시절의 원리", 즉 존재성(beingness)인 그대 자신을 부양하기 위하여 여러 가지 다른 음식물을 섭취합니다. 그것이 사라지면, 그대는 죽었다고 할 것입니다. 실제로 그대는 죽음으로부터 무엇을 보호하고 있습니까? 그것은 기초적인 "아이의 존재성(child-beingness)" 즉 뿌리입니다. 아이의 출현과 더불어 경험

---

9. "그들"이라고 말을 할 때, 그 방문객은 분명히 존재성(beingness)의 상태와 비존재성(non-beingness)의 상태를 가리키고 있다.

의 첫 날이 시작됩니다.

방문객 마하라지께서는 존재성(beingness) 이전의 상태를 의식적으로 경험합니까?

마하라지 그 상태에서는 심지어 "나는 존재한다(I am)."는 메시지도 없이 "나"만이 존재합니다. 경험이라고는 전혀 없습니다. 그것은 비경험적인 영원한 상태입니다.

방문객 당신이 책이 아닌 당신의 직접적인 경험으로 그것을 알고 있다는 것을 제가 어떻게 알겠습니까?

마하라지 거듭 말하지만, 그 상태에서는 나만이 정말 존재합니다. 그러므로 어떤 상이성(타자)도 없습니다. 어떤 경험이 있으려면 상이성(타자)이 필요합니다.

방문객 그러나 그것은 모든 사람에게 적용됩니다. 어떤 사람은 그것을 알고 있지만, 어떤 사람은 그것을 모르고 있습니다.

마하라지 왜 내가 다른 사람들에 대하여 걱정을 해야 합니까? 나 이외에 누가 거기에 있습니까? "혼자임"의 그 상태에서는 "나"만이 존재합니다.

방문객 그 상태는 어떻게 인식될 수 있습니까?

마하라지 존재성(beingness)의 상태가 완전히 없어지면, 그 뒤에 남는 것이 곧 그 영원한 "나"입니다.

방문객 그 절대적인 "나"의 상태가 혼자로 느껴지기 때문에, 《짠도 기야 우빠니샤드》에서 언급된, "나는 외롭습니다. 내가 다수가 되도록 해 주십시오."라는 생각이 그 상태에 떠올랐던 것입니다.

마하라지 이것은 존재성(beingness)의 시초에 일어날 수 있습니다. 그러나 나의 궁극적인 상태는 《우빠니샤드》의 이해 범위를 넘어서 있기 때문에, 나는 그것들을 거부합니다. 《우빠니샤드》는 지식의 보고입니다. 그러나 그 지식은 무지의 상태에서 나온 것입니다. 가르침을 주기 위하여 사용된 소재는 오로지 무지뿐입니다.

　세 가지 모든 구나들은 감정에 의해 묶여 있고, 정서로 채워져 있지만, 진리가 아닙니다. "타액"에서 이 기만적인 세계가 창조되었기 때문에, 사람들은 진실로 부끄러워하고 있습니다. 그러므로 그들은 "타액"이 분출되어 나온 그 무례한 자를 폭로하기를 좋아하지 않습니다. 이러한 측면을 고려하면, 그대가 어떻게 자아를 조금이라도 가질 수 있겠습니까? 그대는 어디로부터 나왔으며, 어디로 나아가고 있습니까?

방문객 아무 데도 아닌 곳으로부터 아무 데도 아닌 곳으로입니다.

마하라지 이렇게 심오한 토론이 진행되고 있을 때, 다만 운 좋은 자들만이 참석해 있을 것입니다. 〔질문을 한 방문객에게 묻는다.〕 여기에서 그대의 자존심은 완전히 폭로되었습니다. 괜찮습니까?

방문객 저는 숨길 것이 아무것도 없습니다. 당신은 저에게 일어나서 싸우라고 말씀하셨습니다.

〔마하라지는 시골을 여행하면서 춤추는 소녀들이 흔히 부르는 이행연구로 된 민요 한 편을 암송한다. 깊은 의미가 담겨 있는 이 노래는 수 세기 전에 어느 유명한 성자가 지은 것이었다.〕

많은 연인들을 두고 있었기에
나는 그들에게 춤을 추게 했고 그들은 나를 연모했네.
그러나 나의 구루에게서 나는 완벽한 짝을 만났다네.
그는 그가 연주하는 곡조에 맞춰 나에게 춤을 추게 했다네,
오, 나의 친구들이여, 들어 보라!

완벽한 구루를 조심하라.
일단 그대가 그를 만나면,
그대의 자아의식이 완전히 없어질 테니

그대가 어디에 있겠는가?

위대한 시인이며 성자인 까비르는 다음 시에서 이렇게 말합니다.

신성한 이름들을 백만 번이나 암송하고
고행과 참회를 했지만
나는 직접 깨달음을 얻지 못했네,
오점이 전혀 없는 자, 완벽한 스승, 니란잔을 만나서야
곧바로 나는 최고의 상태를 깨닫고,
알락[10]이라는 무–주의력의 상태에 거주했다네.

1980년 1월 16일

---

10. 잉태되기 전의 상태. 알락(alak)의 상태에 대한 더 많은 해설을 보기 위해서는 마하
라지가 존재와 비존재의 경계선을 논의하고 있는 40쪽과 156쪽을 참조하라.

6

신의 발의 넥타

마하라지 만일 우리가 신의 발의 넥타,[11] 즉 '차란–암리따'를 얻어서 맛을 본다면, 마음은 정복될 수 있습니다. 이 말은 마음이 더 이상 우리를 지배하지 못할 것이라는 뜻입니다. 어린 시절부터 우리에게 강요된 마음의 지배력은 더 이상 우리를 압박하지 않을 것입니다. 이것이 이른바 마노자야, 즉 마음에 대한 승리입니다. 그러나 이것은 오직 신의 은총이 있을 경우에만 가능합니다. 은총이 없다면 우리는 넥타를 맛볼 수 없습니다.

---

11. 이 이야기에서 마하라지는 이 표현의 유래를 파고들지 않지만, 마하라지가 다른 곳에서 말한 내용, 즉 "구루의 발은 왜 존경을 받습니까? 왜냐하면 그 발로 인하여 그대는 절대적 상태에 이를 수 있기 때문입니다."에서부터 그 표현의 뜻이 분명해진다.

그러나 박따이며 신인 오직 참된 헌신자만이 차란-암리따를 얻을 수 있습니다. 그러나 이 헌신자는 누구이며 그리고 그의 정체는 무엇입니까? 그것은 우리가 알지도 못하는 사이에 자연스럽게 나타난 의식, 존재의 느낌, "우리가 존재한다(we are)."는 지식 이외의 다른 어떤 것도 아닙니다. 그 의식이 바로 차란-암리따, 즉 신의 발의 넥타입니다.

진동하고 꿈틀거리며 움직이는 우주 전체는 신의 발인 의식에 의해 나타납니다. 그래서 전 우주는 의식의 몸입니다. 그러나 그 의식과 모든 존재들과의 관계는 어떻습니까? 그것은 "나는 존재한다(I am)."는 지식이나, "존재하려는(to be)" 사랑이나, 차란-암리따로서 모든 존재들의 중심에 거주하고 있습니다.

신의 발의 넥타를 마신 자는 진정한 헌신자입니다. 그는 "나는 존재한다(I am)."는 지식에 거주합니다. 그는 신과 같습니다. 따라서 우리가 의식이나 존재의 느낌을 목격함으로써 이 넥타를 계속적으로 맛볼 때, 눈에 보이는 사람들을 남자와 여자로서 평가하고 차별하는 우리의 마음은 점차적으로 주의력의 중심점에서 벗어나, 의식을 그 타고난 본래의 영광스러운 상태에 남아 있게 합니다.

그러나 어떻게 하면 그와 같은 상태에 이를 수 있을까요? 그것은 오직 우리가 "나는 존재한다(I am)."는 지식을 완전한 확신과 신념을 가지고 우리 자신으로 받아들이고, 또 "나는 '내가 존재한다.'는 것을 아는 바로 그것이다."라는 견해를 확고히 믿을 때만 가능합니다. "나는 존재한다."는 이 지식이 차란-암리따입니다. 왜 그것을 암리따 즉 넥타라고 합니까? 왜냐하면 넥타를 마심으로써 우리는 불멸의 존재가 된다고 하기 때문입니다. 따라서 진정한 헌신자는 "나는 존재한다."는 지식에 거주함으로써 죽음의 경험을 초월하고 불멸을 얻습니다. 그러나 마음이 정복되지 않고 남아 있는 한, 죽음의 경험은 피할 수 없습니다.

비록 나의 이야기는 많은 방문객들을 상대로 계속 진행될 것이지만, 나의 입장은 무변화의 상태 그대로 남아 있습니다. 왜냐고요? 왜냐하면 나의 입장은 차란-암리따에 확고히 자리를 잡고 있기 때문입니다. 그것은 개념과 언어의 근원인 의식 속에 그대로 있습니다. 거기서부터 빠라, 빠슈얀띠, 마드야마, 바이까리와 같은 가장 미묘한 형성의 단계에서부터 가장 거친 성대의 표현에 이르기까지 언어가 나옵니다.

만약 그대가 다른 모든 영적인 노력과 수련을 버리고 오로지 의식에 거주함으로써 차란-암리따를 맛보는 데 몰두한다면, 마음은 그 손아귀로부터 그대를 해방시켜 줄 것입니다. 현재 그대는 마음이 시키는 것이면 무엇이든지 온순하게 그대 자신의 것으로 받아들입니다. 만약 마음이 침묵 속으로 들어간다면, 그대는 어디에 있고 그대의 정체는 무엇이겠습니까?

일단 그대가 의식 속으로 가라앉으면, 참 실재의 실제 상태는 샘물처럼 그대에게서 직관적으로 나오게 될 지식과 함께 그대에게 드러날 것입니다. 이것은 그대로 하여금 실재하는 것과 실재하지 않는 것을 식별할 수 있도록 해 줄 뿐만 아니라, 그대로 하여금 "내가 존재한다(I am)."는 것을 깨닫게 해 줄 수 있는데, 이것이 가장 중요합니다.

오로지 나 자신에게 나의 정체는 무엇인가? 이 생명은 무엇인가? 이러한 의문들이 직관적으로 해결되고 참 실재가 나타나면, 마음은 더 이상 지배력을 가질 수 없습니다. 그러나 마음의 기능은 계속될 것입니다. 하지만 그 기능의 질은 완전히 다를 것입니다. 이러한 상태에 도달한 사람은 어떠한 사건에도 영향을 받지 않습니다. 왜냐하면 마음의 재잘거림이 어떠한 영향도 미칠 수 없기 때문입니다. 그러면 누가 그런 사람이 될 수 있습니까? 마음의 껍질 속에 갇혀 있는 개인은 확실히 아닙니다. 그 자는 바로 "나는 존재한다(I am)."는 지식, 즉 의식입니다.

우리는 우리가 몸과 세상에 집착하도록 만드는 속박을 끊어 버려야 한다고들 말합니다. 그것은 무슨 말입니까? 우리가 보고 지각하는 것은 모두가 신체적 혹은 세속적 차원에서 일어납니다. 대상이 지각되면서 집착은 생겨납니다. 그 다음 우리는 몸을 우리 자신으로 동일시하고, 사물을 우리 자신의 것이라고 주장합니다. 집착은 마음의 본성입니다. 그래서 그것은 고집스럽게 이러한 집착을 고수합니다. 그러나 만약 그대가 의식 속에 확고히 자리를 잡음으로써 차란-암리따를 마신다면, 모든 것은 해결되고 그대는 깨달음을 얻을 것입니다. 그대는 그대의 의심을 해소시키기 위하여 어떤 사람도 찾아갈 필요가 없습니다.

내가 일상적인 허드렛일을 하고 신을 찬양하는 바잔(bhajan)들을 노래하는 동안, 그대에게는 내가 이러한 활동에 깊이 개입되어 있는 것처럼 보일 것입니다. 그러나 실제로 나는 몸과 마음의 의식이 없기 때문에 나 자신과 떨어져 있습니다. 그래서 활동들에 대한 목격이 참나에게 일어나고 있습니다. 나는 그대도 이것을 느꼈는지 궁금합니다! 많은 사람들이 이런저런 식으로 나와 관련을 맺고 있습니다. 비록 겉으로 보기에 나는 그들과 허물없이 지내고 있지만 나는 그들과 떨어져 있습니다. 나 자신으로 말하면, 나는 "내가 존재한다(I am)."는 것을 완전히 깨달았으며, 그리고 바로 지금 "내가 존재한다."는 것이 무엇이고 어떤지가 나에게 너무도 명백합니다. 그러나 이러한 사람들이 "그들의 존재"가 무엇이라고 생각하는지는 오직 그들만이 압니다. 그들은 지식을 얻었고, 다른 사람들보다 더 높은 영적인 지위에 도달했다고 감히 생각합니다. 그럴 수밖에 없습니다. 왜냐하면 그들은 여전히 마음의 노예이기 때문입니다. 나의 경우에는 그런 생각이 일어날 수 없습니다. 나는 신의 발의 넥타, 즉 의식을 완전히 섭취했기 때문입니다.

현재, 모든 의사소통과 기능은 이 넥타라는 매체, 즉 의식을 통하여 일어납니다. 그러면 이 매체는 무엇입니까? 그것은 "내가 존재한다(I am)."는 지식입니다. 그것은 최고의 신인 비슈누에 의해 상징되고 있는데, 비슈누는 뱀의 또아리, 즉 쉐샤샤이(sheshashayi)에 아주 행복하게 의지해 있고, 그 때문에 비슈누는 쉐샤샤이-바가반이라고 알려져 있습니다.

이런 이야기를 하는 것은 좋습니다. 그러나 그 이야기의 진수를 흡수하고 실현하는 것은 사실 매우 어렵습니다. 왜 그럴까요? 그 이유는 그대가 이 세상에서 뭔가 좋은 것을 이룰 것이고, 또 나중엔 훨씬 더 좋은 것을 이룰 것이라는 맹신적인 소망들을 마음에 품고 있으면서, 그대가 몸이라는 것을 확고히 믿고 거기에 따라서 살아가고 있기 때문입니다. 이러한 기대들은 일차적으로 그대가 몸이라는 잘못된 개념에 입각해 있습니다. 그러나 이러한 잘못된 동일시도 그대가 완전히 의식 속으로 가라앉아 그대의 개성을 잃게 될 때, 신의 발의 넥타를 통하여 사라지게 됩니다.

개성의 소멸은 구루-박띠, 다시 말해, 의식 즉 구루-차란-암리타인 스승에 대한 헌신 없이는 불가능합니다. 우리가 의식 속에 거주할 때 과거와 미래의 모든 문제들은 사라지고, 우리는 현재 즉 지금 여기에 확고히 자리를 잡게 됩니다.

의식은 말이 없어도 "내가 존재한다."는 앎에 대한 이해입니다. 그리고 의식은 알지도 못하는 사이에 자발적으로 나타났습니다. 그것은 나타난 우주적 생명력이므로 개성적이 될 수가 없습니다. 그것은 다이아몬드의 광휘처럼 안팎으로 퍼져 나갑니다. 만약 의식이 우세하게 지배한다면, 그대는 그대 내부에 있는 꿈의 세계와 그대 밖에 있는 지각의 세계를 볼 수 있습니다. 몸의 수준에서 본다면 그대는 몸의 안팎을 말할 수 있을지 몰라도, 의식의 입장에서 보면 어디가 안과 밖이며, 또 무엇이 안과 밖입니까? 오직 "내가 존재한다."는 앎의 즉 의식의 영역에서만 하나의 세계가 존재할 수 있으며, 또한 하나의 경험도 존재할 수 있는 것입니다.

"내가 존재한다(I am)."는 이 앎을 꼭 붙들고 계십시오. 그러면 지식의 샘이 그대의 내부에서 솟아 나와 우주의 신비와, 그대의 몸과 영혼의 신비와, 다섯 원소와 세 가지 구나들과 쁘라끄리띠—뿌루샤의 작용의 신비와, 그리고 그 밖의 모든 것의 신비를 드러내 줄 것입니다. 이러한 신비를 드러내는 과정에서, 몸에 갇혀 있던 그대의 개성적인 인격체는 나타난 우주로 확장될 것이며, 그대가 오로지 그대의 "몸"으로서 전 우주에 퍼져 나가 전 우주를 감싸고 있다는 것을 깨닫게 될 것입니다. 이것은 "순수한 초(超)지식" 즉 슈다비냐나(shuddhavijnana)라고 알려져 있습니다.

그럼에도 불구하고 심지어 숭고한 슈다비냐나 상태에서조차, 마음은 그것이 비실재라는 것을 믿으려 하지 않습니다. 그러나 우리가 의식 속에 가라앉을 때, 우리는 "그대가 존재한다(you are)."는 지식, 다시 말해, 그대의 존재에 대한 의식이 그대 세계의 근원 자체라는 흔들림 없는 확신을 갖게 됩니다. 이 지식만 있어도 그대는 "그대가 존재한다."는 것과 세계가 존재한다는 것을 느끼게 됩니다. 실제로, 이 나타난 지식은 이미 우주 속에 스며들어 우주를 점령하고 있기 때문에 "그대가 존재한다."는 지식으로서 그대 안에 거주하고 있습니다. 이 지식을 붙들고 계십시오. 거기에다 이름이나 제목을 붙이려고 하지 마십시오.

그런데 매우 미묘한 상황에 이르게 되면, 이름이나 제목이나 말도 없이 "그대가 존재한다."는, 즉 그대의 입장에서 보면 "내가 존재한다."는 이러한 지식을 이해하는, 그대 안에 있는 그것은 무엇입니까? 가장 내부에 있는 그 중심부에 가라앉아, "내가 존재한다."는 지식을 목격하며, 단지 그냥 존재하십시오. 이것이 "존재의 희열" 즉 스와루빠난다입니다.

그대는 다양한 외부의 보조물과 과정을 통해 기쁨과 행복을 얻습니다. 어떤 사람은 좋은 음식을 즐기기를 좋아하고, 어떤 이는 그림을 보기를 좋아하고, 어떤 이는 음악에 흠뻑 빠지는 등 이 모든 즐거움을 위해서는 어떤 외부적인 요소들이 필수적입니다. 그러나 "존재의 희열"에 거주하기 위해서는 어떠한 외부의 보조물도 필요치 않습니다. 이것을 이해하기 위해 깊은 수면을 예로 들어 보겠습니다. 일단 그대가 깊은 수면에 빠지면, 어떤 보조물이나 취급도 요구되지 않고, 그대는 조용한 행복을 즐깁니다. 왜 그렇습니까? 왜냐하면 그 상태에서는 몸을 남성이나 여성으로 동일시하던 것이 완전히 잊혀지기 때문입니다.

어떤 방문객들은 나에게 "참 실재에 이르는 길을 알려 주십시오."라고 요구합니다. 내가 어떻게 알려 줄 수 있겠습니까? 모든 길은 따라가면 비실재에 이릅니다. 길은 지식의 범위 내에서 만들어진 창조물입니다. 그러므로 길과 움직임은 그대를 참 실재의 상태로 데려다 줄 수 없습니다. 왜냐하면 그들의 기능은 그대를 지식의 차원 안으로 빠져들게 하는 것인데 반하여, 참 실재는 그 지식보다 앞에 존재하기 때문입니다. 이것을 이해하기 위해서는 그대의 창조의 근원에, 즉 "나는 존재한다."는 지식의 출발점에 그대로 계셔야만 합니다. 그대가 이것을 해내지 못하는 한, 그대는 그대의 마음이 만든 사슬에 말려들 것이며, 다른 사람들의 사슬에도 걸려들 것입니다.

그러므로 거듭 말하지만, 그대 존재의 근원에 확고히 자리를 잡아야 합니다. 그러면 모든 사슬이 산산이 끊어질 것이고, 그대는 해방을 얻게 될 것입니다. 그대는 시간을 초월하게 될 것이고, 그 결과 시간의 촉수가 닿지 않는 곳에 있게 될 것이며, 영원 속에 존재할 것입니다. 그리고 이 숭고한 상태는 구루의 신성한 발이라고 하는 넥타, 즉 구루-차란-암리따를 끊임없이 마심으로써만 도달할 수 있습니다. 그것은 자아가 더없이 행복하게 참나 속으로 가라앉은, 황홀한 희열의 상태입니다. 이 황홀한 상태는 말로 표현할 수 없으며, 또한 완전한 평온 상태에서의 자각이기도 합니다.

이 이야기의 진수는 명확합니다. 그대의 가장 중요한 자산은 마음이 나오기 이전에 "그대는 존재한다."는 지식입니다. 이 "지식"을 붙들고, 명상하십시오. 이보다 더 나은 것은 아무것도 없습니다. 심지어 구루에 대한 헌신 즉 구루-박띠, 혹은 신에 대한 헌신인 이슈와라-박띠조차도 이보다 더 낫지 않습니다.

1980년 1월 25일

7

절대적 상태를 깨닫기 위해서는
존재성마저도 초월해야 한다

마하라지 지구에서 보면 해가 뜨고 집니다. 그러나 해의 입장에서 보면 그것은 계속해서 빛나고 뜨고 진다는 것을 전혀 모릅니다. 존재성(beingness)과 그 속의 활동을 포함한 존재성(beingness)의 나타남은 일시적이고 시간의 한계를 받고 있는 반면에, 존재성(beingness)보다 먼저 있는 것은 영원합니다. 그대는 《바가바드 기따》의 제자입니다. 내가 무슨 말을 하든지 그것은 《기따》의 가르침과 일치합니까?

방문객 당신의 이야기를 들은 뒤에, 저는 뿌루쇼따마(purushottama)에 대하여 언급된 《기따》의 제15장을 명확히 이해할 수 있었습니다.

마하라지 뿌루쇼따마는 절대적 상태, 즉 영원한 상태입니다. 절대적 상태는 완전히 스스로 있을 수 있기 때문에 어떠한 외적인 지원이 없어도 존재합니다. 그것은 나타난 모든 것의 지지물입니다.

방문객 크리슈나께서는 "절대적 상태인 나는 존재와 비존재의 상태를 초월해 있다는 것을 이해한 자들만이 나의 진정한 본성을 깨달은 자이며 다른 모든 이들은 바보와 같다."고 하셨습니다.

마하라지 어리석은 행위에서 창조된 자들은 역시 어리석습니다.

방문객 냐니(jnani)가 말한 모든 것이 영적 지식이며 그의 행동조차도 지식을 드러냅니다.

마하라지 실제로 우리의 모든 행동은 음식의 정수에서 추출된 사뜨바−구나의 특성을 가지고 있습니다. 그래서 그것은 그대의 것도 아니요, 또한 나의 것도 아닙니다. 사뜨바−구나는 세 가지 상태, 즉 깨어 있음, 깊은 수면, 그리고 존재성(beingness)을 가지고 있습니다. 우리가 지식을 바르게 이해하면, 우리는 비록 몸의 형태를 가지고 있지만, 오직 순수한 브람만일 뿐입니다.

그것에는 마음의 변화[12]가 전혀 없습니다. 이것이 바로 크리슈나가 말한 내용입니다.

몸은 음식의 정수가 빚어낸 산물입니다. 모든 식물과 관목, 나

144

무, 동물 등은 씨앗에서 창조됩니다. 그리고 씨앗(비자)은 이전의 형태로 재창조되는 것을 의미합니다. 또한 씨앗은 사뜨바-구나의 산물입니다. 하나의 씨앗에서부터 식물이 싹트고, 나중에 큰 나무로 자랍니다. 그러나 근원은 오직 씨앗일 뿐입니다.

마찬가지로, 세 가지 구나(사뜨바, 라자스, 따마스)와 음식의 정수로 빚어진 산물인 인간의 씨앗으로부터 몸과 존재성과 나타남이 자라납니다. 이것은 오직 인간에 의해서만 이해될 수 있습니다.

이것을 이해했기 때문에, 나는 비록 몸의 형태를 가지고 있지만 순수한 브람만을 깨달았습니다. 이러한 지혜를 받아들이는 사람은 좀처럼 없습니다. 많은 사람들이 이른바 지식을 얻고 있지만, 그들이 얻는 지식은 모두가 참된 지식이 아닙니다.

방문객 그렇다면 존재성(beingness), 즉 "내가 존재한다."는 지식이 궁극적이고 참된 지식입니까?

---

12. 마음을 가장 간단한 용어로 표현하면, 완전한 평화와 순수의 상태에서 생각의 방해를 받지 않는 마음은 사뜨바-구나라고 말할 수 있다. 이러한 양식에서 보면, 마음은 참나와 다르지 않다. 마음의 변화(브리띠)는 따마스와 라자스의 상호 작용에서 비롯되는 마음의 동요이다. 이들 때문에 사람은 자신이 참나라는 사실과, 또 그 참나를 얻기 위해 어떤 노력도 할 필요가 없다는 것을 보지 못한다. 라마나 마하리쉬가 다음과 같이 말했을 때 거의 같은 것을 말했다. "일반적인 사람은 지성에 변화가 일어날 때만 그 자신을 의식한다. 이런 변화는 ……일시적이다. 즉 그들은 떠올랐다가 진다. 순수한 자각이 남게 되면, 그 자체가 치뜨(참나) 즉 지고의 상태이다." (《슈리 라마나 마하리쉬와의 대담》, 1984년 7판, 587쪽)

마하라지 이러한 참된 지식, 즉 "내가 존재한다(I am)."는 지식은 마지막의 절대적 상태에서는 또한 "비지식"의 상태가 됩니다. 우리가 마지막의 자유로운 상태에 자리를 잡게 되면, "내가 존재한다."는 지식은 "비지식"이 됩니다.

그대가 꽃이 핀 나무를 보면, 오직 잎을 볼 뿐, 그 뿌리와 그 나무가 자라난 씨앗을 생각지 않습니다. 그대가 그 씨앗도 이해하지 못한다면, 완전한 이해는 전혀 없을 것입니다.

현재 그대는 그대 자신을 몸이라고 이해하지만, 그대의 이해 속에는 이 몸이 나온 근원과 그 씨앗이 들어 있지 않습니다.

잉크로 적셔진 펜촉은 여러 권의 책을 써 냅니다. 그 펜촉이 모든 저작의 근원입니다. 마찬가지로, 그대의 존재성(beingness)은 그대의 전 세계의 근원이며 시작입니다.

글로 쓴 내용은 쉽게 눈에 띄고 읽혀질 수 있지만, 그 근원, 다시 말해, 미소한 펜촉은 쉽게 인식되지 않습니다. 형태도 없고 가장 알기 어려운 씨앗 같은 존재성(beingness)도 역시 그렇습니다.

그대는 그대의 존재성(beingness)과는 동일시하지 않지만, 눈에 보이는 그대의 몸의 형태와는 재빨리 동일시합니다. 그대는 존재성(beingness)에 매달리지 않고, 대신 "나"와 같은 형태에 집착합니다. 그러나 존재성(beingness)을 유지하기 위해서는 몸의 형태가 필수적입니다. 크리슈나 신이 인간의 몸으로 다시 태어나고자 결정한다 하더라도, 그는 씨앗 같은 존재성(beingness)의 매체가 있어야만 그렇게 할 수 있을 것입니다. 그러나 씨앗 같은 존재성(beingness)은 음식의 정수로 된 몸의 산물일 것입니다.

크리슈나뿐만 아니라 그리스도와 붓다 역시 오직 음식의 정수로 된 존재성(beingness)을 통해서만 나타납니다. 그런데 그대는 보살인 붓다의 의미를 알고 있습니까?

방문객 붓다는 우리 모두에게 있는 타고난 본성을 의미합니다.

마하라지 그대가 입문했을 때, 입문의 형식은 어떠했으며, 무엇에 입문했습니까?

방문객 저는 완전한 행복을 위해 노력하고 있었던 승려로서 신성한 승가의 종단에 들어갔습니다.

마하라지 이 모든 것을 나에게 말하지 마십시오. 딕샤(입문)는 "단지 존재하라(just be)."는, 다시 말해, 정신 차리고 "그대 본래의 자신이 되라."는 뜻입니다. 입문 때, 스승은 그대에게 어떤 조언을 해 주었습니까?

방문객 저의 몸과 마음을 지켜보라고 했습니다.

마하라지 어떤 입장에서, 즉 어떤 정체성을 가지고 지켜보았습니까?

방문객 저는 어떠한 입장에서도 보지 않았습니다. 단지 지켜봄만이 있었습니다.

마하라지 그대가 그대 자신을 모른다면, 누가 지켜보고 있습니까? 그리고 그 지켜봄은 어떻게 일어납니까?

방문객 제가 목격하는 대상은 관찰자에게 나타납니다. 생각으로 된 감정과 몸을 구성하고 있는 그 대상을 통하여 "나"라는 의식이 나타납니다. 저는 이러한 "나"라는 의식을 관찰할 수 있었습니다. 저는 이러한 마음과 몸의 과정 안에서는 실질적인 것이 아무것도 없다는 것을 꽤 분명히 보았습니다.

마하라지 입문할 때에 어떻게 정신을 차리라고 했습니까?

방문객 항상 정신을 차리라고 하였습니다.

마하라지 하지만 어떤 정체성을 가지고 그대는 정신을 차리고 있어야 합니까?

방문객 그들은 저에게 어떤 정체성에 대해서도 말하지 않았습니다. 그냥 정신 바짝 차리고 있으라고만 하였습니다.

마하라지 그들은 누구에게 말했습니까? 그들은 목격하는 일이 어떠해야 한다고 알려 주지 않았습니까?

방문객 알려 주지 않았습니다.

마하라지 이것은 낮은 형태의 입문입니다. 우선, 목격하는 일을 행하고 있는 내재해 있는 원리, 즉 "내가 존재한다(I am)."는 지식이나 "자기애"를 먼저 인지하십시오. 목격은 단지 그것에게 일어납니다. 고통이 거기에 있으면, 자연스럽게 나는 내가 경험하고 있는 그 고통을 목격합니다.

방문객 저 자신과 목격하는 대상 사이에는 어떤 분리감이 있는 것 같습니다. 그래서 제가 목격할 때는……

마하라지 그런데 그대는 언제 목격합니까?

방문객 제가 몸과 마음을 목격하면, 저는 몸과 마음으로부터 분리되었다는 느낌을 받습니다.

마하라지 누구에게 그 목격이 일어납니까?

방문객 모르겠습니다.

마하라지 그렇다면 그대는 어떤 유형의 영적인 수행을 하고 있습니까?

방문객 비록 승복을 입고 있지만, 어떤 특정한 영적인 수행 방법이나 종단을 신봉하지는 않습니다. 저는 단지 제가 누구인지를 알려고 노력할 뿐입니다.

마하라지 모든 존재에 대해서도 그것은 같은 경험입니다. 이른 아침, 잠에서 깨어난 직후에, 오직 "내가 존재한다."는 느낌이 내부에서 느껴지거나 혹은 존재성(beingness)이 일어납니다. 그리고 그 후에 다른 모든 것에 대한 더 많은 목격이 일어납니다. 첫 번째 목격은 "내가 존재한다."는 것에 대한 목격입니다. 이 일차적인 목격은 그 다음의 모든 목격에 대한 선행 조건입니다. 그러나 그 목격이 누구에게 일어나고 있습니까? 언제나 존재하는 자입니다. 심지어 깨어남이 없어도, 그 상존해 있는 근원에게 깨어 있는 상태에 대한 목격이 일어납니다. 세상 경험의 신비는 이 지점에서 일어납니다. 씨앗-존재성(beingness)의 비밀스러운 지식도 여기에 있습니다. 이제 그대는 깨어났으므로, 깨어남에 대한 목격이 일어납니다. 일차적인 목격은 나 자신의 현존, 즉 나의 실존에 대한 것입니다. 이 깨어남, 다시 말해, 실존 의식은 일시적인 상태이며, 존재성(beingness)을 구성하고 있는 깊은 수면과 깨어 있음과 앎이란 세 가지 상태 가운데 하나입니다. 이 존재성(beingness)은 젖어 있는 펜촉의 그 특성과 같습니다. 이 세 가지 상태들의 집합체는 남성 원리와 여성 원리에 의해 상징되는 미묘한 에너지로서, **뿌루샤 쁘라끄리띠**라고 합니다. 이 존재성(beingness) 즉 사뜨바-구나에는 비스바 수뜨라 (visvasutra), 브람마 수뜨라(brahma-sutra), 아뜨마 수뜨라(atma-sutra) 가 있습니다. 그 존재성(beingness) 안에 우주적 나타남이 거주하고 있습니다. 이 사뜨바-구나는 브람만과 나타난 우주가 서로 꿰매어 있는 실입니다.

방문객 제가 드리고 싶은 질문은……

마하라지 이 주제에 대하여 어떤 질문을 가질 수 있겠습니까?

그 촉촉한 펜촉의 초점 그 자체로 말미암아 다양한 여러 형태가 나타났습니다. 그 존재성(beingness)은 사뜨바-샥띠와 쁘라끄리띠-뿌루샤샥띠라고 알려져 있습니다. 존재성(beingness)의 근원인 사뜨바-구나는 바차스빠띠(vachaspati) 종(種)에 속하는 부모의 정수가 만들어 낸 산물입니다. 이 정수 자체로 말미암아 형태가 생겨났고, 우주가 그 안팎에서 드러났습니다. 분명히 근원을 이해하십시오. 그것은 웅대한 나무로 자라나서 많은 공간을 차지하는 반얀 나무(보리수)의 작은 씨앗과 꼭 같습니다만, 공간을 차지하는 그 자는 누구입니까? 그것은 그 작은 씨앗의 힘입니다. 마찬가지로, 우주로 나타나는 "나의 존재성(beingness)"의 촉감을 가져다주는 가장 순수한 형체로 된 이러한 부모의 누정(漏精)을 이해하십시오. 그러므로 그 근원으로 가서 그것을 완전히 이해하십시오, 마치 씨앗이 그 식물의 잠재적인 형태를 지니고 있듯이, 부모의 씨앗도 부모를 꼭 닮은 남성이나 여성의 잠재적 형태를 지니고 있습니다.

아버지와 어머니는 또한 사뜨바-구나, 즉 가장 순수한 형체의 원리가 표현된 것일 뿐입니다. 마찰의 결과로서 배출이 일어났습니다. 부모의 모습을 간직한 이 배출은 부모를 꼭 빼닮은 아이로 성장해 갑니다. 그대가 태어나기 전에, 그대의 존재성(beingness)은 어디에 잠복해 있었습니까? 그것은 부모의 가장 순수한 형체로 있지 않았습니까? 이것이 바로 사뜨바 원리를 통하여 그리고 뿌루샤 쁘라끄리띠가 나타내는 에너지를 통하여 모든 종에서 일어나는 영원한 생식의 드라마가 아닙니까?

방문객 "나의 존재성"의 촉감 그 자체는 개인적인 것이 전혀 아닙니다. 그것은 몸과 마음과 연관이 될 때만 개인적인 것처럼 보입니다.

마하라지 "나의 존재성(I-am-ness)"의 이러한 촉감은 나타난 것일 뿐, 개인적인 것이 아닙니다.

방문객 당신은 "자기애" 상태에 대해 말씀하셨습니다. 제가 누군가를 사랑한다고 말하면, 그것은 진정으로 이 지점에서의 "나의 존재성(I-am-ness)"이 저 지점에서의 "나의 존재성(I-am-ness)"을 인지한다는 것을 의미합니다.

마하라지 사랑을 해야 할 타자는 전혀 없습니다. 오직 "존재하려는 사랑(love to be)"만이 발아했습니다. "존재하려는 사랑"의 상태를 유지하려면, 그대는 많은 곤경과 역경을 겪어야 합니다. 단지 그 상태를 마음에 드는 만족스러운 상태로 유지하기 위하여 그대는 너무도 많은 활동에 개입하고 있습니다.

방문객 고통이란 주의력을 "자기애" 상태 이외의 다른 어떤 것으로 돌리는 것입니다. 그러나 이 모든 것이 "나의 존재성(I-am-ness)"을 영속시키려는 의도라면, 이것도 욕망이 아니겠습니까?

마하라지 이것은 욕망이 아니라, 존재하려는 "나의 존재성(I-am-ness)"의 본성 자체입니다. 존재성(beingness)은 존재하기를 바라고 그 자체를 영속시키고 싶어 합니다. 이것이 바로 그것의 본성입니다. 그것은 개인의 본성이 아닙니다.

방문객 심지어 그것이 몸−마음과 연관될 때도 그렇습니까?

마하라지 많은 마음과 몸들이 그 원리에서 만들어집니다. 그것은 창조의 근원입니다. 수백만의 종이 그 기본적인 원리에서 창조됩니다. 그것이 환영의 씨앗인 물라마야입니다.

방문객 "나의 존재(I am)"가 당신을 창조하고 있습니까?

마하라지 나의 존재(beingness)에서 삼계가 창조됩니다. 나의 꿈의 세계에서 수백만의 벌레나 인간 등이 창조됩니다. 언제 그리고 어디에서 그 꿈의 세계가 나왔습니까? 그것은 꿈의 상태 속에 있는 분명한 깨어남에서 나타났습니다.

방문객 제가 두 눈을 감는다면, 그것은 당신이 존재하지 않는다는 것을 의미합니까?

마하라지 누가 그대에게 그대의 눈이 감겼다고 말했습니까?

방문객 저의 "나의 존재성(I-am-ness)"입니다.

마하라지 그대가 눈을 감으면, 그대의 의식도 닫힙니까?

방문객 아닙니다.

마하라지 부모라고 불리는 구체화된 객체가 사랑의 합일을 맺은 결과로서, 그대는 더없이 행복한 순간에서 생겨난 창조물이라는 것을 생각나게 해 주는 존재입니다. "내가 존재한다(I am)."는 그 기억은 더없이 행복했던 그 순간을 생각나게 해 줍니다. 몸으로 구체화된 사람인 이 형태는 더없는 그 행복을 생각나게 해 주는 것입니다. 그대는 지금까지 많은 지식을 모았고, 그대 자신이 구루가 되

154

기에 적합하다고 생각하며, 그 지식을, 다시 말해, 드러난 그대 자신의 지식이 아닌 끌어 모은 지식을 설명해 줄 것입니다. 지식은 아직 그대에게 충분히 드러나지 않았습니다. 그대는 아직 깨달음을 얻지 못했습니다. 그러므로 그대는 사이비 구루가 될 것입니다. 그대의 존재는 그대의 부모 안에서는 잠복의 상태로 있었습니다. 이제 그대는 여기서부터 어딘가로 가고 싶어 합니다. 어디에서 그대는 나왔습니까? 그대가 나왔던 그 근원으로 돌아가십시오. 우선 거기에 계십시오. 누군가가 더없는 행복의 재미를 봤지만, 나는 백년 동안 고통을 받으며 울게 됩니다.

방문객 "나의 존재성(I-am-ness)"을 문이 두 개 달린 방에 비유하는 것이 옳습니까? 한쪽 문으로는 세상을 보고, 다른 쪽 문으로는 빠라브람만을 인식합니다.

마하라지 사랑하는 젊은이여, 빠라브람만에는 어떤 문도 없습니다. 그대가 나온 문을 보십시오. 그 문에서 나오기 전에 그대는 어떻게 그리고 어디에 존재했습니까? 그대는 이런 문제와 관련하여 질문을 해도 좋습니다.

방문객 이런 "나의 존재(I am)" 속에는 사랑과 고통도 있습니다.

마하라지 그 원인은 행복이고, 그 결과는 "나의 존재성(I-am-ness)"입니다.

그 원인은 더없는 행복이지만, 그 결과는 처음부터 끝까지 고통을 받아야 하는 것입니다.

방문객 그 잠깐 사이의 순간에 사랑과 고통의 인식이 동시에 있습니까?

마하라지 사랑을 나눌 때 우주에 두루 존재하는 모든 것은 그 결과에 등록이 됩니다. 그리고 부수적으로, 그 결과는 형태를 취하는데, 부모를 그대로 닮은 복사물입니다. 그대의 출생은 그 당시에 이 우주를 찍은 영화를 의미합니다. 그것은 단순한 출생일뿐만 아니라, 거기에는 우주 안팎이 채워져 있습니다.

방문객 일단 태어나면 의식은 계속됩니다. 그러나 저의 명상 속에서는 그것이 나타났다가 사라집니다.

마하라지 존재성(beingness)은 계속됩니다. 그리고 그것은 몸의 형태라는 도움을 받아야만 그 자신을 알 수 있습니다. 반면에 그러한 도움이 없으면 그것은 그 자신을 알지 못합니다(즉, 그것은 절대적 상태에 있습니다). 의식이 나타났다가 사라지는 것을 목격하는 자는 누구입니까?

방문객 단지 자각입니다.

마하라지 어떤 면에서 그대의 말은 옳습니다. 그러나 실제로는 그렇지 않습니다.

그것은 내가 그대에게 만 루피를 주겠다는 약속의 말과 같습니다. 그러나…… 자각은 빠라브람만의 상태이지만, 그것은 단지 말에 불과합니다. 그대는 그 상태에 머물러야 합니다. 현재, "나의 존재(I am)"는 존재성(beingness)의 상태에 있습니다. 그러나 나에게 "내가 존재한다(I am)."는 환영에 대한 앎이 없으면, 뿌르나브람만 즉 빠라브람만 상태가 우세하게 존재합니다. "나의 존재성(I-am-ness)"에 대한 감각이 없을 때, 나는 전체적으로 완전한 뿌르나브람만의 상태, 즉 영원한 상태입니다.

존재성(beingness)과 비존재성(non-beingness)의 경계선은 지성을 깜짝 놀라게 합니다. 왜냐하면 그 정확한 위치에서 지성은 가라앉기 때문입니다. 이 경계선이 마하-요가입니다.

"그대와 나"라는 말에서 접속사 "와"가 빠지면, 어떤 이원성도 존재하지 않습니다. 즉, 그대와 나를 떼어놓는 어떤 분리도 없습니다. 마찬가지로, 이 존재성(beingness)은 접속사와 같습니다. 그것이 없어지면, 어떠한 이원성도 남아 있지 않습니다. 그대는 그 경계선에, 즉 마하-요가의 상태에 있어야만 합니다. 그대는 "태어남"이란 이름을 가지고 있는 그 상태의 창고[13]로 내려갑니다.

방문객 그 창고 속에서 분노와 두려움과 증오가 있는 곳은 어디입니까? 존재성(beingness) 속에서, 태어남의 원리 즉 "나의 존재(I am)"에 대한 그 촉감은 어디에 있습니까?

마하라지 그 두 가지 형태(부모)의 씨앗 속에는 무수한 우주를 만들어 낼 잠재력이 있습니다.

방문객 당신의 말씀은 J. 크리슈나무르티의 가르침과 아주 흡사합니다.

마하라지 이 작은 반점의 무지, 즉 존재성(beingness)을 이해하는 자는 그가 하고 싶은 어떤 것에 대해서도 말할 수 있습니다. 그 작은 반점과 같은 존재성(beingness)의 공간 속에 무수한 우주들이 거주합니다. 그대가 이것을 좀 더 잘 이해하고 싶다면, 꿈의 세계를 예로 들어 보겠습니다. 이 꿈의 세계는 깊은 수면 속에서 분명히 깨어 있는 상태에 불과합니다. 그 지속 시간은 매우 짧아서 그것은 재빨리 이동하는 움직임과 같습니다. 꿈 속에서는 많은 꿈의 세계가 창조됩니다.

1980년 1월 28일

---

13. 동양식 창고

8

몸 정체감이 없다면,
마음은 어디에 있는가?

마하라지 어떤 행위자도 없습니다. 이 나타난 세계와 우주를 만든 창조자도 없습니다. 즐기는 자도 없습니다. 모든 것은 자연스럽게 일어나고 있습니다.

방문객 자빠(신성한 말의 반복)를 하는 동안, 그 말의 의미에 주의를 집중해야 합니까?

마하라지 그대는 일부러 자빠의 의미를 알려고 노력해서는 안 됩니다. 의미는 자동적으로 그대에게 전해질 것이고, 그대의 자질에 따라 적절한 때에 그대를 채울 것입니다. 역동적인 샥띠 또는 에너지의 나타남은 개인을 통해 일어나고 각 개인마다 다릅니다.

반드시 가족 활동을 수행하며, 최대한의 열의와 열정을 다해 세속적이고 사회적인 책임에 응하십시오. 그러나 적어도 그대 자신의 "자기" 즉 "그대 존재(you are)"의 정체가 무엇인지를 이해하십시오. 그러면 차츰 그대는 아는 자로서 그대에게는 어떤 장소나 형태와 관련하여 아무런 정체성도 없다는 것을 깨닫게 될 것입니다.

우주와 세계 속에서 일어나는 모든 지각할 수 있는 확실한 움직임들은 어떤 특별한 이유 없이 단지 일어납니다. 즉, 어떤 목적도 없이 작용하고 회전하고 진동하고 분주히 움직이고 있습니다. 그러나 참 그대는 몸의 형태나 이름이나 기타 어떤 가공의 자료와 관련된 정체성도 없이 영원히 존재하고 있습니다. 그리고 형태나 환영, 이름 및 몸에 의해서 규정되고, 또 그것들과 동일시된 어떤 다른 원리가 있다 하더라도, 그것은 자동적으로 그 자신을 창조하고 자양분을 주며 유지시켜 갑니다. 나중에 그것은 사라져야만 합니다. 이러한 모든 활동-작용을 이해하는 것이 지식입니다.

크리슈나 신은 오직 빠람아뜨만, 즉 최고의 자기가 자기 자신이라고 말했습니다. 다른 이들도 설명을 했지만, 그들은 그들 자신의 개념에 사로 잡혀 있었습니다. 만약 내가 조금이라도 어떤 생각을 한다면, 그것은 나타남과 그리고 그 나타남의 자연스러운 작용과 관련이 있습니다. 나는 나타남의 과정을 바꾸는 것에 대해서는 생각하지 않습니다. 그러나 그대가 생각에 관여하면, 그것은 그대의 개인적인 문제에 대하여 인성이나 개성의 차원에서 일어날 것입니다. 해야 할 것이 아무것도 없습니다. 단지 "나의 존재성(I-am-ness)"

에 대한 이러한 감각이 그대에게 어떻게 일어났는지를 알아내십시오.

방문객 제가 이야기를 할 때, 제가 이야기하고 있다는 어떤 느낌도 없습니다.

마하라지 지금 그대는 어떤 정체성을 갖고 있든지 그 정체성에서 이야기하고 있습니다. 그 정체성을 지지해 주는 것이 무엇입니까?

방문객 말은 그냥 나올 뿐입니다.

마하라지 그대가 이야기할 때, 그대는 그대 자신의 존재에 의존합니까, 아니면 다른 어떤 사람의 존재에 의존합니까?

방문객 저 자신의 정체성에 의존합니다.

마하라지 자기의 이 존재성(beingness)은 지속 기간이 짧습니다. 그것은 잠깐 동안밖에 경험되지 않습니다. 그러나 그 존재성(beingness)을 경험하는 자는 영원히 존재합니다. 그대는 그 경험자 즉 "참 그대"는 늘 존재하는 존재의 원리라는 것을 깨달아야만 합니다. 그대는 어떤 정체성에서 이야기를 할 것입니까?

방문객 저에게는 이야기하고 싶은 욕망이 전혀 없기 때문에, 그것이 전자로부터 나오지 않습니다.

마하라지 나는 나의 질문에 대한 정확한 대답을 원합니다. 왜 그대는 관계도 없는 말들을 했습니까? 다시 질문합니다만, 그대는 존속 기간이 짧은 존재성(beingness)의 관점에서 이야기하고 있습니까, 아니면 영원의 관점에서 이야기하고 있습니까?

방문객 이야기하고 있는 어떤 개인적인 "나"도 없습니다.

마하라지 그런 대답은 하지 마세요! 나는 그대 혼자만이 지껄이고 있다고 그대를 비난합니다. 그대는 일시적인 입장에서 이야기하고 있습니까, 아니면 영원한 입장에서 이야기하고 있습니까?

방문객 일시적인 입장에서 말하고 있지 않습니다.

마하라지 그대는 진실을 말하고 있지 않습니다.

방문객 저의 경험으로 볼 때, 어떤 "나"도 이야기하고 있지 않습니다. 당신께서 "나"란 사람이 이야기하고 있다고 말하면, 그것은 사실이 아닙니다.

164

마하라지 그대가 이렇게 말한다면 그대는 어리석습니다. 왜냐하면 참된 지식이 아직 그대에게 드러나지 않았기 때문입니다. 그대는 일시적인 국면의 입장에서 나에게 정보를 제공할 것입니까, 아니면 다른 국면의 입장에서 정보를 제공할 것입니까?

그대는 나의 질문을 이해하지 못한 것 같습니다.

방문객 일시적인 것으로 보이는 것은 실제로 일시적이라는 것이 저에게는 분명하게 나타납니다.

마하라지 그렇다면 그대는 영원한 그 상태에 대하여 누군가에게 어떤 형태의 정보를 주시겠습니까?

방문객 저는 그가 삿구루를 만나 봐야 한다고 주장할 것입니다.

마하라지 그러면 안내하는 사람의 가치는 어디에 있습니까?

방문객 그는 자기를 찾아올 몇몇 사람들에게 안내자가 될 것입니다.

마하라지 나는 그대를 이 자리에서 나가게 할 것입니다. 나는 그대에게 어떤 지식도 주지 않을 것입니다. 내가 그대에게 이 모든 것의 초보를 가르쳐야 하겠습니까? 《나는 그것이다》라는 책을 읽고 우선 그것에 대하여 깊이 생각해 보십시오. 사람들이 여기로 찾아올 때마다, 내가 처음부터 그를 가르쳐야 합니까? 존재성(beingness)이 나타나기 전에 "나"는 어떤 상태였습니까? 존재성(beingness)은 어떻게 그리고 왜 나타났습니까? 우리는 오로지 그 질문에 대한 답을 얻어야 합니다.

방문객　저는 저의 구루께서 알려 준 접근법을 따릅니다. 후천적으로 얻은 모든 것은 비실재적이고, 시간의 제약을 받고 있습니다.

마하라지　누구라도 이것을 말할 수 있습니다. 어떻게 이 몸과 존재성(beingness)이 일어났습니까? 나는 그것을 알고 싶습니다.

방문객　제가 어떤 이야기를 해야 할지 아직 결정하지 않았습니다. 제가 받아들인 것은 모두가 나타날 것입니다.

마하라지　아무도 자기가 이야기할 내용을 결정할 수 없습니다. 그대가 여기에 와서 많은 이야기를 하겠다고 준비를 했는데, 그것을 기억할 수 없다면, 어떻게 되겠습니까? 그대가 결정하는 모든 것이 실제로 매 순간 드러나는 것처럼 보이지 않습니다. "그대가 존재한다(you are)."는 의식은 중요한 것입니다. 가장 중요한 것은 그대가 그대의 존재 감각(your sense of being)을 기억하고 있다는 사실입니다. 그 후에 다른 모든 것들이 나타납니다. 이보다 앞서 "내가 존재한다(I am)."는 기억은 없었습니다. 그리고 그것은 갑자기 나타났습니다.

지금 나는 니루뽀나(niroopona)라고 하는 영적인 이야기에 대하여 상술하고 있습니다. 마라띠어로, 니루뽀나라는 단어는 "메시지"를 의미하는 니루빠(niroopa)에서 유래되었습니다. 그러므로 니루뽀나인 어떤 영적인 이야기를 전하기 위해서는, "내가 존재한다(I am)."는 일차적인 메시지가 우선 있어야 합니다. 그 다음 이 일차적인 메시지로부터 무엇이 잇따라 일어나더라도 그것은 영적인 이야기가 될 것입니다. 전달된 영적인 메시지는 그 메시지를 듣는 사람들에 대한 정보를 줍니다. 이 메시지를 전달하기 위해서 절대적인 상태인 "나"는 존재성(beingness)을 띠게 됩니다.

자, 정부의 특사를 예로 봅시다. 그는 단순히 정부의 메시지를 전달할 뿐이지, 그가 정부는 아닙니다. 그는 정부의 공무원으로서 그의 의무를 수행하고 있습니다. 그러나 이때 "나의 존재성(O-am-ness)" 그 자체는 정부와 그 특사입니다.

어떤 예언자들은 그들이 신의 사자라고 말합니다. 그러나 크리슈나는 그렇게 말하지 않습니다. 그는 단호하게 "이 모든 창조물은 나에게서 나온다. 그러나 절대적 상태인 나는 그것과 떨어져 있다. 그리고 나에게서 창조되는 모든 것은 축제 때의 불꽃놀이처럼 불타오른 뒤에 꺼진다. 그러나 나, 즉 절대적 상태는 영원히 존재한다."라고 선언합니다.

영적인 세계를 설명하는 다른 방법들도 있습니다. 나는 다른 사람들이 영성에 대하여 한 말들을 기계적으로 암기하지 않습니다.

반드시 이해해야 할 주요한 사항은 바로 이것입니다. 즉, 이러한 나의 존재 감각(sense of my being)이 출생이란 이름과 함께 어떻게 그리고 왜 나타났으며, 나의 존재 감각(sense of my being)이 나오기 전의 나는 어떤 상태였는가? 이것을 이해하는 사람은 매우 드물 것입니다.

지금까지 많은 화신들이 있었습니다. 그러나 바가반 크리슈나만이 "나는 모든 화신들의 창조자이다. 그리고 나는 또한 그들을 아는 자이다."라고 말하였습니다.

샹까라차리야와 라마나 마하리쉬 이 두 사람도 이러한 영성의 양상을 명료하게 설명하였습니다. 나는 어떻게 영원한 "나"가 될 수 있습니까? 그리고 존재성(beingness)과 시간의 감각이라는 제약을 받고 있는 자인 "나"는 어떤 존재입니까? 이것을 반드시 이해해야 합니다. 그것이 전부입니다.

그러나 거대한 물라마야가 그대를 속여 그대가 수백만 번이나 태어났다고 믿게 합니다. 무지한 자인 그대는 이것에 대하여 결코 올바르게 생각하지 않습니다. 그대가 태어나기 전에, 그대에게는 "그대가 존재한다(you are)."는 지식도 전혀 없었고, 수백만 번의 그러한 출생을 경험했다는 지식도 전혀 없었습니다. 그러한 이야기를 조금이라도 믿을 수가 있습니까? 그대는 그대가 태어났으며, 또한 여러 번 다시 태어났다고 믿고 있습니다. 그렇지요? 그대의 정체는 무엇이며, 그대는 어떻게 존재합니까? 여기에 주의를 기울여 그것을 충분히 이해하지 못하면, 그대는 그러한 개념의 지배에서 풀려나지 못할 것입니다. 그것들은 또한 네 권의 베다에 의해서도 전해지고 있습니다. 왜냐하면 그 베다들도 많은 사람들로 하여금 그들의 가락에 맞춰 춤을 추도록 했기 때문입니다. 내가 깨어 있음의 문제에 주의력을 집중했을 때, 베다들은 합장을 하며 완전히 항복하고 침묵 속으로 들어갔습니다.

그 과정을 이해하기 위해서 우선 두 개의 영원한 원리인 쁘라끄리띠와 뿌루샤를 생각하십시오. 그들이 상호 작용을 한 결과로 5대 원소와 세 가지 구나들이 나타났습니다. 공간(空), 공기(風), 불(火), 물(水)은 사뜨바, 라자스, 따마스와 함께 흙(土)을 만들어, 더 많은 발달을 위한 발판을 마련했습니다. 흙에서는 식물이 자라났고, 그리고 식물의 주스가 몸의 형태를 띠었을 때 또한 잠복 상태의 존재성(beingness)의 원리가 그 안에 나타났습니다. 5원소는 그들의 존재 감각을 전혀 모르고 있습니다. 존재성(beingness)은 5원소가 작용하는 동안에 몸의 형태로 나타납니다. 그때부터 규칙과 규정과 의식(儀式) 등이 공식화되었습니다. 그런데 자신의 존재를 알지 못했던 그 영원한 원리는 수백만의 형태를 통해 나타나게 됩니다.

태어나기 전에는, 그 원리도 부모도 서로를 알지 못했습니다. 그 원리는 유동체의 형태로 어머니의 자궁 속에 심어졌습니다. 아홉 달이 지나는 사이에 그것은 모든 미래 경험의 바로 씨앗인 태아의 형태로 발달하였습니다. 이 씨앗—존재성(beingness)이 순수한 사뜨바요, 음식으로 된 몸의 가장 순수한 형체이며, 그리고 그것은 완전히 무지일 뿐입니다. 미래 경험의 씨앗은 그 미래의 아이가 반드시 받고 경험하게 될 모든 것인 쁘라랍다를 결정합니다. 태어나기 전에는 "앎"의 상태가 아니었지만, 이제 태어나면서 그 불운한 아이는 온갖 고통을 받게 됩니다. 아이가 잉태되는 순간에, 그를 창조했던 물질(부모), 행성들의 위치, 하늘의 별 등을 포함하여 우주의 전체적 상황에 대한 정확한 사진이 그에게 찍혀졌습니다. 그러한 사진을 찍는 그 원리는 무엇입니까? 그 지고의 원리는 브람마-수뜨라, 물라마야, 마하-따뜨바, 히란야가바, 아뜨마-쁘렘 등과 같은 이름으로 알려져 있습니다. 그것이 마하-따뜨바라고 불리는 이유는 그것이 이 세상에서 가장 중요한 의미를 지니고 있기 때문입니다. 이 마하-따뜨바는 그리스도, 크리슈나, 쉬바, 비슈누와 같은 신의 이름들로도 더욱 알려져 있습니다. 그것은 또한 빠랍디 (parabdhi), 즉 수백만의 형태로 소용돌이치는 생명의 바다라고도 합니다. 크리슈나 신은 지고의 원리인 이 요가마야를 통하여 나는 이 세상에서 모든 우주적 기능을 수행하고 있지만 절대적 상태로서 나는 세상과 떨어져 있다고 말합니다.

나타난 우주 전체는 요가마야 즉 요가샥띠를 통하여 이 에너지와 연결되어 있고 이 에너지로 채워져 있습니다. 이러한 존재성 (beingness)은 자궁 속에서 충분히 나타나지 않았습니다. 그러므로 그대는 그대의 "나의 존재성(I-am-ness)"인 그대의 운명이 자연스럽고도 자발적으로 나타났다고 기억합니다. 나타난 이러한 존재성 (beingness)이 얼마나 오래 지속되겠습니까? 그것은 그 자체에 만료기일을 가지고 나왔습니다. 그러므로 그것은 시간의 한계를 받고 있습니다. 자궁 속에서 존재성(beingness)은 그 자신을 알지 못합니다.

냐니(jnani)는 존재성(beingness)의 뿌리를 이해하고 있기 때문에 이와 같이 냐니라고 불립니다. 게다가 존재성(beingness)은 순수한 무지일 뿐입니다. 냐니는 이러한 존재성(beingness)의 작용에 개입하지 않습니다. 그러므로 그는 그 존재성(beingness)을 초월합니다. 그는 이 원리가 싹이 트고 자라서 사라지는 것을 관찰하고, 또 그가 그 원리가 아니라는 것을 알고 있습니다. 그는 그 존재성, 즉 쁘라랍다의 목격자이며 아는 자입니다.

자궁 속에서 그 발생 단계에 있었던 그 존재성(beingness)은 세상에 나온 지 조금 지나서 그 존재성(beingness)을 느끼며 그 몸의 정체성을 자기 자신으로 받아들였습니다. 자양분을 통하여 이 형태는 부모의 이미지로 발달해 가기 시작했습니다. 왜냐하면 부모의 사진은 이미 임신의 순간에 그것에 찍혀 버렸기 때문입니다. 음식의 정수가 들어 있는 이 작은 그릇은 "내가 존재한다(I am)."는 그 존재성(beingness)에 의해 밤낮으로 빨려지고 있습니다. 그 그릇을 빨아먹는 그 원리는 몸이 아닙니다. 그것은 몸과 떨어져 있습니다. 이 존재성(beingness)의 원리는 음식으로 된 그 몸 그 자체에 거주하고 있습니다. 아이가 어머니의 젖가슴을 빠는 것과 꼭 같이, 존재성(beingness)은 몸을 먹어 버립니다.

그대는 참나 지식을 원합니다. 그렇지요? 그것은 결코 어린애 장난이 아닙니다. 만약 그대가 냐니(jnani)가 되고 싶다면, 그대는 반드시 그대의 정체성을 이해해야만 합니다. 다시 말해, 이 "나의 존재성(I-am-ness)"이 무엇이고, 그것이 어떻게 나타났는지를 이해해야만 합니다. "나의 존재성(I-am-ness)"이 있기 이전에 그대의 참된 상태는 어떤 것이었습니까? 지금까지 오직 크리슈나 신만이 이것을 분명히 설명하였습니다. 그는 "나의 존재성(I-am-ness)"이 나타나고 사라지기 때문에 절대적 상태인 나는 그것이 될 수 없고, 나는 영원히 존재한다고 말합니다.

나의 삿구루는 나에게 "그대의 세속적인 활동에도 불구하고, 그대는 태어난 적이 없으며, 그대는 모든 것과 떨어져 있다."라고 말했습니다. 그래서 어떠한 사람이라도 만약 그가 다음에 말하는 것을 분명히 이해한다면 냐니가 될 수 있습니다. 즉, 존재성(beingness)은 음식-정수로 된 몸의 결과로서 나타나고, 자동적으로 작용하며, 음식으로 된 몸의 특성이 그것을 부양하지 못하면 사라집니다. 이것을 이해하는 과정에서, 그는 자신이 존재성(beingness)이 아니라는 것을 깨닫고, 그럼으로써 냐니의 상태에 거주하게 됩니다.

지금까지 최고의 영적인 지위를 주장했던 아주 많은 화신들이 있었지만, 그들은 남의 이야기를 듣든지 아니면 독서를 통해서든지 스스로 외부로부터 모은 개념들에 빠져 버렸습니다. 어떠한 세속적이거나 영적인 활동을 행하기 위해서는 말이 필요합니다. 냐니는 개념을 초월하기 때문에 말에 구애받지 않습니다. 냐니의 평온 상태에서, 말은 침묵 속으로 들어갔습니다. 왜냐하면 베다를 보면, "나는 이것도 아니요, 저것도 아니다."[14]라는 말이 나오지만, 베다는 그들의 모든 말을 완전히 다 써 버리고, "베단따" 즉 베다의 끝, 말의 끝이 되어 버렸기 때문입니다.

나는 이제껏 그대에게 쁘라랍다와 그것의 경험에 대하여, 그리고 그들이 어떻게 왜 창조되었는지에 대하여 충분히 말하였습니다. 그런데 이러한 전체적인 작용 속에서 그대는 지금 어디에 있습니까? 그대의 위치는 어디입니까? 그대가 보존하고 싶은 그대의 정체성은 어떤 것입니까? 바로 어린 시절부터 지금까지 그대의 어떤 정체성이 변함없이 충실하게 그대에게 남아 있습니까? 한때는 아이의 정체성을 지녔고, 그 다음엔 청년의 정체성, 그 다음엔 중년의 정체성, 마지막으로 노인의 정체성을 가지게 됩니다. 이 모든 것 가운데, 어느 것이 그대의 참된 하나의 정체성입니까? 사실, 그대가 태어났다는 어떤 증거도 없습니다.

방문객 저는 그와 같은 어떠한 정체성에 대해서 생각하지 않습니다. 저의 모든 경험을 통해서 보면, 가끔은 "나"에 대한 의식을 훨씬 적게 느낄 때도 있습니다. 그것은 단지 주의력과 주의력의 대상에 지나지 않습니다. 그러나 "나의 존재(I am)"에 주의력이 집중되면, "나의 존재(I am)"는 더 적게 됩니다.

마하라지 그대가 그대의 주의력을 "나의 존재(I am)"에 집중하면, 그

---

14. 네띠-네띠(neti-neti)라는 유명한 말을 가리킴. 즉 자신의 본체에 도달하기 위한 완전한 부정.

대는 어떤 신체적 감각을 느낍니까?

방문객 저의 주의력이 "나의 존재(I am)"에 집중되지 않으면, 그것은 사라집니다. 그러나 저의 주의력이 매우 강하면, 대상은 지각됩니다.

마하라지 그러나 그대의 주의력은 영원히 안정됩니까?

방문객 예.

마하라지 만약 그렇다면, 그것을 묘사해 보십시오. 그리고 그대는 이러한 경험을 합니까?

방문객 예.

마하라지 그러면 왜 그대는 여기에 왔습니까?

방문객 그 경험은 지속적이지 않습니다.

마하라지 만약 그것이 확고하게 안정되었다면, 그것은 틀림없이 지속적이고 그리고 영원히 지속적일 것입니다.

방문객 그것은 잠시 동안 안정됩니다.

마하라지 누가 순수하고 불순한 두 가지 주의력의 상태를 목격합니까?

방문객 아마도 아는 자, 즉 주의력일 것입니다. 아마도 어떤 사람은 주의력에 대해서 말할 것이지만, 저는 말하지 않습니다.

마하라지 누가 이 모든 것에 주의를 기울이고 있습니까? 그대입니까, 아니면 다른 누구입니까?

방문객 진리는 알고 있습니다.

마하라지 그것을 올바르게 연구하세요. 가능한 한 자주 명상을 하십시오. 한 번에 몇 시간 동안 사마디로 들어가십시오.

방문객 저의 마음은 고요합니다. 그러나 그것은 주의 깊습니다. 저는 이 "나의 존재(I-am)"를 바라보고 있습니다.

마하라지 그대는 앎의 단계까지 왔습니다만, 아직도 그대의 목적지에는 도달하지 못했습니다. 이것은 주의력이 주의력과 합체가 될 때만 가능합니다. 만약 그 주의력이 그 자체를 다 써 버렸다면, 그대는 여기에 오지 않았을 것입니다.

방문객 아, 이제 저는 저의 주의력을 완전히 없애 버려야 했는데 그러지 못한 것을 알겠습니다.

마하라지 그렇습니다. 현재 그대는 주의력의 단계에서 정체되어 있습니다. 그것을 완전히 소모해 버려야 합니다. 그대는 지금 시간의 한계를 받고 있으며 일시적인 "내가 존재한다(I am)."는 그 지식의 단계에서 이야기하고 있습니다.

두 번째 방문객 대상이 없는 주의력, 그것은 가능합니까?

마하라지 어떠한 대상이 없어도 그 주의력이 존재할 수 있느냐고요? 만약 주의력이 거기에 있다면, 대상도 또한 거기에 있습니다.

방문객 주의력과 대상이 희미해져 가면 그때 우리는 사마디에 도달할 수 있습니까?

마하라지 그것을 아는 자는 누구입니까?

방문객 당신은 저에게 미끼를 놓고 있습니까?

마하라지 그대 혼자 힘으로 말하십시오.

두 번째 방문객 저의 마음은 매우 고요합니다. 그리고 그것은 어떠한 대상을 향해서도 움직이지 않습니다. 말하자면, 그것은 마음의 정지, 평온 상태인 것처럼 보입니다. 이것은 제가 여기서 겪은 경험의 결과입니다.

마하라지 그는 무슨 말을 했습니까?

방문객 무언가가 그 주의력을 느끼게 되면, 저의 고요함은 중단되고 "나의 존재(I am)"에 대한 느낌이 생겨납니다. 그 순간에 저의 마음은 대상을 향해 밖을 바라봅니다. 그 결과, 대상과 "나의 존재(I am)"에 대한 의식이 동시에 일어납니다.

마하라지 그대는 몸-마음의 상태에서 말하고 있는 것 같습니다. 나는 마음-없음의 상태에서 이야기하고 있습니다. 몸의 정체성이 존재하는 한, 마음은 지속됩니다. 이것이 사라져 버리면 마음은 어디에 있습니까? 깨어 있는 상태, 깊은 수면, 그리고 존재성(beingness)은 "출생"이라는 용어로 이름 붙여집니다. 그리고 그것은 일시적인 단계입니다.

방문객 그러나 제가 그것을 알기 위해서는 그 상태에서 몸-마음을 조사해야 되지 않습니까?

마하라지 내가 기초부터 가르치는, 다시 말해, 몸-마음 상태부터 가르쳐야 하는 유치원 선생입니까? 나의 이야기는 쁘라랍다와 존재성(beingness)의 뿌리에서 출발합니다. 나는 몸-마음은 다루지 않습니다.

1980년 1월 31일

9

존재성의 촉감을 통하여
우주 전체가 생겨난다

마하라지 공간과 같은 전체성 안에서 보이고 느껴지는 것은 모두가 우주적 나타남, 즉 브람만입니다. 하지만 "형태들"이 나타나면, 이들은 서로서로 분리되어 있고 떨어져 있는 것처럼 느껴집니다.

냐니에게는 모든 것이 브람만, 즉 브람만의 표현일 뿐입니다. 살아 있는 개개의 존재에게는 현존감이 있습니다. 이 감각은 그 자신을 몸의 형태와 동일시함으로써 이 세상에서 작용합니다. 존재의 현존감은 특히 인간의 몸에서 굉장한 잠재력을 가지고 있습니다. 왜냐하면 인간이란 종에서 몸의 감각이 가장 높은 수준으로 발달했기 때문입니다.

이러한 존재의 느낌은 곧 의식을 말하며, 그것은 존재의 참된 본성을 깨달아 이슈와라의 상태 즉 신의 상태에 거주할 수 있는 능력을 가지고 있습니다. 고대의 성전인 네 가지 베다는 오로지 순수한 브람만으로서 존재의 느낌을 확인했으며, 그것은 또한 성자들과 성인들에 의해서도 보증이 되었습니다.

바다의 물보라 속에는 수많은 물방울이 들어 있습니다. 그러나 그 물방울들이 바다와 분리되지 않았을 때만 그들은 바다입니다. 그들이 바다와 분리되면 그들은 개별적인 물방울이 됩니다. 그럼에도 불구하고 바닷물이든 그 물방울이든, 물의 짠맛은 똑같습니다. 짠맛이 바다 전체에 존재하는 것과 꼭 마찬가지로, 인간의 형태에 나타난 존재성(beingness), 즉 "내가 존재한다(I am)."는 느낌은 모든 곳에 두루 존재할 수 있는 타고난 본래의 능력을 갖고 있습니다. 그러나 그것이 그 자신을 몸의 형태에 한계를 지워 놓았고, 그럼으로써 그 자신을 제한했기 때문에, 그것은 오로지 몸을 보호하고 보존하는 데만 관심이 있습니다.

몸의 형태가 나타난 결과로서, 나타난 의식이 분명히 분열되었습니다. 그러나 이러한 분열은 몸의 형태와 관련해서만 보아야 합니다. 왜냐하면 실제로 의식은 몸의 안에서와 바깥에서 모두 두루 존재하고 있기 때문입니다.

마음은 빤짜 쁘라나(pancha-pranas)로 알려져 있는 몸 속의 다섯 가지 생명 에너지들이[15] 유출된 것입니다. 그것은 몸의 감각을 통하여 외부로부터 받아들여진 인상들, 즉 삼스까라들을 예찬하고 그들을 흡족한 듯이 바라봅니다. 그러나 마음은 성자와 성인들과의 친밀한 관계를 통하여 그 자체를 정화할 수 있습니다. 왜냐하면 그들은 이러한 목적을 위하여 신의 신성한 이름을 암송하는 수행이나 참회 등을 권하고 있기 때문입니다.

자연적인 현상의 문제로서, 순수한 동적인 브람만은 자기도 모르게 의복과 같은 다양한 몸들을 입고, 그 몸들을 통하여 작용을 합니다. 이 때문에 몸의 감각들을 통하여 일어나는 세상에 대한 지각이 생겨납니다. 그러나 그 위에 내재해 있던 원리, 즉 "나의 존재성(I-am-ness)"의 느낌이 몸을 그 자신으로서 받아들이고, 몸의 지시와 요구에 반응하여 작용합니다. 그러나 모든 이런 왜곡과 변화에도 불구하고, "나의 존재성(I-am-ness)"의 느낌은 그 본래의 본성에서는 무변화의 상태로 남아 있습니다. 몸의 작용 배후에 있는 동력인 이 순수한 역동적인 브람만이 그 힘을 중지하는 그 순간, 몸은 일반적으로 "죽음"이라고 하는 혼란에 빠져듭니다.

따라서 의식은 어느 곳으로도 가지 않습니다. 단지 "죽은" 몸 때문에 그 기능이 즉시 소멸되는 것이지, 순수한 역동적인 브람만은 아무런 영향을 받지 않은 상태로 남아 있습니다.

존재 감각, 즉 몸 속에 거주하고 있는 의식이 그 참된 본성을 깨

---

15. 힌두 철학에서 쁘라나("호흡"을 나타내는 산스끄리뜨), 즉 제일의 에너지 혹은 생명의 호흡은 다섯 부분으로 나뉘어 있다. "왕이 관리를 기용하여 왕국의 다른 구역들을 통치하듯이, 쁘라나도 다른 네 가지 쁘라나와 협력하고 있는데, 그 하나하나는 자신의 일부분이면서 독립된 역할을 부여받고 있다."(《쁘라스나 우빠니샤드》) 그 다른 네 가지 쁘라나는 아빠나, 사마나, 비야나, 우다나이다. 이 쁘라나들은 호흡, 음식의 소화와 흡수, 배설 및 생식과 같은 생리적인 기능에서 필수적인 에너지 구성 요소이다.

닫지 못하는 한, 그것은 행위자의 권리를 요구함으로써 몸이나 몸의 모든 행동들과 동일시하지 않을 수 없습니다. 그러나 이러한 요구를 한 결과로서 그것은 몸이 해체되어 죽음에 다가갈 때 심한 고통을 받게 됩니다.

건강한 몸에서는 생명의 호흡에 대한 움직임이 분명히 느껴집니다. 그러나 죽음이 일어나면, 생명의 호흡은 몸을 떠나고 움직임은 즉각 중지됩니다. 하지만 브람만의 경우에는 움직임에 대한 문제가 전혀 없으며, 그것은 계속해서 편재합니다. 분명히 이해해야 할 점은 몸이 죽을 때, 기본적인 원리 즉 순수한 브람만은 그것이 언제나 모든 장소와 모든 사물에 두루 존재해 있다는 단순한 이유 때문에 하나의 개별적인 실체로서 어느 곳으로도 떠나가지 않는다는 것입니다. 그러나 몸이 "죽음"을 맞이하는 순간, 그 몸을 통한 그것의 표현은 즉석에서 가라앉을 뿐입니다.

악기가 연주될 때, 악기에서 나오는 소리는 주위의 공간을 채웁니다. 그러나 악기의 연주가 끝나는 순간, 소리는 어느 곳으로도 나아가지 못합니다. 즉, 소리는 작아지며 끝나게 됩니다.

현재, 이 몸의 형태는 다섯 원소들이 만들어 낸 산물입니다. 이 원소들은 아뜨마에서 창조되었습니다. 그러나 우리는 이 아뜨마를 어떻게 인지합니까? 그것은 "내가 존재한다(I am)"는 지식, 즉 아뜨마-냐나를 이해함으로써 가능합니다. 마치 공간이 모든 곳에 존재해 있는 것과 같이, "내가 존재한다(I am)."는 지식도 모든 곳에 존재하며, 제한이 없고 무한합니다. 이러한 지고의 원리가 마치 몸인 것처럼 다루어지고 있는 것이 얼마나 이상합니까! 모든 고통은 이 잘못된 정체성 때문입니다. 만약 그대가 응당 그것이 받아야 할 최고의 경의를 표한다면, 그대는 고통이나 죽음 그 어느 것도 겪지 않을 것입니다.

태어남과 죽음은 남들에게 들은 소문입니다. 태어남은 몸의 탄생을 의미합니다. 후자인 몸은 음식의 주스로 이루어져 있습니다. 아뜨마가 몸 안으로 들어갈 필요가 있는지에 대한 문제는 전혀 없습니다. 왜냐하면 아뜨마는 하늘처럼 이미 모든 곳에 존재해 있기 때문입니다. 몸이 건강하다면, 몸의 기능은 아뜨마의 원리가 어디에나 존재하고 있기 때문에 자연스럽게 작동할 것입니다. 이 원리는 파괴할 수 없는 불멸의 것입니다. 만약 그대가 그것을 맛보고 싶다면, 그것은 다름 아닌 "그대가 존재한다(you are)."는 지식, 즉 "나의 존재성(I-am-ness)"의 촉감이라는 것을 분명히 이해하십시오. 이 기본적인 원리를 잊지 마십시오.

이 위대한 원리, 즉 아뜨마는 그대가 그대의 몸의 정체성으로부터 어떤 행동을 하더라도 그 행동의 영향을 전혀 받지 않습니다. 그럼에도 불구하고 "나의 존재성(I-am-ness)"에 대한 촉감은 음식으로 된 몸이 가용될 때만 나타납니다. 그대가 "나는 아주 강하고 건강하다."라고 말할 때, 그 말은 그대가 다량의 건강식품을 먹고 소화하여 그대의 몸을 강하게 만들었다는 뜻입니다. 그러나 그 몸은 그대의 존재 의식(sense of being)이 아닙니다. 비록 몸이 강할지라도, 그대는 매일 음식과 물로 몸을 새로 보충해야만 합니다. 생명의 호흡은 입술과 혀가 없어도 몸에서 음식의 정수를 빨아먹지만, 마음은 몸의 감각을 통하여 외부에서 수집된 인상들을 찬양합니다. 그리고 그대는 마치 그대가 모든 이러한 활동들을 하고 있는 것처럼 다시 느끼고, 그 활동들이 "그대의 것"이라고 주장합니다.

이러한 존재의 느낌을 구나, 다시 말해, "나는 존재한다(I am)."는 지식을 의미하는 특성이나 냐냐라고 부릅시다. 이 구나 또는 냐냐는 음식물의 미립자 속에 항상 잠재해 있습니다. 그래서 음식의 형태가 가용될 수 있을 때마다 이 잠재되어 있는 특성은 처음에는 운동과 맥박으로, 뒤에는 마음으로 나타납니다.

몸을 통한 그의 표현이 구나라고 불리는, 모든 곳에 존재하는 지고의 이 원리는 베다에서 사구나브람만이라고 이름 붙여졌습니다. 그 이름은 "존재하려는 사랑"이나 "나의 존재성(I-am-ness)"의 느낌, 존재성(beingness) 등과 같은 여러 가지 의미를 가지고 있습니다. 이 상태는 형태나 모양이 없습니다. 왜냐하면 심지어 마음조차도 형태가 없기 때문입니다. 오직 음식물로 된 몸만이 형태를 가지고 있습니다.

이 원리 자체는 부패된 인간의 몸에서 나오는 벌레와 미생물로서 나타납니다. 남아도는 음식물이 버려져서 부패될 때마다, 그대는 살아 있는 형태들이 그 부패된 음식물 안팎으로 기어 다니는 것을 발견할 것입니다. 생명력을 부여하는 역동적인 사구나브람만은 제반 조건들이 도움이 될 때마다 음식물의 형태에 생기를 불어넣습니다. 그러나 그것의 표현은 여러 형태에 따라 다릅니다. 따라서

186

우리는 그들의 모양을 보고 이들 형태들을 벌레나 곤충, 새, 동물 등등으로 인식하게 됩니다.

바로 그 사구나브람만이 인간의 몸을 통해서 나타날 때, 만약 우리가 그것을 바르게 이해하고 깨닫는다면, 그것은 구도자를 최고의 상태로 이끄는 잠재력을 가지고 있습니다. 그리고 그 사구나브람만은 그대의 존재의 느낌 이외의 다른 어떤 것도 아니며, 모든 인간의 몸 속에 거주하고 있습니다. 이 상태에 거주함으로써, 태어남과 죽음은 초월될 것입니다. 이런 목적을 위하여 그대는 어떠한 의식이나 영적인 수행을 할 필요가 없습니다. 오직 마음이 있기 이전의 상태에 계십시오. 그냥 존재하십시오.

많은 사람들은 영성이란 이름을 빌려 그들의 구원을 위해 참회를 하고, 신성한 이름을 암송하고, 순례를 하고, 그리고 기타 수행법을 추구하느라 분주합니다. 그들이 원하는 대로 무엇이든 하도록 그냥 내버려두십시오. 아마도 그들은 그들의 쁘라랍다(prarabdha)에 따라 전생의 죄들을 깨끗이 씻을 필요가 있을지 모르겠습니다.

만약 그대가 자신의 참된 본성을 깨달은 성자를 우연히 만나면, 그대는 영적인 수행과 관련하여 어떤 것도 할 필요가 없을 것입니다. 이것은 바로 그가 그의 가르침을 통하여, 그대 앞에 거울을 두었을 때처럼 그대의 참된 본성을 드러내 줄 것이기 때문입니다.

이른바 성자라고 하는 많은 사람들이 그들의 영적인 지식을 전파하기 위해 이곳저곳으로 다닙니다. 그러나 나는 돌아다닐 이유가 없습니다. 어디로 돌아다닌다는 말입니까? 나의 참된 상태 속에서는 나는 모든 곳에 존재합니다. 그대가 "나는 존재한다(I am)." 는 지식에 거주하면, 그대도 이것을 깨달을 것입니다.

그대가 그대의 삼촌이나 사촌을 찾아가는 이유는 그대가 그들과 몸을 통하여 친척 관계를 맺고 있기 때문입니다. 그러나 만약 그대가 모든 곳에 존재한다면, 그대가 돌아다닐 이유가 있겠습니까? 만약 그대가 내가 설명한 모든 것을 완전히 받아들인다면, 그대에게 더 이상의 영적인 수행들은 필요하지 않을 것입니다.

이것을 이해한다면, 그대는 어떤 영적인 활동과 세속적인 활동이 그대를 통하여 일어나더라도 그 활동들은 단순히 시간을 보내기 위한 오락에 불과하며, 또 그 활동은 오로지 나타난 역동적인 원리, 즉 마야의 작용일 뿐이라는 것을 관찰하고 결론을 내릴 것입니다.

"내가 존재한다(I am)."는 지식에 거주하는 것이 우리의 참된 종교, 즉 스와다르마(svadharma)입니다. 그러나 그대는 그것을 따르지 않고, 대신 그대가 몸이라고 믿게 하는 그대의 개념의 지시에 복종함으로써 비종교적이 되기를 선택했습니다. 이 그릇된 생각은 오직 죽음의 두려움만을 확실하게 해 주었습니다.

만약 음식이 그대의 몸에 공급되지 않는다면, 몸은 점점 약해질 것이고 어느 날 그대의 생명의 호흡은 몸을 떠날 것입니다. 사람들은 그대가 죽었다고 말하겠지만, 그대는 그것을 모를 것입니다. 그대는 죄를 많이 지었을지도 모르지만, 이것은 오직 그대의 정체성을 몸으로 여길 때만 해당되는 이야기일 뿐입니다. 그대의 죽음도 또한 몸의 정체성을 가리킵니다.

　제발, 참 그대, 즉 절대적 상태는 어떠한 몸의 정체성도 가지고 있지 않지만 완전하고 완벽하며 그리고 아직 태어나지 않은 자라는 이 사실을 분명히 이해하십시오. 그러나 그대는 전생에 수백만 번 태어났다는 말을 듣고 있습니다. 이와 관련하여, 만약 그대가 기억하고 있다면, 적어도 그대의 전생 중 하나만이라도 말해 줄 수 있겠습니까? 다른 사람들이 말하는 대로 따라 하지 마시고, 그대 자신의 직접적인 경험만을 정직하게 말하십시오. 사실, 그대에게는 어떠한 태어남도 결코 없었습니다. 다섯 원소들이 작용하는 결과에 따라 다양한 형상들이 나타나고 사라집니다. 이러한 작용 속에서 그대는 어디에 있으며, 그대의 정체는 무엇입니까? 그리고 그대가 태어났다가 사라진다는 문제도 도대체 어디에 있습니까? 이러한 여러 종교와 종파는 무엇입니까? 그들은 어떤 영적인 개념들이 떠오른 성자들이나 예언자들의 분별없는 사상을 단순히 전파하기 위한 것이 아닙니까? 그리고 이러한 것이 일어날 수 있었던 이유도 성자들과 예언자들이 처음 존재의 느낌을 인지했기 때문입니다. 그 다음 그들은 그것을 명상하고 거기에 거주하다가 결국 그것을 초월하여 그들의 궁극적인 깨달음을 얻게 된 것입니다. 그 후, 그들에게서 어떤 지식이 나왔더라도, 그들을 추종하는 신봉자들의 깊은 정서적인 개입 때문에 자연스럽게 그 신봉자들의 종교와 종파가 되었습니다.

　이해해야 할 가장 중요한 사실은 오직 이것뿐입니다. 존재성

(beingness)의 촉감이 존재한다면, 모든 것은 존재합니다. 존재성 (beingness)이 존재하지 않는다면, 이 세상도 없으며, 이 우주도 없으며, 아무것도 존재하지 않습니다.

이제 질문 있으면 하십시오.

방문객 당신은 음식으로 된 몸으로 유지되는 존재성(beingness)과 그리고 역동적인 나타난 의식에 대하여 말씀하셨습니다. 그들은 동일한 것입니까?

마하라지 둘 다 같은 것을 의미합니다. 마치 생명의 호흡이 역동적이고 고동치고 있지만 아무런 형상을 가지고 있지 않듯이, 이러한 원리에도 형상이나 모양이 전혀 없습니다. 그 생명의 호흡만이 몸에 생기를 줄 수 있고, 그리고 몸이 건강을 유지하는 한, 생명의 호흡은 작용할 것입니다.

우리가 눈으로 보고 감지하는 모든 것은 지속적으로 창조와 파괴의 상태에 있지만, 그대의 참된 본성으로 된 참 그대는 태어나지도 않고 파괴할 수도 없는 것입니다. 그대의 참된 본성을 깨닫지 못한다면, 그대에게는 어떤 평화도 없을 것입니다.

그대가 아무리 노력을 많이 하여 어떤 세속적인 이득을 얻는다 하더라도, 그들은 반드시 사라지게 되어 있습니다. 또한 그대의 개념들과 다양한 정체성들도 그러할 것입니다. 심지어 그대가 외부로부터 영원한 무언가를 얻을 희망으로 어떠한 종교를 신봉한다

하더라도, 그대는 몹시 실망하게 될 것입니다. 참된 영성의 주요 목적은 우리의 개념과 조건으로부터 우리 자신을 완전히 해방시키는 것입니다.

어떠한 종교, 종파 또는 교의를 따르면 우리는 불가피하게 제약을 받게 되어 있습니다. 왜냐하면 우리는 신체적으로나 정신적으로 모두 그 종교의 규율을 따라야만 하기 때문입니다. 우리는 얼마 동안 약간의 평화를 얻을 수 있을지는 몰라도, 그러한 평화는 오래 지속되지 않을 것입니다. 그대의 참된 본성 속에 있을 때, 그대는 개념들을 아는 자이며, 그러므로 그 개념들보다 앞에 존재합니다.

방문객 죽은 시체가 땅에 누워 있습니다. 그리고 나타난 브람만은 어디에나 존재하고 있기 때문에, 그것은 시체를 떠날 수 없었을 것입니다. 그러면 몸을 떠나서 몸을 죽게 한 그 원리는 무엇입니까?

마하라지 이러한 논의를 위하여 브람만을 공간으로 간주해 봅시다. 공간이 몸 내부에 한정될 수 있습니까? 그리고 (그 몸의) 죽음이 모든 곳에 존재하는 공간 속의 어디에서 시작되었는지 나에게 말해 보십시오. 그것이 가능합니까?

그대는 이것을 질문이라고 했습니까? 알아들을 수 있게 다시 질문하십시오.

방문객 살아 있는 몸에는 공간 이외의 무언가가 있어야 합니다!

마하라지 공간 이외의 것이라고요?

방문객 공간은 거기에 있습니다.

마하라지 공간 속에 음식 한 덩어리가 있고 이 음식으로부터 몸이 형성되었습니다. 우리가 공간이라고 불렀던, 나타난 브람만이 건강한 음식으로 된 몸을 통하여 나타났습니다. 그대는 그것을 아뜨만이라고 부르는 경향이 있습니다. 그러나 아뜨만은 몸처럼 창조되지 않았습니다. 다시 말해, 그것은 태어나지 않은 원리, 즉 브람만입니다.

방문객 아, 그 말은 아뜨만이 결코 창조되지 않았다는 것을 의미하죠!

마하라지 물론입니다. 아뜨만에게는 태어남이 없습니다. 몸이 생명의 호흡과 더불어 작용하는 것은 바로 모든 곳에 존재하는 브람만을 통해서입니다. 그리고 그대는 그 과정을 아뜨만의 탄생이라고 해석합니다.

이 모든 설명은 오로지 영성을 이해하려는 진짜 욕구를 가진 자들을 위한 것입니다. 세속적인 삶을 개선하고 싶어 하는 자들을 위해서는 다양한 신들에 대한 숭배를 권합니다.

건강한 몸과 생명의 호흡(쁘라나)이 함께 작용하면, 존재성(beingness)의 느낌은 몸의 사지와 감각 기관들을 작동시킴으로써 그 자신을 표현합니다. 이러한 표현은 궁극적인 원리, 즉 절대적 상태인 빠라브람만이 영원히 존재하고 있다는 것을 선언하는 광고입니다. 몸이 죽으면, 존재성(beingness)의 느낌도 사라집니다. 그래서 죽은 몸을 통하여 절대적인 상태를 광고하는 일이란 있을 수 없습니다. 그럼에도 불구하고 절대적 상태는 여느 때와 마찬가지로 어디에나 계속 존재합니다.

방문객 그것이 바로 제가 알고 싶었던 것입니다.

마하라지 한 구도자가 구루로부터 "뒤를 돌아보라."는 말의 충고를 받았습니다. 그리고 그 순진한 구도자는 그 지시를 문자 그대로 받아들이면서 뒤를 돌아다보았습니다. 그래서 구루는 다시 그에게 "말 속에 숨어 있는 의미를 이해하라. 현재의 상태보다 앞에 있는 그대의 상태를 이해하라. 근원으로 돌아가라. 뒤를 돌아보아라. 물러나라."라고 말해 주었습니다.

그대는 하나의 개념을 받아들이고 그곳에 멈추어 버립니다. 따라서 그대의 영적인 발달은 개념적 수준에서 정체됩니다.

그대는 그대 인생의 다양한 단계에서의 그대의 정체성을 "아이"라든가, "소년", "청년", "중년의 사람" 등과 같은 개념으로 나타내었습니다. 그러나 그러한 개념적인 그대의 정체성들 가운데 어느 것이 그대에게 충실하게 남아 있었습니까? 불원간에 그 모든 정체성들은 환영으로 판명이 될 것입니다. 그대의 존재성(beingness)의 의식인 그 정체성들 배후에 있는 원리 그 자체마저도 환영으로 판명이 될 것입니다. 그것은 나타났기에, 사라져야 합니다. 그러므로 그것은 일시적이며 시간의 한계를 받고 있습니다. 그러나 존재성 (beingness)을 아는 자는 영원한 절대적 상태입니다.

당신이 어떤 경험을 겪더라도, 그것은 불완전합니다. 그럼에도 불구하고 그대는 어떤 영적인 수행을 계속할 것입니다. 왜냐하면 마음이 그대를 조용히 있도록 놔두지 않을 것이기 때문입니다.

지식을 얻을 목적으로 그리고 브람만을 알기 위하여, 그대는 뭔가를 명상할 것입니다. 그러나 명상자로서 그대의 정체성은 무엇입니까? 그대는 명상도 아니요, 명상의 대상도 아닙니다. 그것이 무엇이라 하더라도, 명상과 그 대상으로부터 떨어져 있는 참 그대는 완벽한 상태, 완전성, 영원한 절대적 상태입니다.

1980년 2월 2일

10

음식이 있는 곳이면 어디에나
그것은 거주한다

방문객 저에게 의식은 나타났다가 사라집니다.

마하라지 그대는 거짓말을 하고 있습니다. 의식이 없다는 것을 그대가 어떻게 알 수 있습니까? 오직 잠을 잘 때만 의식이 없습니다. 깨어나는 순간부터 잠자는 순간까지는 의식이 있습니다. 그대가 사물을 관찰할 때마다 그 사물을 해석하는 마음이 거기에 있어야 합니다. 의식이 있으면 마음은 지각하기 위하여 거기에 존재합니다.

방문객 사물이 보일 때는 언제나 목격하는 일이 일어납니다. 저는 이 목격하는 것을 무엇이라고 불러야 될지 모르겠습니다.

마하라지 마음이 없으면, 어떠한 목격도 있을 수 없습니다. 마음의 대상이 존재할 때만 그 목격은 일어날 수 있습니다. 왜냐하면 그것은 의식의 존재에 기초를 두고 있기 때문입니다. 일차적으로 목격은 마음의 영역에서 의식에게 일어납니다. 모든 활동은 마음과 지성에게 일어나고, 그것에 대한 목격은 참나에게 일어납니다.

만약 의식이 그 정체성으로서 몸에 집착한다면 참된 지식은 결코 그대에게 떠오르지 않을 것입니다. 참나는 몸의 모습을 부여받습니다. 그러므로 문제가 생깁니다.

방문객 많은 구루와 많은 길이 있습니다. 우리는 어떻게 옳은 구루와 올바른 길을 선택합니까?

마하라지 많은 방문객들이 이곳에 옵니다. 그들 중 많은 이들은 주로 몸이나 마음과 관련된 주제에 관심이 있으나, 나는 이러한 화제에는 관심이 없습니다. 드물게 어떤 이는 참나의 지식을 원합니다. 현재 내가 다루는 주제는 사라지는 모든 것이 사라져 죽는 것이 아니라, 흩어져 다양하게 나타난다는 것입니다. 의식이 몸을 떠나는 동안, 그 의식은 광대하고 폭넓고 나타난 상태로 남아 있습니다.

나타난 세계에서, 화신들과 사회사업가들은 수천 년 동안 변화를 일으키려고 노력해 왔습니다. 그러나 그들의 집단적인 노력에도 불구하고, 개선은 전혀 없었습니다. 인간은 모두 같은 유형의 마음과 지성을 가지고 있으며, 그들은 거기에 휩쓸려 사로잡혀 있습니다. 그러나 그 상태에서는 어떠한 개선도 불가능합니다. 나는 언제나 바탕에 깔려 있는 기본적인 원리에 따라 행동합니다. 우리가 알아채지 못하는 사이에 모든 것은 그 배경에 반대하여, 그 원리에 반대하여 일어나고 있습니다. 사람은 보통 좋거나 나쁘다고 간주될 수 있는 행동에 관여하지만, 실제로 그 행동은 단지 마음의 일에 지나지 않습니다.

모든 사람들은 시간의 요소 즉 의식을 보호하고 유지하려고 노력하고 있습니다. 시간이 존재하는 한 의식도 그곳에 존재하고, 몸이 존재하는 한 시간도 그곳에 존재합니다.

수명이 끝나면, 시간도 없습니다. 시간이 없으면 의식도 없습니다. 존재성(beingness)이 거기에 있는 한, 활동은 계속됩니다. 그대가 몸이 아니라는 것을 깨닫게 되면, 더 이상 나타남에 대한 매력은 없습니다.

우리가 몸이 아니라는 확고한 신념이 확립되면, 우리의 행동은 바로 다섯 원소의 행동처럼 되어 버리고, 일이 단순히 자동적으로 일어나기 때문에 어떠한 영예도 주장하지 않습니다. 이러한 사람은 어떠한 욕구나 요구를 가질 수 없습니다.

여러 가지 영적인 태도라는 옷을 걸쳐 입고 있는 많은 사람들은 그들의 육체적인 정체성을 포기하려 하지 않습니다. 영성의 이름을 빌려 그들은 신조, 믿음, 규율을 계속 추구합니다. 그러나 그들은 그들이 소중하게 여기는 정체성을 포기하지 않을 뿐만 아니라, 또한 그들의 참나를 향해 내부로 들어가지도 않습니다. 그들이 받아들이는 다양한 모든 겉모습들은 마음의 특징들, 즉 마음의 다양한 성향이나 잠재물들이지, 참나의 특징들이 아닙니다. 어떤 사람들이 그들의 마음의 지시에 따라 아내를 바꾸듯이 많은 사람들은 신조를 바꿉니다.

도살업자가 깨달음의 상태에 도달하면, 그는 동물을 도살하는 그의 직업을 계속합니다. 왜냐하면 그는 그 일이 몸의 기능에 불과한 것이지, 그가 몸과 마음이 아니라는 것을 알고 있기 때문입니다. 그에게는 심지어 신도 필요 없고, 브람만의 지식도 필요 없습니다.

일단 그대가 몸과 마음이 아니라는 것을 깨달으면, 그대에겐 욕구나 요구가 전혀 없습니다. 그러면 그대는 나타난 의식과 하나가 됩니다. 머지않아 그대가 최고의 상태에 거주하고, 그럼으로써 궁극적으로 의식을 초월할 때는 심지어 의식도 아닙니다. 나타난 의식이 브람만입니다.

일단 브람만에 안주하게 되면, 더 이상 브람만의 지식, 즉 참나의 지식은 소용없습니다. 브람만이 브람만에게 무슨 소용이 있겠습니까? 그러므로 브람만인 나는 이러한 비데히스티띠(videhisthiti) 상태, 즉 몸에 구애받지 않는 상태에서 아무것도 하지 않고 아무것도 필요 없습니다. 그 상태에서는 높고 낮음도 없고, 실재와 비실재도 없으며, 안과 밖도 없고, 어떤 종류의 차원도 없습니다.

영성의 이름을 빌려, 사람들은 그들의 종교로서 어떤 신조나 개념을 받아들이고, 자만심을 키워갑니다. 나중에 그들은 그 모든 것을 포기하고, 또 다른 신조를 받아들이는 등등을 합니다. 결국, 그들은 그들의 몸이 언제 "죽을"지를 모를 것입니다.

현재, 그대는 그대의 신념을 몸에 두고 있습니다. 일단 그 신념을 버리면, 그대는 브람만, 즉 나타남의 원리입니다. 바가반 크리슈나는 "나를 기억하라, 나는 언제나 그곳에 있다."라고 했습니다. 크리슈나가 말한 그 상태는 무엇입니까? 그는 몸과 마음의 상태를 초월해 있습니다. 그 말은 그가 곧 의식이라는 뜻입니다. 더욱이, 절대적 상태로서 크리슈나는 또한 의식의 목격자이기도 합니다. 그래서 누구라도 그에 대해서 생각할 때마다, 그것은 오로지 영원에 관한 것입니다. 헌신자가 이와 같이 생각할 때, 그는 직접 영원 속에 거주하게 됩니다. 그러므로 크리슈나는 "나를 기억하고, 나를 명심하라."고 말합니다. 몸과 동일시하는 그대의 정체성을 사용하지 말고, 반드시 몸을 이용하십시오.

비록 "나의 존재성(I-am-ness)"은 몸에 거주하고 있지만, "내가 몸이 아니기" 때문에 그것은 몸을 거절합니다. 내가 크리슈나의 상태에 들어가면, 나는 힌두교나 기독교나 이슬람교의 신앙에 속하지 않습니다. 왜냐고요? 그 이유는 내가 몸이 아니고, 그러므로 나는 힌두교도, 기독교도, 이슬람교도, 말하자면, 모든 사람과 모든 것에 두루 존재해 있기 때문입니다.

나에게 몸뚱이가 없는 이슬람교도나 기독교도를 데려와 보십시오. 그대는 그와 같은 사람을 누구든지 데려올 수 있습니까? 모든 종교와 신조는 몸과 마음의 수준에 있습니다. 우리가 경작하고 소비하는 음식 속에 힌두교나 기독교나 이슬람교와 같은 어떤 내재된 원리라도 있습니까? 따라서 음식은 그 사람의 종교를 가리키는 어떠한 종교적 자양물도 제공해 주지 않습니다. 이슬람교도의 음식으로 된 몸을 가진 아이는 전통적으로 이슬람교도로 간주됩니다. 마찬가지로 이것은 힌두교도의 아이에게도 적용됩니다. 부모들이 그들 자신을 힌두교도나 이슬람교도로 부르고 있기 때문에, 그들은 그들의 특정한 종교를 그들의 자손들에게 강요합니다. 다섯 원소들의 산물인 음식 속에 과연 어떤 종교나 신조나 신앙이 있을 수 있겠습니까?

음식을 먹는 똑같은 장소에서 서로 다른 신앙을 가진 사람들이 공동의 음식물을 소비합니다. 그러나 그 음식이 몸에 의해 소비되는 순간부터 그 음식은 그 음식으로 된 몸의 종교적 신분을 받게 됩니다. 얼마나 이상합니까!

음식 속에는, 선천적으로 그리고 잠재적으로, "나의 존재성(I-am-ness)"에 대한 느낌이 이미 존재하고 있습니다. 일단 음식이 몸 안에서 소비되고 흡수되면, "나의 존재성(I-am-ness)"은 저절로 나타납니다.

몸이 나타나면, 거기에 이름을 붙일 필요성이 느껴집니다. 우리는 그 몸을 확인해 줄 이름을 부과하고, 그 다음 바로 그 이름이 그 사람으로 간주됩니다. 몸이 있으면, 하나의 형태가 나타나고, 그 형태가 있음으로써 그것을 식별해 줄 이름이 필요한 것입니다. 하지만 이름이 바로 그 사람 자체로서 간주되고 있다는 것은 얼마나 이상한 일입니까!

세상은 아이들로 가득 차 있습니다. 사실, 그들은 음식의 산물이며, 아직 태어나지 않은 아이들은 잠복 상태를 통해서이긴 하지만 이미 음식의 정수 속에 현존해 있습니다. 음식의 정수가 형태를 취할 때, 그것은 몸을 나타냅니다. 그리고 그 몸은 내재해 있는 "나의 존재(I am)"의 원리에게 자양물을 제공합니다. 마치 아이가 젖병에서 우유를 빨아먹는 것과 꼭 같이, "나의 존재성(I-am-ness)"은 몸으로부터 음식의 정수를 소비합니다. "나의 존재성(I-am-ness)"은 하루 종일 그 음식의 정수를 먹고 소화합니다. 이것을 이해함으로써 우리는 몸이 아니라는 것을 깨달아야 합니다. 이것이 해방이고 깨달음입니다.

이제 여러분 모두가 조용해졌습니다. 왜 그렇습니까? 그것은 그대가 갖고 있는 현재의 정체성이, 다시 말해, 그대가 몸과 마음이라는 확신이 제거되었기 때문입니다. 그러므로 여러분은 어떤 질문도 할 수 없는 것입니다.

나의 경우엔, 몸-마음과 존재성(beingness)에 대한 목격이 그냥 일어납니다. 그런데 어떤 이유로 고통이 좀 느껴진다고 합시다. 그것을 이해하는 자는 누구입니까? 그것은 음식의 정수로 된 몸에 의해 유지되고 있는 의식입니다. 내가 "의식"이라고 말할 때 그 의식은 오직 우주적 의식을 의미합니다. 그러나 그 의식을 보는 목격자는 최고의 원리인 절대적 상태입니다.

음식의 정수로 된 몸의 향기나 달콤한 맛은 "내가 존재한다(I

am)."는 지식입니다. 거기엔 어떤 이름이나 형태가 없습니다. 그것은 "자기애"의 상태이고, "나"의 맛입니다. 그러나 그대의 몸-마음의 상태에서 볼 때, 그대는 순례를 간다든지 다양한 구루들을 만나러 갈 것입니다. 의식이 거기에 존재하는 한, 그러한 분주한 움직임은 계속됩니다. 그러한 분주한 움직임은 누가 합니까? 분주하게 움직이면서, "나는 존재한다(I am). 나는 존재한다(I am)."고 말하는 그 원리는 바로 그대의 구루입니다.

만약 그대가 내가 말하는 것을 받아들이고, 의식인 이 구루를 이해하고 거기에 거주한다면, 그대는 참나의 깨달음을 얻을 것입니다. 그러면 더 이상 의식이나 규율이나 영성은 필요하지 않을 것입니다. "구루"라고 하는 것이 이제 무슨 뜻인지 그대에게 분명해집니까? 그것은 바로 "나의 존재성(I-am-ness)"에 대한 느낌입니다.

헌신의 접근 방법에서는 숭배가 권장됩니다. 의식에서는 숭배의 대상이 되는 신에게 바치는 음식인 쁘라사드가 맨 먼저 준비됩니다. 종을 울려 신을 불러내기 전에, 반드시 쁘라사드가 준비되어 있어야 합니다. 왜냐하면 신은 음식으로 부양되고, 신은 음식에 의존해 있는 의식 이외의 다른 누구도 아니기 때문입니다.

옛날에, 죽은 자를 살려 내는 기술을 터득한 한 제자가 숲 속을 지나가다가 길에 놓여 있는 뼈를 보았습니다. 마침 그 뼈는 사자의 뼈였는데, 그는 그 뼈를 보고 그의 기술을 시험해 보고 싶은 생각이 들었습니다. 그래서 그는 만뜨라를 암송하면서 적절한 의식을 행하기 시작했습니다. 그러나 그는 신에게 제물을 바치는 것을 잊어버렸습니다. 그 뼈는 다시 사자로 살아났는데, 몹시 배고픈 것처럼 보였습니다. 그래서 사자는 사방을 두리번거리며 음식을 찾았지만, 그 근처에서 어떤 음식도 찾지 못하자, 무섭게 포효하면서 바로 그 제자에게 덤벼들어 그를 잡아먹었습니다.

바른 특성을 가지고 있고 적절한 형태로 된 음식이 언제나 이용될 수 있고 그리고 생명의 호흡이 그 안에서 작용을 하면, "나의 존재성(I-am-ness)"의 원리는 그 음식을 통하여 나타납니다. 이 "나의 존재성(I-am-ness)"이 바로 바가반, 즉 신성한 원리입니다.

스승을 찾아 돌아다니던 시절에 나는 나의 구루를 만난 뒤에 빤다르뿌르라고 하는 성지를 방문한 적이 있었습니다. 이곳은 비또바(Vithoba) 신을 모신 사원으로 유명합니다. 나는 지팡이 하나를 가지고 다녔고, 몸을 가리는 옷이라고는 오직 허리에 두르는 천 하나뿐이었습니다.

이때 우연히 나는 화장터를 만났습니다. 나는 사원을 방문하는 데는 관심이 없었습니다만, 사원 내부의 신상들보다 사원의 건축물을 보고 싶었습니다. 그 화장터 구내의 한 모퉁이에 바싹 여윈 한 사람이 앉아 있었습니다. 호기심에서 나는 그에게 다가가, "선생님, 왜 이토록 외진 곳에 앉아 계십니까?"라고 물었습니다. 그는 "왜 내가 여기에 앉아 있느냐고요? 나는 정말 모릅니다."라고 대답했습니다.

"비또바 신이 모셔진 사원은 방문하지 않습니까?"라고 나는 더 물었습니다.

"예, 전혀 방문할 일이 없습니다." 그는 간단하게 대답했습니다.

"하지만 음식은 어떻게 해결합니까?"라고 나는 물었습니다.

"그건 전혀 문제가 없습니다. 나는 죽은 시신들에게 제물로 바쳐진 음식들을 먹습니다. 그리고 시신을 싼 수의를 내 몸을 가리는 옷으로 사용합니다." 그가 이렇게 말하는 동안 나는 그의 순진한 대답에 아주 놀라 우두커니 서 있었습니다. 그는 계속 다음과 같이 말했습니다.

"나는 내게 필요한 것들을 찾아 어디로 갈 이유가 없습니다. 음식이 있는 곳이면 어디에서나 그것(That)은 거주하고 있습니다."

이 말 속에는 심오한 의미가 들어 있었습니다. 그래서 나는 그가 영적으로 아주 진보한 사람이라고 느꼈습니다.

왜 우리가 어느 곳으로든지 가야만 합니까? 생명의 호흡과 함께 음식의 형태가 있는 곳이면 어디에나 "신성한 원리"가 거주합니다. 그러므로 나는 아무 데도 가지 않습니다. 이 신성한 원리는 또한 바가반, 의식, "나의 존재성(I-am-ness)" 등으로 불리기도 하며, 많은 이름과 명칭으로 찬양받고 있습니다.

참나를 깨닫고 난 뒤에, 성자가 몸을 통해 어떤 행동이나 행위를 표현하더라도 그것은 자연스럽고도 완전히 무조건적입니다. 그러한 행동들은 어떠한 규율에도 속박될 수 없습니다. 깨달음을 얻은 성자는 화장터의 잿더미에 몸을 기대고 있는 단정치 못한 사람에게서나 혹은 궁전의 부드러운 침대 위에 누워 있는 왕에게서도 볼 수 있습니다.

그는 직업이 도살업자일 수도 있고 성공한 사업가일 수도 있습니다. 그럼에도 불구하고, 깨달음을 얻은 자는 존재성(beingness)의 영역을 초월했기 때문에, 늘 영원한 절대적 상태에 거주합니다.

1980년 2월 4일

11

가장 높은 상태도
가장 높은 자에게는 소용이 없다

방문객 어떤 형태에 생명력이 주입될 때마다 의식이 생기는데, 그것은 물질에 자각이 반영됨으로써 나타나는 것 같습니다. 그 반대로 되는 것은 아닙니까?

마하라지 그대가 무슨 말을 하더라도, 몸-마음의 상태에서 보면 옳습니다. 존재의 느낌이 몸-마음의 상태에서 깨끗이 정화되면, 그것은 우주적이 됩니다. 이것은 다섯 원소들과 세 가지의 구나들이 창조되고, 그 다음 식물계와 동물계가 창조되는 근원이 됩니다.

방문객 식물에게는 쁘라나 즉 생명력이 있습니다. 식물에게도 의식이 있습니까?

마하라지 공간 속에서 보이고 지각되는 모든 것은 의식의 창조물이며, 그리고 그것은 의식으로 주입되어 있습니다. 창조된 형태의 모든 세계는 결국 공간으로 통합될 것입니다. 몸의 관점에서 보면, 모든 형태들은 독립된 실체로서 나타납니다. 그러나 의식의 차원에서 보면, 그들은 의식이 나타난 것이지 독립된 실체는 아닙니다.

그대가 영적으로 발달해 감에 따라, 그대는 우주의 근원이 오로지 그대의 의식뿐이라는 것을 깨닫게 될 것입니다. 현재 그대는 몸과 동일시하고 있기 때문에 추론적인 지성에 속박되어 있습니다. 그러므로 그대는 이해할 수 없습니다. 그대가 지금 모으고 있는 모든 지식은 이러한 동일시에서 비롯되고 있지만, 그것은 참된 지식이 아닙니다. 그러나 그대가 "그대 본래의 정체성(what you are)"에 대한 지식을 갖게 되면, 바로 이 세상과 우주가 오로지 한 조각의 그대 의식 속에 들어 있다는 것을 이해할 것입니다. 이 단계에서는 그대가 몸-마음의 의식을 초월했을 것입니다. 그러나 오늘날 그대가 얻는 모든 지식은 그대가 몸-마음이라는 확고한 믿음을 통해서 가능합니다.

그대가 "내적" 세계를 외부적인 무언가로 볼 때, 그대는 그것을 "꿈"이라고 부릅니다. 그러나 내부에서 지각되는 그것은 무엇입니까? 그것은 "그대가 존재한다(you are)."는 의식 속에, 즉 그대의 의식 속에 들어 있습니다. 정확히 똑같은 과정이 깨어 있는 상태에서도 일어납니다.

그대의 의식, 즉 현존의 느낌은 깨어 있는 세계나 꿈의 세계가 급격히 늘어나는 껍질 그 자체입니다.

　이것이 모든 것들의 실제 상태입니다. 그러나 그대는 몸의 감각으로 그대가 보는 모든 것을 받아들입니다. 그래서 그대가 무엇을 지각하든지 그것은 그대의 제한된 지성이라는 부적합한 척도를 통해서입니다. 볼 수 있거나 지각할 수 있는 것은 모두 오로지 공간의 결과입니다. 그 모든 것이 사라지면, 또다시 공간이 존재합니다. 그대의 세계가 공간에서부터 그리고 공간 안에서 구체화되면, 그대는 그대의 일상적인 활동을 수행하기 위하여 그 모든 것을 그대의 편의상 다양한 이름이나 명칭으로 부릅니다. 실제로, 그러한 이름이나 명칭은 존재하지 않습니다. 그렇게 만들어진 그 어떤 것도 자기 자신의 어떤 권위 있는 확실한 형태나 개성을 가지고 있지 않습니다.

　이것을 깨닫기 위해서, 그대는 냐나(jnana)-요가를 완수해야 합니다. 냐나 요가는 자기가 참나 속으로 가라앉는다는 것을 의미합니다. 그 밖에 냐나 요가의 의미는 이러한 "나의 존재성(I-am-ness)"과 이 세상이 어떻게 일어났는지를 묻는 것입니다. "나의 존재성(I-am-ness)"과 이 세상이 하나라는 것을 깨닫는 것이 곧 냐나 요가입니다. 이때 "내가 존재한다(I am)."는 지식은 그 자체 속으로 가라앉습니다.

　그러나 그대가 정말로 바라는 것이라고는 오로지 그대의 몸-마음을 그대로 두는 것입니다. 그것은 정말 도움이 되지 않을 것입니다. 따라서 "나의 존재성(I-am-ness)"이 나타난 세상과 우주를 의미한다는 것을 깨닫는 것이 바로 냐나 요가를 성취하는 것입니다.

존재의 느낌이 나타날 때, 거기에는 몸의 감각이 없습니다. 존재의 느낌에서부터 모든 우주가 창조됩니다. 그 창조를 통하여 그대는 또한 하나의 형태를 가집니다. 그러나 그대는 몸을 그대의 정체성으로 받아들이고 세상을 돌아다니며 역할을 수행합니다. 몸을 움직이고 몸에 생기를 주는 원리는 오로지 존재성(beingness)의 느낌일 뿐, 그것이 몸은 아닙니다. 우주와 세계 속에서 일어나는 이 모든 작용은 의식 속에서 움직입니다. 그리고 마침내 그 작용은 의식과 융합될 것입니다. 몸과 동일시하지 말고 이것을 깊이 생각하십시오. 그러면 의식인 그대는 형태를 정체성으로 받아들이는 것이 마야 즉 환영이라는 것을 알게 될 것입니다.

따라서 의식이 바로 전 우주를 만드는 종자─원리입니다. 그것은 역동적인 생명력과, 존재성(beingness)의 원리인 구나와, 쁘라나 즉 생명의 호흡으로 이루어져 있습니다. 의식은 "그대가 존재한다 (You are)."는 지식을 줍니다. 의식이 처음 나타날 때, 거기에는 "이 것"이나 "저것"과의 어떠한 종류의 동일시도 없습니다. 비록 역동적인 나타난 우주적 원리이기는 하지만, 몸과의 동일시 때문에, 그 것은 고통과 기쁨을 경험합니다. 의식은 그 자체를 통하여 그 자체를 압니다. 전 우주의 나타남이 자신의 종자─의식에서 나온다는 것을 깨닫는 사람은 매우 드뭅니다.

아뜨마 요가에서부터, 우리가 우리 자신과 하나가 될 때 오직 비스바요가(vis-vayoga), 즉 우주와의 일치가 실현됩니다. 참나 속에 거주하는 자기는 이름도 없고 형태도 없는 상태인 냐나-요가이지만, 나중에 나타나는 모든 것은 이름과 형태를 지니게 됩니다. 단순히 지식을 획득하는 것만 가지고 그가 냐니(jnani)라고 주장할 수 없습니다. 냐나-요기는 그가 지식 그 자체이기 때문에 어떠한 것도 알 필요가 없습니다. 냐나-요가는 영성의 가장 높은 상태입니다. 이 상태에서는 어떠한 개성도 없습니다. 왜냐하면 이것은 모든 곳에 존재하는 상태이기 때문입니다. 이러한 관점에서 질문을 던지는 사람도 거의 없을 것이며, 이러한 질문에 대답하는 사람은 더더욱 없을 것입니다. 개성에 대한 의식과 욕구는 냐나-요가를 하기 이전에 느껴집니다. 그러나 냐나-요가를 마치고 난 뒤에는 욕구나 개별적인 인성을 초월하게 됩니다. 꾼달리니-요가의 전문가들은 요가를 통해 얻어지는 비전이나 능력을 즐기지만, 꾼달리니 에너지의 근원을 설명해 주지는 못할 것입니다.

방문객 우리가 최고의 단계에 도달하게 될 것이라는 데는 아주 동감입니다. 그런데 당신은 그 가장 높은 상태에서부터 갑자기 "나의 존재성(I-am-ness)"이 나온다고 하셨습니다. 따라서 우리는 완전한 신비의 근원에 있습니다.

마하라지 그대로 하여금 여러 단계들에 대하여 이야기하도록 하고 그리고 그 최고의 단계에 도달하는 데 대하여 생각하도록 하는 그 근원은 무엇입니까?

단계는 오직 개념일 뿐입니다. 가장 높은 상태와 분리된 결과로 서, "내가 존재한다(I am)."는 일차적인 개념이 생겨났고, 그 다음에 다른 개념들이 나타났습니다. 분리는 타자 즉 이원성을 의미합니다.

방문객 당신께서 최고의 단계에서는 완전히 차별이 전혀 없는 상태가 있다고 말씀하시는 것을 들은 것 같습니다. 그 최고의 단계에서는 또한 완전한 "나의 존재성(I-am-ness)"도 있습니까?

마하라지 "전혀 앎이 없는 상태"에서 앎이 나타납니다. 즉, 이 앎은 그 자체를 깨달아야 합니다. 우리가 말할 때 우리는 언어가 일어나는 그 지점에서부터 조사해야 합니다. 그것은 "나의 존재성(I-am-ness)"의 의식에서 나옵니다. 그러나 이 "나의 존재성(I-am-ness)"의 근원은 무엇입니까?

실제로 나는 이야기하지 않습니다. 오직 자연스럽게 발생할 때만 이야기가 나타납니다. 그러나 일차적인 발생은 "내가 존재한다(I am)."는 암시입니다. 이 암시로부터 언어가 나오고 이야기가 나옵니다. 그래서 이러한 "나의 존재성(I-am-ness)"이란 무엇이겠습니까?

"내가 존재한다(I am)."는 일차적인 암시 속에 전 우주와 그대의 몸이 존재한다는 것을 기억하십시오. 모든 몸은 물질적(생물학적)인 정수로부터 창조되고, 그 정수를 먹고 유지됩니다. 그러나 존재의 느낌은 몸의 가장 순수한 형체, 즉 사뜨바-구나입니다. 이러한 존재의 느낌은 누구이며 어디로부터 왔습니까? 이것을 철저히 탐구해야만 합니다. 이것을 끝내고, "내가 존재한다(I am)."는 지식, 즉 존재성(beingness)의 느낌에 반드시 거주하고 있을 때, 놀라운 계시가 이루어질 것입니다. 다시 말해, 그대 자신의 종자-존재성(beingness)에서부터 그대의 몸을 포함한 나타난 우주 전체가 투영되고 있다는 계시가 이루어질 것입니다. 이 최고의 강력한 원리는 비록 그 자체는 형태도 이름도 없지만 "내가 존재한다(I am)."는 것을 감지하자마자, 즉시 몸을 받아들이며, 이 몸을 그 자신의 것이라고 잘못 받아들입니다. 그것은 너무나 빨리 몸의 정체성에 집착한 나머지 그 자신이 독립적으로 존재한다는 사실을 쉽게 알아보지 못합니다.

"내가 존재하고 있다(I am)."고 윙윙 소리를 내는 존재의 본질은 몸의 어떠한 작용을 위한 선행 조건입니다. 어떤 사람이 아파서, 그 환자를 소리나 손짓으로 오라고 불러도 아무런 반응이 없으면, 이 존재의 느낌은 흐려진 것입니다.

방문객 깨어 있는 상태에서 "나의 존재성(I-am-ness)"을 경험하기 위하여 가능한 여러 번 잠에 빠져야 합니까?

마하라지 "나의 존재성(I-am-ness)"은 몸-마음의 느낌으로는 경험되거나 인식될 수 없습니다. 몸과 감각 기관으로 하여금 작용하고 경험하도록 하는 것이 바로 "나의 존재성(I-am-ness)"입니다.

그대는 지식이 아주 풍부합니다. 이제 이것을 이해하십시오. 즉 만약 그대가 죽어가고 있다고 생각하면, 그것은 아직도 그대가 그대의 몸과 동일시하고 있다는 것을 보여 주며, 따라서 "내가 존재한다(I am)."는 그대의 지식이 아직 그 자체와 융합되지 않았다는 것을 보여 줍니다. 그것은 또한 그대가 아직도 냐나-요가를 성취하지 못했다는 것을 가리키기도 합니다.

그러므로 그대의 영적인 지식에는 불순한 데가 있습니다. 그대가 실제로는 "내가 존재한다(I am)."는 나타난 지식이지만, 그대는 몸을 그대 자신이라 여기며 몸에 집착하고 있습니다. 이것이 바로 불순한 것입니다. 우리는 삶의 마지막 시점인 죽음에 대하여 이야기했습니다. 그러나 삶의 시발점인 태어남은 어떻습니까? 태어나기 이전에 그대는 아홉 달 동안 자궁 속에 있었습니다. 그 기간 동안에 그대는 훔까라(humkara), 즉 존재성(beingness)의 윙윙거리는 소리를 들었습니까? 그대가 태어난 직후에도 내재하는 존재성(beingness)은 아직 뚜렷하게 그 자신을 느끼지 못합니다. 몇 달 뒤에야 비로소 인식이 시작됩니다. 훨씬 그 뒤에 아이는 그의 몸과 어머니와 같은, 또한 소리와 말과 같은 다양한 사물들을 알기 시작합니다. 이 단계에서 그 아이는 어머니를 통하여 그의 이름과 다른 개념들을 알게 됩니다.

그대가 태아로서 어머니의 자궁 속에 있을 때 그대는 그대 자신을 알았습니까?

방문객 하지만 그 형태에서는 전혀 의식이 없었습니다.

마하라지 자궁 속에서의 그 아홉 달 동안에 그 아이는 자신을 알아가고 있었습니까?

방문객 아닙니다. 그러나 그 아이는 거기에 있었습니다.

마하라지 의식은 모든 곳에 존재합니다. 그러나 그것은 충분히 발달된 몸이 아니었기 때문에 태아 속에서 잠복 상태로 있었습니다.

방문객 그러나 그것은 태아 속에 있었습니다.

마하라지 요지는 어디에 있습니까? 의식은 어디에나 존재합니다. 그것은 꽃에도, 그대에게도, 나에게도 어디에나 존재합니다!

방문객 예, 이제 이해했습니다.

마하라지 그대는 무엇을 이해했습니까?

방문객 의식 이외의 다른 어떤 것도 없다는 것을 이해했습니다.

마하라지 아닙니다. 이건 그런 것이 아닙니다. 올바른 이해는 그대가 지금까지 이해했던 모든 것이 쓸모없다는 것을 깨달을 때 올 것입니다. 냐나-요가를 성취하면, 그대가 이해한 그 모든 것이 비실재적인 것이 됩니다.

그들이 획득한 특수한 능력을 즐기고, 그 결과 그들에게 돌아오는 명예를 즐기고 있는 이른바 성자들은 그들이 참나 속에 거주하는 것이 완전하지 못하기 때문에 완전히 깨달은 것이 아닙니다. 결점이 전혀 없었던 아이도 마치 TV의 빈 화면이 외부로부터 전송된 그림들을 보여 주듯이 생각들로 채워집니다. 아이의 원리인 의식은 "화학 작용"의 산물입니다. 나는 의식을 "화학 작용"이라고 부르고 싶습니다. 그러나 최고의 단계에 있는 참 그대는 세상의 모든 드라마가 일어나는 그런 "화학 작용"이 아닙니다. 그대가 100살로 100살이라는 이 기억에 매달려 있는 사람이라고 가정해 봅시다. 그것은 화학 작용입니다. 예컨대, 여기 벽에 걸려 있는 나의 구루의 사진을 보십시오. 그런데 누가 나의 구루의 이미지를 붙들고 있습니까? 그것은 사진의 "화학 작용"입니다.

그런데 몸 속에서 일어나는 이러한 "화학 작용"은 어떤 정체성을 붙들고, 몸을 통하여 활동을 수행합니다. 나는 이 표현을 "기계적"이라고 부릅니다.

방문객 그러나 만약 당신의 구루께서 거기에 계시지 않았다면, 그 "화학 작용"의 사진도 그의 사진을 존속시킬 수 없었을 것입니다.

마하라지 그러나 이러한 구루는 누구입니까? 그리고 만약 절대적 상태인 최고의 상태가 그곳에 없었다면 "화학 작용"뿐만 아니라 "내가 존재한다(I am)."는 이 기억이 어디에 있겠습니까? 절대적 상태의 영원한 존재만이 의식의 출현과 모든 세상의 작용을 가능하게 합니다. 그래서 세상의 작용은 의식이 만들어 낸 이미지입니다.

방문객 우주적 의식은 마하라지의 형태를 지녔습니까?

마하라지 의식의 그 작은 반점은 우주적 의식의 형태를 지녔습니다. 마치 깊은 수면 상태에서 의식의 작은 구멍이 꿈의 세계로 발전해 가듯이, 그것의 이미지는 우주 전체입니다.

방문객 그것은 당신이 저의 꿈의 세계에 있다는 것을 의미합니까?

마하라지 "나"를 "당신"이라고 부르기 전에, "그대"의 정체에 대하여 탐구하십시오. 마치 부메랑이 그것을 던진 사람을 맞히듯이, 마찬가지로 그대 자신의 질문은 되튀어 다시 그대에게 돌아올 것입니다. 그래서 "그대" 즉 그것의 정체는 무엇입니까? 더욱이, 나는 그 몸이 아닙니다. 또한 심지어 그 "화학 작용"도 아닙니다.
　이 "화학 작용" 즉 의식은 또한 마하따뜨바, 물라마야, 히란야가르바, 브람마-수뜨라 등등으로 불리기도 합니다. 그러나 이 모든 것의 총계는 아뜨마-쁘렘, 즉 참나의 사랑입니다. 마하따뜨바를 이해하고 깨달은 자는 "마하뜨마"라고 불립니다. 주제넘게도 그대는 자신이 냐니(jnani)라고 생각할지도 모릅니다. 그러나 만약 그대가 그렇게 생각한다면 그대는 단지 무지한 사람일 뿐입니다.

방문객 따라서 자각(Awareness)은 지금까지 사용된 최고로 있음직한 용어입니다. 자각은 "나의 존재성(I-am-ness)"을 초월해 있는 것 같습니다.

마하라지 그렇습니다. 자각이 "나의 존재성(I-am-ness)"을 느끼지 않는다면 말입니다. 전 우주에 대한 지식은 그 최고의 상태와 융합됩니다. 어떤 질적인 나타남이 거기에 있다 하더라도, 그것은 바가반(Bhagavan)이라고 불립니다. 모든 명칭들과 그 명칭들이 암시하는 상태와 그 밖의 모든 것은 공(Nothingness) 속으로 융합이 되었습니다. 비스바비샤야가 되어 버린 이슈와라 즉 우주적 나타남은 니르비샤야, 다시 말해, 심지어 주체성조차도 없는 자가 되어 버렸습니다. 이것은 오직 자신의 본성을 대단히 알고 싶어 하는 그런 사람들만이 이해할 수 있습니다. 내가 어떤 정보를 제공해 주더라도 그것은 이러한 나타남인 우주를 낳은 그 불꽃, 즉 작은 반점과 같은 의식에 대한 것입니다. 더욱이, 절대적 상태인 나는 그 작은 반점이 아닙니다. 그러나 나는 참나 즉 절대적 상태에 대한 어떠한 정보도 제공할 수 없습니다. 지금까지 우주와 세계는 수많은 소멸을 겪었으며, 무한히 긴 시대도 여러 번 나타났다가 사라졌습니다. 그

222

러나 절대적 상태인 나는 아무 영향을 받지 않은 채 그대로 있습니다. 나의 왕국은 늘 조용합니다. 그대에게 질문을 하나 하자면, 백년 전에 그대의 정체는 무엇이었습니까? 그대는 "나는 존재하지 않았다."고 대답할 것입니다. 그 말은 나는 "이"와 같지 않았다는, 다시 말해, 현재의 이 "나의 존재(I am)"와 같지 않았다는 것을 의미합니다. "내가 이와 같지 않았다."라고는 누가 (그리고 어떻게) (그가) 말할 수 있겠습니까? 이렇게 말하는 그 자는 거기에 존재하지 않았습니까? 백 년 전에 있었던 그 자는 현재의 이 "나의 존재(I am)"와 같지 않았습니다만, 그는 그때 존재했으며 지금도 존재하고 있습니다.

방문객 그는 바로 이 "나" 즉 절대적 상태입니다.

마하라지 맞습니다. 그대가 좋아하거나 만족스러운 어떤 말이나 개념이라도 사용하십시오. 내가 누군가를 "사기꾼"이라고 하면, 그것은 나를 만족시켜 줍니다. 또한 나는 누군가를 "마하뜨마"라고 부릅니다. 왜냐하면 그것이 나를 만족시켜 주기 때문입니다. 백 년 전에 그대의 정체는 무엇이었습니까? 그것을 깊이 생각해 보십시오.

왜 그대는 잉태의 시점과 그 이후의 발달에 대하여 탐구하지 않습니까? 오히려 그대는 영적인 이득과 세속적인 이득을 얻는 데 너무 분주합니다. 그것은 도움이 되지 않을 것입니다.

야채의 즙과 음식의 정수 속에 앎의 지식인 이러한 스바라사

(svarasa)와 운명인 쁘라랍다가 이미 잠복 상태로 존재하고 있습니다. 그리고 음식 정수와 주스의 가장 순수한 형체는 존재의 느낌, 즉 "내가 존재한다(I am)."는 지식입니다.

방문객 그러나 그 원리가 쁘라나 없이도 존재할 수 있습니까?

마하라지 쁘라나 없이 누가 있겠습니까?

방문객 그것은 꽃에 있습니까?

마하라지 꽃뿐만 아니라 색깔 속에도 있습니다. 그것은 어디에나 있습니다. 내가 설명하는 지식을 들은 뒤에 어떤 일이 일어납니까? 그 지식을 이해하고 받아들인 자는 그가 보고 듣고 경험하고 획득한 모든 것이 완전히 쓸모없고 불필요하다는 결론에 이를 것입니다. 결국, 욕망이 없는 영원한 절대적 상태인 니슈까마 빠라브람만 이외에는 어떤 자도 남아 있지 않을 것입니다. 우리는 영적인 무언가를 얻기 위하여 신을 숭배한다든가, 참회를 한다든가, 자빠를 하는 등과 같은 영적인 수행을 계속해 나갈 것입니다. 그리고 그 목적이 달성되면, 그것은 모든 것이 쓸모없다고 증명해 주는 니슈까마 빠라브람만이 될 것입니다. 심지어 가장 높은 상태도 가장 높은 상태에게는 쓸모없는 것입니다. 이러한 상태는 또한 뿌르나-브람만, 빠람아뜨만, 빠라메쉬바라 등으로 불리기도 합니다. 자, 이제 그대가 잉태되기 하루 전날로 돌아가십시오. 그것은 또한 뿌르나-브람만 상태이기도 합니다. 그때는 어떠한 것도 할 욕구가 없었습니다.

방문객 저는 저의 생각과 감정을 따르려고 노력합니다만, 그들이 언제나 변화하고 있다는 것을 알게 됩니다. 저는 이러한 변화가 저에게 있는 무변화의 상태를 배경으로 일어나고 있다는 것을 압니다. 이러한 사고방식은 저에게 도움이 되겠습니까?

마하라지 예, 그것은 도움이 될 것입니다. 그러나 지적으로 보면 그것이 옳습니다만, 생각은 비실재적인 것입니다. 그대가 무변화의 상태라고 말한 것은 무슨 뜻입니까? 언제 무변화의 상태가 있을 수 있습니까? 그것은 오로지 그대가 "그대가 존재한다(you are)."는 것을 알지 못할 때나, 존재의 의식이 완전히 그 자체 속으로 융합될 때만 가능합니다. 그대가 잉태되기 하루 전날에 그대는 그 무변화의 상태에 있지 않았습니까? 그대는 몸-마음이란 의식에서부터 모든 것을 "나", "너", "우리", "그들" 등과 같은 독립된 실체로서 관찰합니다. 그러나 무변화의 절대적 상태에게는 우주와 세계의 이 모든 작용이 존재성이란 세포 속에서 일어납니다. 어린 시절부터 현재의 나이에 이르기까지 어떤 정체성이 무변화의 상태로 남아 있었습니까? 이 세상의 어떤 정체성도 동일한 무변화의 상태로 남아 있을 수 없습니다!

방문객 "나의 원리"는 변화하지 않는다고 생각됩니다. 그렇지 않습니까?

마하라지 그대가 말하는 "나의 원리"를 그대는 아직 이해하지 못했습니다. 그것은 항상 유동적인 상태에 있는 다섯 원소의 작용에서 나옵니다. 따라서 그대가 어떻게 "나의 존재성(I-am-ness)"의 특성이 절대적 상태에 있다고 할 수 있겠습니까? 그 상태에서는 다섯 원소들이 어떤 작용을 할 여지가 전혀 없습니다! 그것은 어떠한 속성도 없는 상태입니다.

그 절대적 상태가 이러한 "나의 존재성(I-am-ness)"에 대한 의식을 약간이라도 가지고 있다고 하면, 그것이 자궁 속으로 들어가고자 하겠습니까?

방문객 제가 명상을 하는 동안 주의력은 의식 그 자체에 집중됩니다. 저는 그 순수한 의식을 자각하고 있다는 것을 깨닫습니다. 그래서 저는 그 순수한 의식이 아닙니다.

마하라지 그대의 영적인 배경은 좋습니다. 그대는 모든 곳에 존재하고 있는 나타남과 작용인 순수한 의식에 대해서 이야기하고 있습니다. 그리고 이 상태에서 목격은 일어납니다. 명상의 완성은 존재 의식과 더불어 나타남에 대한 기억과 기억 없는 상태를 완전히 지우는 데 있습니다. 존재 의식인 구나가 존재하는 한, 목격은 일어납니다. 목격이 없는 상태에 거주하는 것이 최고의 상태인 아드바이따 상태입니다. 그러므로 근본적인 경험인 존재 감각에 대한 느낌을 포함하여 모든 경험을 없애 버려야 합니다.

방문객 앞서 말씀드렸던 것처럼, 제가 그 순수한 의식을 자각하게 되면, 그 시점에서 저는 저의 몸과 상황에서 아주 독립하여 존재합니다. 저는 절대적 상태인 저 자신이 그 의식의 원천이라고 느낍니다. 그리고 이 의식의 배후에서 절대적 상태로서 "나"는 조용한 평정 상태로 남아 있습니다.

마하라지 그대는 의식에 대하여 이야기하고 있는데, 이제 이 의식의 원인이 무엇인지 말해 보십시오. 그것은 무엇의 결과이며 무엇의 산물입니까?

두 번째 방문객 의식은 음식의 산물입니다.

마하라지 그렇습니다. 음식의 정수 속에, 이 특성 즉 구나 속에 "나의 존재성(I-am-ness)"의 의식이 거주하고 있습니다. 그러나 그대나 나는 그 절대적 상태의 관점에서 보면 그 구나가 아니라는 것을 분명히 이해하십시오. 절대적 상태인 우리는 오직 "나의 존재성(I-am-ness)"인 체 시늉을 하고 있을 뿐입니다. 절대적 상태로서 우리는 그 화학 작용인 "나의 존재(I am)"가 아닙니다.

첫 번째 방문객 명상의 후반에 가서 저는 순수한 의식을 자각하던 상태에서 멀어져 다시 몸과 마음의 존재로 어느새 빠져드는 것 같습니다. 이 시점에서 어떻게 해야 할지 당신의 도움을 구합니다.

마하라지 아무것도 하지 마십시오. 절대적으로 아무것도 하지 마십시오! 단지 존재하십시오. 오로지 "내가 존재한다(I am)."는 지식이 되어 거기에 거주하십시오.

이것을 받아들이려면 오로지 존재성(beingness)에 대하여 명상을 하십시오. 명상 속에서 "내가 존재한다(I am)."는 지식을 붙잡고 계십시오. 이러한 과정 속에서 절대적 상태인 "내"가 "나의 존재"인구나가 아니라는 깨달음이 일어납니다. 그러므로 명상 속에서는 기억으로서 존속시켜야 할 것이 아무것도 없습니다. 그럼에도 불구하고 그 기억의 스크린에는 무언가가 나타날 것입니다. 그러나 상관하지 마십시오. 그냥 존재하십시오. 아무것도 하지 마십시오. 명상 속에서는 어떠한 것이라도 잡으려는 것을 삼가십시오. 다시 말해그대가 무언가를 잡으려 하자마자, 타자가 시작되고, 이원성이 시작됩니다. 어떤 것도 해서는 안 됩니다. 그러면 그대의 모든 수수께끼들은 해결되고 사라질 것입니다. 물라마야, 즉 일차적인 환영은그대를 잡고 있던 본거지를 포기하고 없어질 것입니다.

영성에서는 이득이나 손실 같은 것이 없습니다. 또한 태어남과죽음의 문제도 없습니다. 사실상, 그대는 태어남에 대한 직접적인경험이 전혀 없습니다! 그것은 마치 캘커타에서 강도 사건이 일어낳지만, 봄베이에 살고 있으면서 캘커타에는 한 번도 가 본 적이 없는 내가 강도 혐의를 받는 것과 거의 같습니다. 마찬가지로, 나는 이번 생의 태어남뿐만 아니라, 수백 번의 전생에 대해서도 혐의를 받고 있습니다. 나는 어떠한 태어남도 알지 못합니다. 내가 전혀 모르는 나의 "부모"만이 나에게 이러한 출생의 혐의를 씌우고 있습니다.

이러한 상태를 두고 볼 때, 그대가 출생의 "혐의"를 받아들이는 것이 부끄럽지 않습니까? 내가 나의 삿구루를 만났을 때 나는 이 모든 가상적인 혐의에서 사면 받았습니다. 왜냐하면 그분께서 지혜의 횃불을 밝혀 나에게 태어나지 않은 자(the Unborn)로서의 나의 참된 본성을 보여 주셨기 때문입니다. 아직 태어나지 않은 자의 영역에서는 "나의 존재(I am)"가 들어설 자리도 없으며, 또한 태양이나 달, 별, 우주 등이 들어설 자리도 전혀 없습니다.

1980년 2월 10일

12

그대가 무엇을 보든지
그대는 그것이 아니다

방문객 저는 《나는 그것이다》를 읽고 자진하여 여기에 왔습니다.

마하라지 그대는 책을 전부 읽었습니까?

방문객 전반부는 완전히 읽었고 후반부는 다 읽지 못했습니다.

마하라지 책을 읽고 나서 그대는 목격 상태에서 그대의 자기에 다다랐습니까?

방문객 예, 이해는 했지만 그것을 느끼지 못합니다. 저에겐 마음의 평화가 없습니다.

마하라지 그대는 그대의 자기와 어떻게 연결되어 있는지에 대해 아시겠습니까?

방문객 조금 알겠습니다.

마하라지 질문할 게 있습니까?

방문객 많이는 없지만, 마음의 평화를 얻는 방법을 알려 주신다면 고맙겠습니다.

마하라지 자기 즉 아뜨만 때문에 그대는 몸을 통하여 이 세상과 연결되어 있습니다. 자기란 "그대가 존재한다(you are)."는 지식 이외의 다른 어떤 것도 아닙니다. "그대가 존재한다."는 것을 아는 기준이 되고, 그대가 이 세상을 경험하는 원인이 되는 그 원리에 대해 명상하십시오. "그대가 존재한다."는 지식, 즉 의식에 대해 명상을 하고, 그 안에 거주하십시오.

방문객 하지만 거기에 집중이 안 됩니다.

마하라지 그대가 거리에서 만나는 군중들을 무시하는 식으로 마음을 무시하십시오.

방문객 시도해 보겠습니다.

마하라지 사실, 마음은 우주적 역동적인 원리이지만, 우리는 그것을 몸의 한계에 제한시켜 놓고, 거기에 의존하고 있습니다. 그러므로 모든 문제가 발생하는 것입니다. 탄사 호수에 있는 물을 생각해 보십시오. 그 물은 봄베이 전체의 것입니다. 그런데 그 물 중에서 어떤 물은 너의 것이고 어떤 물은 나의 물이라고 주장할 수 있습니까? 같은 맥락에서, 자기도 우주적이라는 것을 이해하십시오. 그러나 그대는 자기를 몸에 한정시킴으로써 그것을 제한시켜 놓았습니다. 그러므로 그대는 여러 가지 문제에 직면하게 됩니다. 이 자기는 또한 이슈와라 즉 신, 다시 말해, 우주적 원리라고도 부릅니다. 그대가 그것을 붙들고 있다면, 심오한 지식이 그대에게 내려오고, 그대는 평화를 누릴 것입니다.

방문객 저는 그것에 대해 명상하려고 애쓰지만 마음은 여기저기로 방황합니다. 제가 마음에 무관심한 상태를 유지하려고 한다면, 그것은 시간이 오래 걸리는 과정이 될 것입니다.

마하라지 하지만 그대는 어떤 과정의 뿌리가 아닙니까?

방문객 모든 것의 뿌리는 생명입니다.

마하라지 예, 하지만 생명력은 우주적이지 개인적인 것이 아닙니다. 그대가 일단 이것을 깨닫게 되면 더 이상의 문제는 없을 것입니다.

방문객 옳은 말씀이지만, 마음이 길을 잃게 되면 문제가 생깁니다. 가끔 저는 생명이 우주적인 것이라고 느끼지만, 때때로 그것은 개성화됩니다. 이것을 어떻게 없앨 수 있습니까?

마하라지 이것은 전통적인 이야기 방식입니다. 물은 보편적인 것이라서, 그대에게 물이 있으면 그것을 사용하십시오. 마찬가지로 마음도 그대의 욕구를 충족시키면 사용하고, 그 다음에는 마치 필요할 때만 물을 길어 먹는 강물의 흐름처럼, 그대가 간섭이나 개입도 하지 말고 그냥 흘러가게 내버려두십시오.

  나의 이야기는 지적인 사람들이 들을 수 있는 것입니다. 〔그 지방의 한 방문객에게〕 왜 오셨습니까? 그대는 이 이야기를 이해하지 못할 것입니다. 그대는 단지 신을 찬양하는 바잔(bhajan)들을 부르세요.

  내가 왜 이 외국 방문객들을 존중합니까? 그들은 진리를 추구하는 진지한 구도자들이지만, 아직 그 진리가 어디에 있는지를 찾을 수 없었던 것입니다. 나는 그들의 성실한 자세와 이해하려는 깊은 충동에 감사합니다.

방문객 그들은 실제로 성공하고 있습니다. 그들은 그들이 선택하는 어떤 주제라도 그것을 깊이 탐구합니다.

마하라지 비록 우리 두 사람이 여기에서 이야기하고 있지만, 실제로는 그들(두 개의 실체)이 거기에 없습니다. 이것이 바로 오늘의 주제입니다. 처음에는 "아무도" 없습니다. 그러다가 즉시 하나가 존재합니다. 그 다음 둘이 나옵니다. 이야기의 주제는 어떻게 이 둘이 하나로 바뀌고, 마침내 공(무)으로 바뀌었는가 하는 것입니다.

공에서 자연스럽게 존재성(beingness)의 의식이 느껴지는데, 바로 이것이 하나입니다. 나중에 존재성(beingness)의 의식이 "내가 존재한다(I am)."는 것을 알게 되면, 이원성이 시작됩니다. 그리고 이원성이 일어난 이후에, 존재성(beingness)의 의식은 형태와 동일시하는 등등의 일들이 일어납니다.

실제로 존재의 감각을 "하나"라고 부르는 것은 완전히 옳은 것이 아닙니다. 이러한 상태에서는 오로지 존재 감각만이 존재하고 있기 때문에, 심지어 "하나"라고도 말할 필요가 어디에 있겠습니까? 타자(이원성)가 나타남으로써, 1번과 2번 모두가 동시에 나타납니다.

"무언가가 있다."라고 말하기 위해서는, 우선 "내"가 거기에 존재해야만 합니다. 만약 "내"가 존재하지 않는다면, 나는 "무언가가 있다."라고 말할 수 없습니다. 그래서 영성에 있어서 근본적인 원리는 다른 어떤 것이 있기 전에 반드시 "내"가 거기에 존재해야 된다는 것입니다. 이 "내"가 첫 번째로 존재하는 존재성(beingness)입니다.

방문객 당신은 처음에는 "하나"가 있고, 나중에는 "아무것도 없다"고 말씀하셨습니다.

마하라지 우리가 우리의 자기를 탐구하면, 다시 말해, 우리가 자기에 거주하게 되면, "아무것도 없습니다."

방문객 하지만 하나가 융합되면, 하나는 남아 있습니다.

마하라지 그렇게 말하는 것은 일반적인 말로는 맞지만, 실제로는 전혀 그런 것이 아닙니다.

방문객 그러나 당신은 생명이 영원하다고 하셨습니다. 그래서 생명은 거기에 있습니다.

마하라지 하지만 개인의 생명이 아닙니다. 그것은 우주적 의식을 초월하는 절대적 상태입니다.

방문객 생명은 영원합니다. 그 말은 생명이 영원히 거기에 존재한다는 뜻입니다.

마하라지 그렇습니다. 생명의 잠재력은 항상 거기에 있습니다. 그러나 몸의 형태를 사용할 수 없으면, 인식의 어떠한 느낌도 있을 수 없습니다. 몸이 죽게 되면, 감각 기관은 작용하지 않습니다. 그러므로 그 존재에게는 세상에 대한 어떠한 인식이나 지식도 일어나지 않습니다.

오로지 감각 기관이 작용하는 동안에만 세상에 대한 인식과 지식이 가능합니다. 그래서 어떻게 보면 감각 작용의 부재는 해방이 될 수 있습니다. 맞지 않습니까?

현재, 나는 살아 있고 나의 감각 기관과 반사 작용은 상황에 반응하고 있습니다. 죽은 사람의 감각 기관과 반사 작용은 반응하지 않습니다. 나타난 우주에서, 감각적 인식과 운동 신경 작용의 능력이 몸의 형태로 창조될 때 비로소 지각할 수 있는 우주의 존재가 가능합니다.

주요 요지는 우주가 존재하기 위해서는 반드시 적절하게 정상 작동될 수 있는 감각 기관을 가진 관찰자가 있어야 한다는 것입니다. 마음은 감각의 지각 작용을 해석하고 우주가 존재한다고 결론을 내립니다. 그러므로 관찰자의 감각 기관과 마음이 작동하지 않으면 관찰자의 우주는 존재하지 않습니다.

방문객 하지만 보고 듣고 만지는 것과 같은 감각 기관은 몸에 속한 것이지 자기 즉 아뜨만의 것이 아닙니다.

마하라지 아뜨만이 없으면, 감각 기관은 작용할 수 없습니다. 그러나 그것은 몸의 가장 순수한 형체 속에 거주해 있습니다. 아뜨만이 그 자체 속으로 가라앉으면, 오직 니르구나만이 남게 됩니다. 다시 말해, 속성이 전혀 없는 절대적 상태만이 남게 됩니다.

방문객 아뜨만은 몸을 바꿀 수 있습니다.

마하라지 아뜨만은 몸이 없습니다. 그러니 그것이 어떻게 바뀔 수 있겠습니까? 현재, 그것은 "나의 존재"가 오로지 몸만을 의미한다고 추정하고 있습니다.

방문객 이 물질주의적 세계에서는 우리가 "우리"라고 말할 때 우리는 육체만을 의미합니다. 하지만 저의 두 다리가 절단되고 없다면, 그들은 저와 떨어져 있는 것입니다. 그러므로 저 그 자체는 몸이 아니라고 저는 느낍니다.

마하라지 맞습니다.

방문객 그래서 아뜨만은 몸 이외의 다른 어떤 것입니다.

마하라지 아뜨만은 개인이 아닙니다. 이것을 확실히 이해해야 합니다. 아뜨만은 감각 기관이 작용하는 몸을 통해서만 존재 의식을 느

240

낍니다. 그렇지 않으면 아뜨만은 그 자신을 느끼지 못합니다.

방문객 이것을 깨닫기 위하여 저는 명상을 해야 합니까?

마하라지 예, 명상은 매우 필요합니다. 지속적으로 명상을 하면 좋지만, 일상적인 직업이 있기 때문에 이것은 항상 가능한 일은 아닙니다. 이른 아침 시간에 명상을 하면 유익하고 효과적입니다. 그러나 시간이 날 때마다 명상을 해도 좋습니다. 강한 충동을 가지고 있는 구도자들은 어느 때나 명상을 할 수 있습니다. 처음에는 구도자가 마음대로 쓸 수 있는 완전한 자유 시간을 가지고 혼자 조용한 곳에 앉아서 명상을 해야 합니다. 명상을 통해 안정 상태에 도달하면, 언제 어디서나 앉아서 명상을 할 수 있습니다.

그런 수준 높은 구도자가 여기에 앉아서 명상을 하고 있다고 가정해 봅시다. 그는 그 자신 내부에 완전히 몰입될 것입니다. 그의 주의력은 오로지 주의력에만 집중되어, 그 결과 그는 자기의 주변에서 어떤 일이 일어나는지를 의식하지 못할 것입니다. 게다가 그런 상태에서는 아무 생각도 그에게 떠오르지 않을 것입니다. 명상은 이러한 특성을 지니고 있습니다. 누군가가 깊은 걱정에 빠져 있다면, 그는 자기 주변에서 일어나는 사태를 주시할 수 있겠습니까?

그대가 앉아서 깊은 명상에 들어가면, 그대의 존재감은 오로지 "내가 존재한다(I am)."는 지식으로만 완전히 주입될 것입니다. 이러한 상태에서 "나의 존재성(I-am-ness)"에 대한 감각이 어떻게 그리고 왜 나타났는지 직관적으로 그대에게 밝혀질 것입니다.

방문객 "나의 존재성(I-am-ness)"에 의해서 말입니까?

마하라지 의식이나 존재성(beingness), 존재감(sense of being), "나의 존재성(I-am-ness)", 이 모든 것은 어떠한 말이 나오기 이전 상태의 그대에게는 동일한 것입니다.

이것은 미묘한 사항이므로 그것을 분명히 이해하려고 노력하십시오. 내가 잉태되기 이전에는 "나는 존재하지 않았다."라고 말할 때, 내가 실제로 의미하는 바는 내가 지금 현재의 "나의 존재(I am)"와 같지 않았다는 것입니다. 그러나 이것을 분별할 수 있었던 그 "나"는 현재의 "나의 존재(I am)"의 부재를 판단하기 위하여 반드시 거기에 있어야만 합니다.

수태하기 전의 그 "나"에게는 몸이 없기 때문에, 존재감이나 "나의 존재성(I-m-ness)"의 감각이 전혀 없었습니다. 몸이 생겨나면서, "나의 존재성(I-am-ness)"의 감각이 그 전의 "나"에게 부과된 것입니다.

명상을 통하여 이러한 "나의 존재성(I-am-ness)"의 감각만이 그것이 어떻게 그리고 왜 일어났는지를 알려 줄 것입니다. 그대는 마치 어떤 곳에서 풍겨 나오는 냄새의 근원을 찾아낼 때까지 쉬지 못하는 것과 꼭 마찬가지로, 이러한 "나의 존재성(I-am-ness)"이 무엇인지를 알아내려는 이러한 생각에 사로잡혀 있어야만 합니다. 예를

242

들어 아주 불쾌한 냄새가 풍겨 나온다면, 그대는 그 근원을 찾아가야 할 것입니다. 그리고 그것이 부패한 쥐라는 것을 알게 되면, 그 악취를 없애기 위하여 그 부패된 쥐를 처분해야만 할 것입니다. 마찬가지로, 달콤한 향기가 그대가 있는 쪽으로 풍겨 온다면, 그대는 그 꽃의 위치를 알아내고 싶은 마음이 들 것입니다. 그대는 이러한 "나의 존재성(I-am-ness)"이란 향기의 근원을 찾아가서 그것이 일어난 "방법과 이유"를 알아내야만 합니다.

방문객 그것을 어떻게 추적합니까?

마하라지 이러한 "나의 존재성(I-am-ness)"의 향기를 생기게 하는 원리는 바가반–바수데바, 즉 향기를 풍기는 신이라 불립니다. 이 향기를 맡는 사람은 어떤 희생을 치르더라도 그 향기를 계속 맡고 싶어 합니다.

방문객 어떻게 그런 상태에 들어갈 수 있습니까?

마하라지 몸과 마음의 수준에서는, 그대가 그것을 추적해 갈 수 없습니다. 그러나 그 원리만이 그 자신을 발견할 것입니다. 그대가 바가반이나 비딸(Vittal) 혹은 신이라고 부를 수 있는 어떤 사람이 이 향기에 너무나 반한 나머지 그는 그것을 영원히 간직하고 싶어 합니다.

방문객 언젠가는 제 노력이 결실을 맺을 것이고, 저는 그를 자동적으로 찾아낼 것입니다.

마하라지 그대에 대한 그의 의미는 그가 발견되는 순간 사라질 것입니다. 그리고 그대는 홀딱 반해 버린 바수데바 신에 대한 사랑에서 해방될 것입니다.

방문객 바꾸어 말하면, 당신은 항상 그것을 그렇게 느끼고 있으므로, 그것을 추구하지 않는다고 생각됩니다. 일단 자기를 깨닫게 되면, 그것은 자동적으로 당신에게 옵니다. 그래서 당신이 그것을 추적할 필요가 전혀 없습니다. 그래서 일단 우리가 그것을 깨달으면, 우리가 원하는 대로 우리는 그것을 사용할 수 있습니다.

마하라지 그 상태에서 그대는 어떠한 욕구나 필요를 초월할 것입니다. 그대에게 어떤 것도 소용이 없게 될 것입니다. 어떤 욕망도 남아 있지 않을 것입니다. 왜냐하면 그 욕망이 모두 성취되었기 때문입니다.

방문객 제가 세속적인 욕구를 위해 그것을 사용해야 한다는 뜻은 아니었습니다. 제가 말한 뜻은 제가 그것과 하나가 될 것이라는 것이었습니다.

마하라지 실제로 그대는 그것과 떨어진 적이 결코 없었습니다. 그러니 그것과 하나가 된다는 문제가 도대체 어디에 있겠습니까?

방문객 제가 그것과 떨어진 적이 결코 없었다는 것은 좋지만, 제 현재의 상태에서 저는 저 자신을 오로지 몸으로만 생각하고 있습니다.

마하라지 그대가 몸이라는 이것은 그대의 개념입니다. 그리고 그것이 그대를 속이고 있습니다.

방문객 그러면 저는 자유로워질 것입니다.

마하라지 〔구루 나낙의 이행연구로 된 시를 암송하면서〕
　오, 마음이여, 그대는 무엇을 찾고 있는가? 안팎 어디를 봐도 그것은 오직 하나뿐이네. 그대로 하여금 안팎을 느끼게 하는 것은 개념이로구나. 내가 몸이라는 개념을 없앰으로써, 나낙이라는 이름을 가진 흙으로 만든 항아리가 깨어진다면, 안팎이 어디에 있겠는가? 어디에나 존재하는 것은 오로지 "나"뿐이로다.

　나낙은 더 말합니다.

　꽃의 향기처럼, 거울의 이미지처럼, "나의 존재성(I-am-ness)"의 이러한 감각은 몸에서 느껴진다. 그러므로 그대의 이름 나낙 그리고 또한 몸과의 그대의 동일시도 버려라.

"나의 존재성(I-am-ness)"이라는 감각에 거주하십시오. 그러면 그대는 해방을 얻을 것입니다.

방문객 제가 자기를 추적해 가려고 노력하면, 그것이 더 많은 자기들을 만들어 내는 것처럼 보입니다.

마하라지 하지만 그토록 많은 자기들을 보는 그 자는 누구입니까? 하나의 생각이 더 많은 생각들을 만들어 냅니다. 첫 번째 생각을 관찰하는 사람은 누구입니까?

방문객 이것이 바로 제가 알고 싶은 것입니다.

마하라지 오직 그대만이 첫 번째 생각의 관찰자입니다. 만약 바로 그 첫 번째 생각을 아는 자가 거기에 없다면, 누가 다른 생각들을 관찰하겠습니까?

방문객 아는 자가 없다면, 생각도 또한 전혀 없을 것입니다.

마하라지 이것을 이해한다면 모든 것은 끝났습니다. 그대는 가도 좋습니다. 개념을 설명하고 늘리는 것은 쉽습니다. 하지만 모든 개념을 없애는 것은 어렵고도 드문 일입니다.

방문객 어떻게 하면 생각과 새로운 개념들을 없앨 수 있습니까? 모든 개념과 생각들이 없어지면 저는 그것과 하나가 될까요?

마하라지 어떤 것이 되려고 애쓰지 마십시오. 아무것도 하지 마십시오! 어떠한 말에 대해서도 생각하지 말고 조용히 계십시오. 일단 말이 나오면, 그 말은 의미를 만들어 내고, 그 다음 그대는 그 의미에 얹혀서 움직입니다. 그대는 말의 의미를 따라가면서 그대의 자기를 찾고 있다고 주장할 것입니다. 그러니 방심하지 말고 말이 나오기 이전의 그 상태를 주시하십시오. 다른 성자들을 만나 보았습니까?

방문객 이번이 처음입니다.

마하라지 읽고 있는 책은 있습니까?

방문객 라마나 마하리쉬에 대한 폴 브런튼의 책을 읽고 있습니다.

마하라지 그대의 영적인 배경은 준비되었습니다. 그 때문에 그대는 이야기에 귀를 기울이고 이해하려고 노력합니다. 다른 사람들은 그들의 개념을 가지고 나와 말싸움을 합니다. 그들은 개념으로 넘쳐흐르고 있습니다. 그 결과 그들은 내가 말하는 것을 들을 수 없습니다. 많은 사람들은 자신들이 지식이 매우 풍부하다고 생각하며 이곳을 찾아오지만, 나는 그들이 오로지 무식하다는 것만 압니다. 하지만 나는 그들을 오로지 의식으로 간주합니다.

몸과 마음의 수준에서 그대가 갖고 있는 모든 정체성은 계속적으로 변해 가고 있습니다. 그래서 그들 가운데 어떤 것도 그대에게 변치 않고 충실하지 않았습니다. 그렇다면 그대는 왜 "나는 이렇다."거나 혹은 "나는 저렇다."라고 말함으로써 그러한 정체성에 끌리고 있습니까?

방문객 이 모든 것이 마음에서 일어납니다. 어떤 때는 저는 "이와 같은" 사람이라고 생각하고, 또 어떤 때는 저는 "저와 같은" 사람이라고 생각합니다.

마하라지 그러한 때를 관찰하는 사람은 그대 이외에 누가 있겠습니까? 그대가 바로 그러한 때의 목격자입니다. 무엇이 보이거나 감지되더라도, 그리고 또한 그대의 안팎에서 무엇을 보더라도, 그대는 그것이 아닙니다.

방문객 저는 이해하려고 노력하고 있습니다.

마하라지 명상을 통하여, 그대는 "나는 오직 구루 나낙일 뿐이다."라고 확신하거나, 혹은 어떤 사람들이 명상을 통하여 확고히 믿고 있듯이, "나는 오직 슈리 크리슈나일 뿐이다."라고 확신할지도 모릅니다. 이런 정체성 가운데 어떤 것도 안정성을 지니고 있지 않습니다. 유일하게 안정된 자는 그러한 정체성들을 지켜보는 관찰자입니다. 그리고 그대만이 그 관찰자, 즉 영원한 자입니다. 가난한 배우의 예를 들어 봅시다. 그는 왕의 역할을 너무나 훌륭하게 연기하여 많은 갈채를 받았습니다. 그러나 그는 왕이 아닙니다. 마찬가지로, 그대는 구루 나낙이 아닙니다. 그대는 관찰자입니다. 그대가 무엇을 보고 지각하든 그것은 모두 환영의 원리인 마야의 장난입니다.

1980년 2월 19일

13

목격이 일어나기 위해서는
목격 이전에 그대가 존재해야 한다

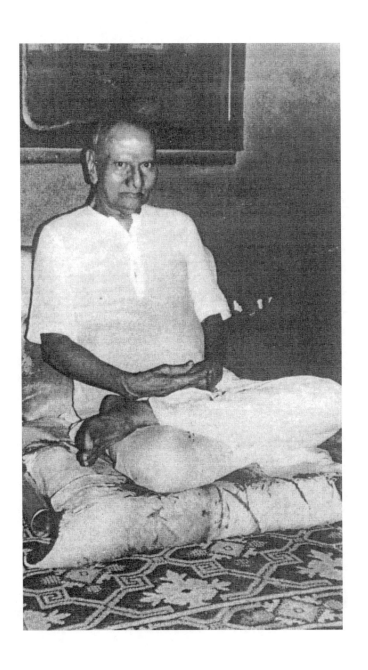

마하라지 그대는 책을 집필 중이라고 했습니다. 그대는 필요한 참나 지식을 가지고 있습니까, 아니면 그 참나 지식도 없이 집필하고 있습니까?

방문객 참나 지식에 관한 책을 집필하고 있지 않습니다.

마하라지 참나 지식이 없다면, 그 책을 집필하는 사람은 누구입니까?

방문객 저는 스승과 함께 요가 아사나(자세)에 관한 책을 쓰고 있습니다. 그것은 저 자신의 마음에서 나온 어떤 것이 아니었습니다.

마하라지 좋습니다. 그러면 그대 자신, 그대의 본성, 정체성에 대해 글을 써 보시면 어떻습니까? 지금 그대는 신체적인 활동에 관한 어떤 것을 쓰고 있습니다.

방문객 궁극적으로는 그러고 싶습니다. 저는 저 자신을 알고 싶습니다.

마하라지 만약 그대가 존재하지 않는다면, 그 밖에 무엇이 존재할 수 있겠습니까? 그대는 왜 이러한 요가 수행에 대하여 글을 쓰고 있습니까? 그것은 오직 자기 자신을 알기 위한 것이 아닙니까?

방문객 이것은 구도자가 참나를 찾도록 그에게 기초 지식을 마련해 줄 것입니다.

마하라지 그러면 그대 자신의 기초 지식은 준비되어 있습니까?

방문객 아닙니다. 물론 아닙니다!

마하라지 그러면 왜 그 책을 썼죠?

방문객 왜냐하면 그것은 사진을 곁들인 전문 기술 서적이기 때문입니다.

마하라지 하지만 저자는 자기 자신을 모르고 있으니, 그 책이 무슨 소용이 있겠습니까?

방문객 그러한 경우에는 당신의 의견에 동의하고 싶습니다만, 제가 말했듯이 그 책은 전문 기술 서적이고, 스승의 감수를 받고 있습니다.

마하라지 하지만 이것을 통하여 이득을 보는 것이 무엇입니까? 이 일을 함으로써 그대는 참나를 얻습니까? 인생에서 가장 중요한 이득은 자신의 참나를 깨닫는 것입니다.

방문객 저도 그렇게 생각합니다. 어떤 면에서 아마 저는 책을 집필하면서 이득을 얻었을지도 모릅니다. 경험과 성숙이 더욱 신장되었다는 뜻입니다.

마하라지 그것은 경험을 통해 그대가 더 많은 개념을 얻었다는 것을 의미합니다. 그대는 키와 폭이 늘어나는 사람입니까?

방문객 아닙니다.

마하라지 그대가 찾아온 목적은 무엇입니까?

방문객 당신을 찾아올 때마다 영감과 기분이 고양된 느낌을 받습니다.

마하라지 그것 또한 무슨 소용이 있습니까?

방문객 저는 당신이 의도하는 바를 이해합니다.

마하라지 이 모든 영감과 고양된 기분을 누가 관찰합니까? 그것을 아는 사람은 누구입니까? 그대는 그대 자신을 바라보지 않고, 그보다도 다른 일에 사로잡혀 있습니다.

방문객 저 자신을 탐구하면서 저의 직업도 또한 추구하라는 말씀이십니까?

마하라지 일단 내면을 들여다보면, 모든 것이 자연스럽게 그대에게 따라올 것입니다. 그대가 어머니를 알아보기 전에는, 그대와 관련된 모든 것이 그대의 지식이 없어도 자연스럽게 일어나고 있었습니다.

방문객 그렇습니다. 같은 의견입니다.

마하라지 그대는 자연스럽게 인간으로 발달해 갔습니다. 이러한 모습으로 나오기 이전에, 그대에겐 지식이라도 있었습니까? 이러한

256

양상에 주의를 기울이지 않고, 그대는 다른 사람들의 일에 관여하고 있습니다.

방문객 그러면 현재 하고 있는 일을 그만둘까요?

마하라지 그대가 직업을 계속하든지 아니면 그만두든지 하는 것은 전혀 문제가 되지 않습니다. 그대는 그대 자신을 알아야 합니다.

방문객 그러나 저 자신을 알 때까지 무엇을 해야 합니까?

마하라지 그대는 지금까지 뭔가를 해 왔습니다.

방문객 조금 전 당신은 왜 제가 활동에 관여하느냐고 물었습니다.

마하라지 어떤 일을 하거나 하지 않는 것에 대해서 걱정하지 마십시오. 가장 중요한 것은 바로 그대 자신을 바라보는 것입니다.

두 번째 방문객 그러나 적어도 그는 요가에 관한 책을 쓰는 것과 같은 유용한 일을 하고 있었습니다.

마하라지 요가가 무엇입니까? 요가의 그 "연결"은 무엇입니까? 누가 무엇을 충족시킵니까?

방문객 영혼과 신의 결합입니다.

마하라지 신이란 그대가 지금까지 들어 온 말이지만, 영혼은 우리의 존재에 대한 직접적인 경험입니다.

방문객 저는 단지 일반적으로 이해되는 요가의 의미를 말했습니다.

마하라지 그 말의 뜻은 그대가 참된 요가를 이해하지 못하고 있다는 것입니다. 그대는 요기들이 아닌, 오로지 참나를 깨달은 성자들만이 숭배 받고 있다는 것을 압니까?

방문객 제가 요가를 수행하는 것이 잘못된 것입니까?

마하라지 많은 리쉬와 고행자들이 요가를 했습니다. 그러나 그들이 숭배를 받고 있습니까?

〔아난다 마이 마를 만난 적이 있던 방금 도착한 방문객에게 말을 걸면서〕 그대가 그녀를 만나러 갔을 때 아난다의 상태를 얻었습니까? 그대가 '아난다 마이'를 깨달았다면, 그대는 결코 다시 그녀를 찾아가지 않았을 것이고, 또한 이곳으로도 오지 않았을 것입니다. 그대가 내가 말한 바를 이해한다면 그걸로 족합니다.

방문객 이해하는 것은 어렵지 않습니다.

마하라지 그렇다면 왜 여기 앉아 있습니까?

방문객 저는 얼마 동안 여기 앉아 있고 싶습니다.

마하라지 그대가 아난다 마이를 만나 보고 왔기 때문에 아난다가 어떤 것인지 알아 봅시다. 아난다 즉 희열은 만져서 알 수 있는 형태를 지니고 있습니까?

방문객 그렇게 생각하지 않습니다. 그러나 우리는 행복을 느낄 수는 있습니다.

마하라지 동감입니다만, 그대는 그것을 보거나 관찰할 수 있습니까?

방문객 때때로 저는 아난다 마이 마에게서 발산되는 행복의 본질을 볼 수 있습니다.

마하라지 그대는 보거나 느끼는 것 이전에 아는 자가 있어야 한다고 생각지 않습니까?

방문객 《나는 그것이다》를 읽은 후에, 어떤 것을 보거나 느끼거나 경험하기 전에 아는 자가 반드시 거기에 있어야 한다는 것을 깨달았습니다.

마하라지 목격자로서 그대는 행복이 있기 이전에 존재하고 있습니다. 그러나 궁극적인 그대, 즉 참된 그대는 목격자인 그대보다 먼저 존재하고 있습니다. 행복은 영원하지 않습니다.

방문객 처음에 제가 명상을 하는 동안, 저의 내부에 있는 "목격자"를 경험했을 때, 저는 대단히 두려웠습니다. 왜냐하면 제가 둘로 분열되는 느낌을 받았기 때문입니다. 이제는 더 이상 그렇지 않습니다.

마하라지 분열을 느꼈군요. 자 이제, "보는" 개념과 그 개념의 목격자 가운데 어느 것이 "그대"입니까?

방문객 저에겐 그러한 명료함이 없었습니다.

마하라지 그대가 직접 그 미묘함을 경험하지 못했다 하더라도, 적어도 지적인 수준에서 이야기를 해 보세요.

방문객 저는 분열의 관찰자입니다.

마하라지 두 단계를 설명해 보세요.

방문객 저는 분열을 보는 것이 두려웠습니다.

마하라지 그것이 개념의 분열이었습니까, 아니면 그대 자신의 분열이었습니까?

방문객 둘 다 아닙니다.

마하라지 그렇습니다. 절대적 상태인 그대는 하나도 아니요, 둘도 아닙니다. 그러나 그대는 둘보다 먼저 존재합니다.

초창기의 인도에서는 국가의 수장이 차를 타고 갈 때, 그 자동차 번호판에는 숫자가 없었습니다. 마찬가지로 그대도 최고의 상태 (the Highest)이기 때문에 숫자가 필요 없습니다. 〔마하라지는 다시 요가 책을 쓴 방문객에게 이야기를 한다.〕 그대는 요가 수행자입니다. 그래서 내가 하는 말을 이해합니다.

방문객 예, 조금은 이해를 합니다만, 저는 요가 수행자가 아닙니다.

마하라지 그러나 그대는 요가 체계를 공부해 왔고 요가를 실제로 해왔습니다. 물에 설탕이나 소금을 넣으면, 그것들은 물에서 녹습니다. 그런데 내가 그대에게 묻고 싶은 것은, 그대는 어떤 것과 융합이 되었습니까?

방문객 가끔 저는 융합이 됩니다.

마하라지 그럼 다른 때는요?

방문객 신성한 이름을 암송하는, 말하자면, 자빠를 하고 있었습니다.

마하라지 자빠의 목적은 자기 자신을 보존하는 것입니다. 그 말은 앎을 계속 유지해야 한다는 뜻입니다. 마라띠어로 자빠의 의미는 지키는 것, 보호하는 것입니다. 그대는 자빠를 통하여 그대의 존재성(beingness)을 보호해야 합니다.

또 다른 방문객 존재성이란 무엇입니까?

마하라지 "그대가 존재한다(you are)."는 것, 말이 없어도 "그대가 존재한다."는 지식, 혹은 단지 존재성(beingness)의 느낌입니다. 몸과 존재성(beingness) 가운데 누가 아난다 마이 마에게 갔습니까? 후자, 즉 존재성(beingness)이 몸, 마음 그리고 어떤 말의 분출보다 먼저 존재합니다. 그대는 자빠 수행을 했습니까?

방문객 예.

마하라지 자빠는 마치 그대가 몸의 건강을 위하여 약을 복용하고 몸에 찜질약을 붙이는 것과 마찬가지로, 그대의 존재성(beingness)에 주어지는 치료약과 같습니다.

262

방문객 그것이 바로 제가 강하게 느끼는 것입니다.

마하라지 그대는 긴장이 이완되는 것을 느낍니다.

방문객 그렇습니다. 아주 많이 느낍니다. 그러나 이제 제가 목격에 관한 어떤 것을 알고 있기 때문에 제가 어떻게 자빠를 할지 궁금합니다.

마하라지 그럼에도 불구하고 그 당시에는 그대가 자빠를 하고 있다는 것을 알았습니다.

방문객 그렇습니다.

마하라지 그렇다면 이것이 그대에게 목격이나 혹은 목격의 일어남이 아닙니까?

방문객 그렇습니다.

마하라지 목격은 자연스럽게 일어납니다. 그대의 말이 나에게 들어오면 나는 대답을 합니다. 마찬가지로 우리가 감각 기관을 통하여 어떤 것을 지각할 때, 그 지각 작용의 목격이 일어납니다. 어떤 특별한 노력도 필요하지 않습니다.

방문객 저는 명상과 요가에 대해 묻고 싶습니다.

십년 전 아난다 마이 마께서는 저에게 자빠를 하라고 하셨습니다. 얼마 후에 저는 자빠가 저에게서 진행되는 것을 목격하기 시작했습니다. 그러자 아난다 마이 마께서는 저에게 그것을 계속 하라고 말했습니다. 저의 문제는 "나의 존재성(I-am-ness)"과 존재성(beingness)을 어떻게 얻는가 하는 것입니다.

마하라지 최초의 목격은 "그대가 존재한다."는 것입니다. 그 후에 다른 모든 목격이 일어납니다.

"그대가 존재한다."는 것에 대한 일차적인 목격이 우선 일어나지 않으면, 그 이상의 어떠한 목격도 불가능합니다. 내가 이미 말한 것처럼 말의 흐름이 그대 안에서 나오면, 그 말에 대한 목격이 그대에게 자연스럽게 일어납니다. 다시 한 번 더 말하지만, "그대가 존재한다."는 의식이 먼저 나타나야 하고, 그 다음에 말의 흐름과 그 목격이 동시에 일어나는 것입니다.

그러므로 그대는 말보다 먼저 존재하는 것 아닙니까?

방문객 모르겠습니다.

마하라지 그것이 정확하게 무지입니다. 그것을 아는 것이 지식입니다.

방문객 질문 하나 해도 되겠습니까?

마하라지 아난다 마이를 기억하세요. 그녀가 그대의 구루이기 때문에 이것을 염두에 두고 질문을 하세요.

방문객 이제 저는 저 혼자라고 느끼고 어떤 구루도 없다고 느낍니다.

마하라지 그대가 말하는 것이 옳습니다..그러한 이해 속에 그리고 오로지 그것에만 확고히 자리를 잡아야 합니다. 그러나 이러한 결론에 이르기 전에, 그대는 그대의 정체성이 무엇이고 구루의 정체성은 무엇인지 이해했습니까?

방문객 구루는 저에게 무엇을 해야 할지 말해 주는 사람이고, 저는 그에게 들은 대로 그 가르침에 따라갑니다.

마하라지 "내가 존재한다(I am)."는 지식을 구루라고 불러 볼까요?

방문객 예.

마하라지 그러나 심지어 그 "지식"조차도 그대가 아닙니다!

방문객 당신이 "지식"이라고 말할 때, 그것은 의식을 의미합니까?

마하라지 물론입니다. "내가 존재한다."는 "지식"은 의식이나 신, 이슈와라, 구루 등을 의미하지만, 절대적 상태인 그대는 그것이 아닙니다.

다른 방문객 제가 누군지 여쭤 봐도 되겠습니까?

마하라지 그대는 질문하기 전에 그곳에 존재하고 있습니까, 아니면 질문 후에 존재하고 있습니까?

방문객 둘 다입니다.

마하라지 "나의 존재"는 심지어 나에게 어떤 말이나 질문이 일어나기 전에 존재하고 있다는 이 사실을 이해하고 깨달아야 합니다. 사람들은 항상 말 이전에 존재하는 "나의 존재" 상태를 가리키는 이름이나 개념을 원합니다. 예컨대 브람만과 같은 이름을 거기에 부여함으로써 그것을 해 주면, 그들은 만족을 느낍니다.

방문객 저는 행복하지 않습니다. 매우 두렵습니다.

마하라지 지금도 그렇습니까, 아니면 전에 그랬습니까?

방문객 지금도 그렇습니다.

마하라지 그러한 두려움은 그대가 몸-마음과 동일시하고 있기 때문입니다. 몸에 대한 지식이 전혀 없으면, 두려움이 있을 수 있겠습니까?

방문객 아니요. 저의 구루께서 제가 브람만이라고 말해 주셨을 때부터 이 두려움은 시작되었습니다.

마하라지 바로 그렇습니다. 구루의 그러한 말 때문에, 그대의 몸-마음은 충격을 받았습니다. 왜냐하면 그 몸-마음의 붕괴가 시작되었기 때문입니다! 그대가 가지고 있는 두려움은 마음속에 있습니다.

방문객 저도 압니다. 그러나 저는 여전히 두려움을 갖고 있습니다. 몸은 더 이상 존재하지 않는 것을 두려워합니다.

마하라지 아난다 마이 마에게로 다시 돌아가 봅시다. 성자 아난다 마이가 아난다 마이 상태(그녀의 참나)로 바뀌어 갈 때, 그것이 최고의 상태, 즉 유일한 절대적 상태입니다. 성자 아난다 마이는 더없이 행복한 상태를 나타내지만, 여전히 질적인 상태입니다. 그것은 의식입니다.

방문객 아난다 마이 상태는 이 세상의 것입니까?

마하라지 그 반대입니다. 모든 세상이 그녀의 자궁 속에 있습니다. 아난다 마이 상태가 어떤 것입니까? 그것은 오로지 그대의 더없는 행복의 상태, 즉 "그대가 존재한다."는 지식입니다. 만약 이것이 존재하지 않는다면, 아무것도 존재하지 않습니다! 그대는 아난다 마이 상태를 하나의 인격체로서 생각할 수 있지만, 전혀 그런 것이 아닙니다. 아난다 마이는 참 존재의 상태입니다.

1980년 3월 13일

14

공간보다 더 미묘한 것은
"나의 존재성"의 느낌이다

마하라지 존재성(beingness)은 몸의 도움이 있어야만 이 세상에서 작
용할 수 있습니다. 이 몸은 다섯 원소의 가장 순수한 형체이며,
몸-정수의 가장 순수한 형체는 "내가 존재한다(I am)."는 지식입니
다. 몸이란 형태가 없으면 존재성(beingness)은 그 자신을 알 수 없
습니다. 그래서 그대는 그 내재하는 원리인 존재성(beingness)만을
붙들고 있어야 합니다. 모든 행위의 잠재력은 존재성(beingness)에
있는데, 그것은 음식으로 된 몸의 주스 속에서 잠복 상태로 있습니
다. 이러한 주스는 다섯 가지 원소에서 나옵니다. 전체의 기능을
주재하는 원리는 "내가 존재한다(I am)."는 지식이며, 그것은 다섯
가지 원소로 된 몸의 가장 순수한 형체입니다. "내가 존재한다."는
이 지식을 정확하게 이해해야 합니다. 존재성(beingness)과 생명의

호흡과 마음은 형태가 없습니다. 다섯 가지 원소가 흘러가는 동안에 잡다한 종의 다양한 몸의 형태들이 창조됩니다. 생명의 호흡이 이 다양한 몸의 형태 속으로 들어가면, 존재성(beingness)도 또한 그 몸의 형태들을 통하여 나타납니다. 사뜨바라고 하는, 식물의 정수가 여러 종의 다양한 몸을 만들기 시작합니다. 그리고 그 몸 속에 사뜨바적인 존재 느낌이 거주합니다. 개개의 종은 몸의 모양이나 형태에 따라 이름이 주어집니다. 그 종의 표현과 행동은 그들 몸의 형태에 따라 다릅니다.

이 모든 종 가운데서 가장 진화된 종이 인간입니다. 그러므로 인간은 이슈와라 즉 신의 칭호를 들을 자격이 있습니다. 생명의 호흡이 작용할 때, 마음의 흐름은 인간의 몸 속에서 시작됩니다. 그리고 행동은 마음에 의해 외부로부터 수집된 인상들인 삼스까라들[16]에 따라 수행됩니다.

몸은 검거나 희거나 크거나 작을 수 있지만, "내가 존재한다(I am)."는 지식인 내재하는 원리는 생명의 호흡이나 마음과 꼭 같이 색깔이나 크기가 없습니다. 그것은 단지 광휘의 느낌인 "현존 느낌"에 불과합니다. 그리고 마음은 세속적인 활동을 수행하기 위한 그것의 매체나 수단처럼 작용합니다.

그대는 명상을 하고 싶어 합니다. 정말로 그대는 명상을 해야 합니다. 진정한 명상은 이러한 존재 감각 속에 거주하는 것입니다.

---

16. 산스끄리뜨의 의미에 가까운 서구의 용어는 '기억의 흔적(engrams)'이다.

사실, 명상이란 존재 감각이 존재 감각 그 자체에 매달려 있는 것을 의미합니다. 사람이 죽은 뒤에는 천당이나 지옥에 간다고 합니다. 그러나 이것은 단지 개념이나 소문에 지나지 않습니다. 몸이 죽고 나면, 내재하는 아뜨만 즉 존재 감각은 그 존재성(beingness)의 기억을 잃어버리고 "그것이 존재한다(it is)."는 것을 모릅니다. 그러한 상태에서는 잠도, 깨어남도, 앎도 전혀 없습니다.

그대는 이것을 명확히 이해해야 합니다. 만약 우리가 자신을 몸이라고 생각하면, 우리는 마음의 노예가 되고 따라서 고통을 받습니다. 그러므로 그대는 그대 자신 속에 내재해 있는 최고의 원리인 "내가 존재한다(I am)."는 그 지식과 그대 자신을 완전히 동일시해야 합니다. 이렇게 하면 그대는 브리하스빠띠, 즉 신들의 구루라는 상태까지 올라갈 것입니다.

그대는 자신이 대단한 사람이라고 생각합니다. 하지만 그대는 전혀 그렇지 않습니다. 존재 감각은 모든 곳에 존재하는 절대적 상태의 결과로서 몸을 통하여 표현됩니다. 이러한 존재 감각은 자기 자신과의 사랑에 깊이 빠져 있기 때문에 아뜨마-쁘렘 즉 참나-사랑이라고 불립니다. 그것은 또한 구나, 쉬바, 브람만이라고도 합니다. 그것은 다른 몸들을 통해 작용하는 참나-사랑입니다. 다양한 매체를 통하여 다양한 방식으로 나타나는 이 원리만이 있기 때문에, "그대"나 "나"나 "그"가 있을 수 없습니다. 몸이 죽으면 그것은 다섯 가지 주요한 원소로 분해되고, 생명의 호흡인 쁘라나는 우주적 공기와 결합됩니다. 그리고 구나 즉 존재 감각은 마치 불꽃이 즉시 꺼지는 것처럼, 즉시 니르구나 즉 비존재가 됩니다. 내 말을 열심히 경청하십시오.

만약 생명의 호흡이 없다면, 구나에게는 존재의 특성이 전혀 없습니다. 오직 구나가 존재하는 동안만 쉬바, 브람마, 비슈누와 같은 거창한 칭호를 적용할 수 있습니다. 쁘라나 즉 생명의 호흡이 없다면, 몸이나 혹은 심지어 구나의 어떠한 움직임이나 역동적인 특성도 없습니다. 요컨대, 그것의 절친한 친구이며 수행원인 쁘라나가 몸을 떠나면, 주재하는 원리인 구나도 사라집니다. 곡물의 낟알 더미 속에도 의식은 잠재해 있습니다. 그러다 유리한 조건을 만나면, 그것은 그 종의 형태와 특성에 따라 나타나게 될 것입니다. 이 주제에 대해 질문 있으면 하세요.

방문객 생물학적인 형태들은 어떤 목적도 없이 자연스럽게 만들어졌습니까?

마하라지 예, 하지만 특별한 종은 그 자신의 이미지 틀 내에서만 자손을 낳습니다. 인간은 하등 동물을 낳지 않으며, 그 반대로 하등 동물이 인간을 낳지도 않습니다. "나의 존재성(I-am-ness)"의 느낌으로 돌아가자면, 그대는 그것이 가장 미묘한 원리이며 심지어 공간보다도 더 미묘하다는 것을 알아야 합니다. 몸이 죽고, 생명의 호흡이 정지되어, 그것의 불꽃이 꺼지면, 그 결과를 니르야나 즉 니르바나라고 부릅니다. 이것은 "나의 존재성(I-am-ness)"의 시료가 하나도 남아 있지 않은 상태, 즉 시료가 전혀 없는 상태입니다. 그 상태는 "그것이 존재한다."는 것을 알지 못하며, 행복과 고통을 초월해 있으며, 말도 아주 초월해 있습니다. 그래서 그것을 빠라브람만 즉 비경험적 상태라고 합니다.

방문객 명상에서 더없이 행복한 상태는 무엇입니까?

마하라지 명상하는 사람이 명상 중에 자신을 완전히 잊을 때 그것을 비슈란띠(vishranti)라고 하는데, 이것은 완전한 망각으로 끝나는 완전한 긴장 이완을 의미합니다. 이것이 바로 말이나 개념이나 심지어 "내가 존재한다(I am)."는 의식도 필요 없는, 더없이 행복한 상태입니다.

방문객 우리의 모든 개념은 태아 때부터 잠재해 있던 원리에서 생겨납니다. 그렇지 않습니까?

마하라지 맞습니다.

방문객 우리의 생각이 떠오르는 것도 또한 이미 결정된 것이라 할수 있습니까?

마하라지 생각은 미리 결정된 것이 아니라, 그대가 지금 받아들이고 있는 인상 즉 삼스까라들의 반응입니다.

방문객 신이나 이슈와라는 전지전능하다고 합니다. 그것은 무슨 뜻입니까?

마하라지 이슈와라는 개별적인 사람이 아닙니다. 그것은 모든 것에 잠재되어 있는 어디에나 존재하는 원리입니다. 그것은 다섯 가지 원소, 세 가지 구나, 그리고 깨어남과 수면과 앎의 주기 속에 나타남의 상태로 있습니다.

방문객 그것은 이원성이 아니라는 뜻입니까?

마하라지 이원성은 오직 몸과 마음의 수준에서 나타납니다. 모든 곳에 존재하는 우주적 의식 속에서는 수백만의 탄생이 매일 일어납니다. 그러나 그 기본적인 절대성 속에서 그것은 아잔마(ajanma), 즉 태어나지 않음입니다. 비록 그것이 우주적 의식으로서는 다양한 특성을 가지고 있지만, 절대적 상태로서 그것은 특성이 전혀 없는 니르구나입니다. [작가인 미국인 여성에게] 그대가 이러한 지식을 완전히 받아들이기 전에 곧 고국으로 돌아가는 것이 좋을 것 같습니다. 그렇지 않으면 그대는 그대의 모든 "정체성"을 느끼지 못할 것입니다.

276

마하라지 그러나 그대는 그대의 모든 개념들의 "활동"에서 벗어나게
될 것입니다. 심지어 "나의 존재성(I-am-ness)"에 대한 그대의 의식
마저도 없어질 것입니다. 인도에서는, 신성한 이름을 적절하게 암
송하면 거기에는 엄청난 영적인 힘이 있다는 것이 오랫동안 받아
들여져 왔습니다. 이보다 더 나은 대안은 없습니다. 세속적인 차원
에서 이름이 유용하기 때문에 이 세상의 수백만의 사람들이 그들
에게 주어진 이름에 의해 개성화되어 버렸습니다.

그대가 신성한 이름을 가지고 영적인 수행에 입문하게 되면, 그
신성한 이름은 그대의 "궁극적인 참 본성"을 나타낸다는 것을 의
미합니다. 그 신성한 이름과 완전히 하나가 되십시오. 그러면 그것
은 그대의 영적인 고양에 필요한 모든 신비한 지식을 줄 것입니다.
그것은 그대가 "영원한 자각"에 이르도록 그대를 일깨워 줄 것입
니다. 이것이 바로 전통적인 나인 구루(Nine Gurus) 종단인 나바나
쓰—삼쁘라다야(Navanath-Sampradaya)의 신비한 키워드입니다. 이
종단의 구루들은 교양이 있거나 고등 교육을 받은 것이 아니었습
니다.

그들에 대한 한 이야기에 따르면, 한 남자가 나무의 가장 높은
가지에 앉아서 엉뚱하게도 그가 앉은 바로 그 가지를 자르고 있었
습니다. 그 길을 지나가던 한 구루가 한 곳에 몰입해 있는 그 순진
한 남자의 집중력을 보고, 그를 측은히 여겨 그에게 이름을 하나

주었는데, 그 남자는 부지런히 그 이름을 암송했습니다. 미구에 이 바보는 정말로 위대한 성자가 되었습니다. 이러한 것이 곧 집중된 주의력으로 신성한 이름을 암송할 때 생기는 힘입니다.

1980년 3월 29일

15

존재성이 그 자체 내로 융합되는 것이
바로 희열의 원천이다

마하라지 어떤 말이 입으로 나오기 전에 "나"는 이미 존재하고 있습니다. 나중에 나는 마음속으로 "내가 존재한다(I am)."고 말합니다. 말이 없고 생각이 없는 그 상태가 아뜨만입니다.

아뜨만은 그 자체로서 자족할 수 있습니다. 그러나 그것이 몸에 집착하면, 정신적, 육체적인 오락이나 소일거리와 같은 "치료"가 필요합니다. 이러한 치료가 없이는 사람은 아뜨만을 견딜 수 없습니다. 아뜨만이 몸의 정체성에서 벗어날 때 필수 조건이 되는 영적인 진화를 위해서 다양한 수행법이 지금까지 소개되었습니다. 이들 가운데 가장 좋은 것이 나마스마라나, 즉 신의 신성한 이름을 암송하는 것입니다. 그러나 여기서 신이란 그대의 내부에 내재해 있는 원리, 즉 아뜨만을 의미하는데, 그것은 다양한 이름으로 불립니다. 이러한 것들은 그대가 아무리 다른 신들의 이름을 암송하더라도 응답을 해 줄 이러한 "내면의 신"을 나타냅니다. 염주 알을 세는 관습은 단순히 그대의 손에 일거리를 주는 것이지만, 그대가 불러내기로 되어 있는 것은 바로 이 내면의 신입니다.

이 신은 그대가 염주를 돌리며 신의 이름을 암송함으로써 기도를 올릴 때 일깨워집니다. 마치 어미 젖소가 '음매 음매' 하고 울면서 달려오는 자신의 송아지를 보자마자 어미 소의 젖통에서 우유가 줄줄 흘러내리는 것과 마찬가지로, 그 존재성(beingness)도 그 신성한 이름을 암송하고 아주 열심히 염주를 돌리며 기도를 올리는 자에게 은총을 쏟아 주며 그를 평온한 상태로 이끌어 줍니다. 암송의 기조는 이러한 "나의 존재성(I-am-ness)"을 그 자체 내에 한정시키는 것입니다. 그대 내부에 있는 청자가 그 암송을 듣고서 매우 기뻐합니다. 이것이 바로 매일 암송하고 염주를 돌리며 기도하는 데 익숙한 사람들이 그렇게 할 수 없을 때 불안해지는 이유입니다.

마하라슈뜨라(Maharashtra)의 시인이며 성인인 뚜까람(Tukaram)이 다음과 같이 그의 시에서 노래할 때 그는 이와 동일한 원리를 확인해 주고 있습니다.

나는 나의 헌신으로 나의 존재성(beingness)을
그 자체 내에 가두어 버림으로써 승리하였네.
따라서 나는 나의 영적인 추구의 바로 정점에 다다랐네.
그리하니 나의 마음의 성향[17]이 모두 말라 버렸네.

282

존재성(beingness)이 그 자체 내에 융합되는 것이 바로 희열의 원천입니다. 그러한 상태에 있는 많은 성자들은 그들의 신체적인 조건은 안중에도 없이 그냥 땅에 누워 기뻐하였습니다. 잘못 안 몇몇 구도자들은 마리화나와 같은 마약의 힘을 빌려 인위적으로 망각의 상태를 불러일으킵니다. 그러나 이것은 외적인 수단으로 감각을 마비시키는 것입니다. 이런 사람들은 지속적인 평화를 누리지 못하고 단지 약의 부작용과 두통만을 가질 뿐입니다. 그대가 영원한 평화를 원한다면 그대는 그대의 마음을 열중케 하는 헌신의 길, 즉 '나마-자빠'나 혹은 박띠-요가를 통하여 그것을 가질 수 있고 또 그것이 될 수 있습니다.

1980. 3. 30

---

17. "마음의 성향"이라고 할 때, 뚜까람은 분명히 인도의 종교에서 보통 말하는 "잠재물", 즉 바사나들을 가리키고 있다. 이들은 잠재된 욕망의 집합체(즉, 의식의 차원 아래에 있는 욕망)요, 타고난 경향성이며, 뿌리 깊이 스며든 습관들로서, 이들 모두가 "에고"라는 사이비-존재에게 지속성을 주고 있다. 그들을 완전히 없애는 것이 해방의 필수 조건이다. ("마음의 변화"의 근저에 있는) 이러한 심리적 에너지를 다 소모시켜 결국 제거하는 것을 이따금 인도의 성자들은 "마음의 정화"라고 한다.

16

'무지 상태의 아이 원리'를
이해하려고 노력하라

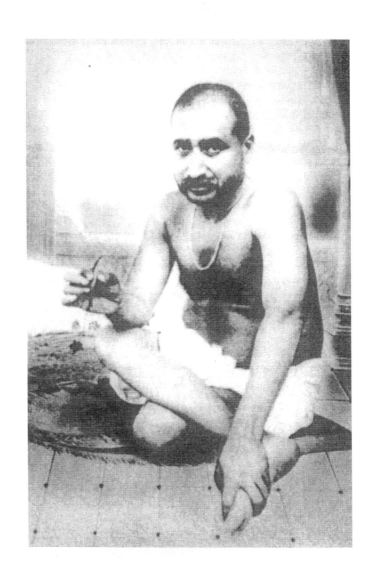

마하라지 내가 말하고 있는 것은 완전함에 대한 지식입니다. 그것은 하나의 정보가 아닙니다. 나는 전체로서의 나타남을 생각하지만, 그대는 나의 이야기 중에서 오직 한 가지 조각, 한 가지 개념만을 골라내고는 "나는 이 생각이 좋다."라고 말하고, 거기에다 브람마, 비슈누 등과 같은 이름을 붙여 높은 지위를 부여합니다. 그러나 그대는 전체적이면서도 "건전한" 의미를 이해하려고 하지 않습니다.

방문객 당신은 지금까지 이러한 무지 상태의 아이 원리에 대하여 이야기를 해 왔습니다. 이것을 좀 더 충분히 설명해 주시겠습니까?

마하라지 태아가 태어나면, 그는 단지 무해한 형태의 살과 뼈이며 순진무구 그 자체입니다. 그에게 정신 작용은 없지만, 먹고, 배설하고 우는 본능이 있습니다. 미구에 이 살 덩어리에도 지식과 행동의 능력이 생겨납니다. 서서히 그 아이는 "내가 존재한다(I am)."는 지식을 느낍니다. 그리고 잇따라 마음이 생겨납니다. 마음이 형성되기 전에 나타나는 이러한 "나의 존재성(I-am-ness)"의 느낌이 바로 '발크리슈나'라고 하는 무지 상태의 아이 원리입니다. 바로 이 원리가 유아기에서부터 줄곧 신체적, 생리적 변화를 겪으면서 유년기, 소년기, 청소년기 등으로 발달해 가는 그 근원 즉 토대입니다. 결국 성년기에 도달하며, 이때 모든 신체적, 정신적 능력은 정점에 이릅니다. 그러나 이 모든 것을 달성하게 한 그 뿌리는 무엇입니까? 그것은 오로지 그 무지 상태의 아이 원리일 뿐입니다. 그러나 그 원리는 성장과 더불어 오로지 내부에서 외부로만 발달해 갔습니다. 성년기로 성장해 가는 동안에, 그리고 그 이후에, 그것은 그 감각 기관과 마음을 통하여 모든 인상을 받아들이고, 기록하며, 반응합니다. 그러나 이 모든 것은 그것이 그 자신을 알고 난 후에라야 비로소 일어납니다.

지식에 대한 그대의 잘못된 개념은 지식이나 인식을 담당하는 오감을 통하여 외부로부터 정보와 관념을 수집한다는 것입니다. 그리고 그대는 이 정보를 중요한 지식으로서 타인에게 전해 주고, 그것에 홀리고 맙니다. 그러나 내가 지식에 관하여 말할 때 나는 이것을 가리키는 것이 아니라, "그대가 존재한다."는 지식이나 그대의 존재성(beingness)을 가리키며, 또한 영적이며 동시에 세속적인 그대의 모든 취득물의 근본 원인이 되는 아이 원리, 즉 발크리슈나 상태를 가리킵니다. 그대는 이 아이 원리가 무엇인지를 이해하려고 노력해야 합니다. 내가 다루고 있는 것은 오로지 이것뿐이지, 감각 기관을 통하여 외부에서 얻어진, 이른바 그대가 말하는 "지식"이 아닙니다.

이 발크리슈나 원리는 엄청난 잠재력을 가지고 있습니다. 그것은 사진 같이 정밀한 기억을 개발할 수 있고, 단 한 번 읽거나 들은 것은 무엇이든 잊지 않고 재현할 수 있는 "화학 작용"입니다. 이것이 바로 "앎이 전혀 없는" 무지 상태의 아이 원리, 즉 발크리슈나의 타고난 능력입니다. 발크리슈나의 발(bal)은 음식의 정수, 즉 아이의 몸을 의미하며, 크리슈나(krishna)는 "전혀 앎이 없는" 상태, 즉 무지를 의미합니다. 그러나 그것은 수용하고 응답하고 반응할 수 있는 잠재력을 가지고 있습니다.

그대는 어떠한 것도 하고 있지 않습니다. 이 모든 것은 그대에게 자연스럽게 일어나고 있습니다. 그대가 이 말의 깊은 근원적인 의미를 이해하고 싶다면, 바로 그 근원으로, 즉 그대의 존재성으로 돌아가십시오. 그리고 그것을 붙들고 계십시오. 그러나 무엇보다도 개념들을 모으지 마십시오.

지금 이 자리에서의 이런 이야기들은 숨을 쉬는 것만큼이나 자동적으로 진행됩니다. 수백 명의 사람들이 이 이야기들 들으러 찾아오지만, 나는 어떠한 가식적인 태도도 취하지 않습니다. 왜 그러겠습니까? 내 존재성(beingness)의 작은 조각 속에서, 그 존재성과 함께, 내가 나 자신과 그 밖의 모든 것을 관찰하는 동안, 깨달음이 그대로 나에게 떠올랐기 때문입니다. 이후 모든 일은 자발적으로 일어났습니다. 심지어 지금 말하는 이야기도 자발적으로 일어나는 것이어서 내가 말하는 사람이 아닙니다. 지금 이 상태에서는 내가 절대적 상태에 거주해 있기 때문에, 나는 아이 원리인 발크리슈나도 또한 아닙니다.

1980. 4. 4

17

자신의 정체성을 알기 위해서는
자신의 시작을 알아야만 한다

방문객 영성(spirituality)과 분별(discrimination)의 차이는 무엇입니까?

마하라지 분별은 우리에게 어울리는 말과 의미를 선택하는 것을 의미합니다. 그럼에도 불구하고 우리의 참된 본성에 어울리고 우리의 궁극적인 상태를 설명해 줄 수 있는 말은 결코 찾을 수 없습니다.

많은 밀 더미에서 그대는 먹기에 좋은 밀은 골라 모으고, 돌이나 불량한 밀은 버립니다. 이와 마찬가지로 분별은 사용될 수 있습니다.

현재 그대는 그대 자신을 몸이나 마음과 동일시하고 있습니다. 그러므로 그대는 영적인 수행의 초기 단계에서, "나의 존재(I am)"가 몸과 마음이 아니라, 오로지 생명의 호흡과 의식뿐이라는 원리를 받아들임으로써 그러한 정체성을 거부해야 합니다. 후기 단계에 이르면, 생명의 호흡과 의식, 다시 말해, "내가 존재한다(I am)."
는 지식은 마치 교수나 학자가 잠자리에 들면 그의 생각들이 그의
내부에 가라앉는 것과 마찬가지로, 우리의 궁극적인 본성 속으로
융합됩니다. 깊이 잠든 사람은 그 자신을 알지 못합니다. 왜냐하면
그의 존재성(beingness)의 의식마저 그의 내부로 녹아들었기 때문
입니다.

그대가 몸도 아니요, 마음도 아니라는 것을 깨닫게 되면, 어떠한
정신적인 변화에도 영향을 받지 않은 채로 남아 있을 것입니다. 그
러한 상태에서 그대는 역동적인 우주적 의식입니다. 그대는 이 상
태에 머물러 있어야 합니다.

몸이나 마음과의 동일시가 유지되는 한, 기쁨과 고통과 불행은
느껴집니다. 어떤 배가 바다 한가운데서 수천 명의 승객을 태운 채
침몰했다고 가정해 봅시다. 그들의 몸과 마음이 없어졌을 경우에
그들의 정체성은 그 재난을 면할 수 있겠습니까? 더욱이, 그 희생
자들은 그러한 비극이 일어난 이후에 그들의 몸이 완전히 사라졌
을 때 그들 자신에 대하여 조금이라도 알 수 있겠습니까? 이러한
상황에서는 심지어 생존해 있던 그들의 친척들도 불운한 승객들의
상태를 마음에 떠올릴 수 없습니다. 하나의 정체성을 결정짓기 위
해서는, 몸과 생명의 호흡과 존재성(beingness)이 필수 선행 조건입
니다.

방문객 동정심, 용서, 평화와 애착은 인간의 존재 영역과 관련이 있

294

습니다. 이렇게 말하면 맞습니까?

마하라지 이러한 특성들은 몸과 생명의 호흡이 작용한 결과로서 존재성(beingness)이 거기에 있는 한 중요합니다. 이 세 가지 원리가 일관성 있게 작용하면, 모든 것이 거기에 있고, 그렇지 않으면 아무것도 없습니다.

영성은 참나 상태에 거주하는 것을 의미합니다. 그대가 분별이나 영성과 같은 어떤 주제를 논의한다거나 생각할 때, 그대는 그것을 객관적으로 그리고 단편적으로 연구합니다. 그러나 나는 모든 것을 포용하는 원리인 참나를 가리킴으로써 그것을 주관적으로 그리고 전체적으로 연구합니다. 참나를 이해하십시오. 참나로 존재하십시오.

그대의 몸과 생명의 호흡과 존재성(beingness)이 거기에 있는 한, 그대는 "그대가 존재한다(you are)."는 것을 압니다. 생명의 호흡이 사라지면, 몸은 쓰러져 죽고, 존재성(beingness)의 불꽃은 꺼집니다. 이 과정을 "죽음"이라고 합니다. 죽은 자는 어떤 것도 알 수 없습니다. 죽은 자는 "그의 현재의 존재"나 "그의 과거의 존재"를 알지 못합니다. 그래서 우리와 함께 했거나 아니면 어떤 사람과 함께 했던 이러한 "죽은" 자의 존재를 기록하는 것은 불가능합니다.

그대 존재성(beingness)의 뿌리로 돌아가십시오. 그 과정에서, 존재성(beingness)은 초월될 것이고, "그대가 존재한다."는 지식도 없는 궁극적인 "참 그대"만이 남아 있을 것입니다.

그 궁극적인 상태를 비슈란띠라고 하며, 그것은 완전한 휴식이나 완전한 이완, 완전한 평온 등을 의미합니다.

그 말의 다른 의미는 그 단어를 분할했을 때의 비샤라-안띠(vishara-anti), 즉 결국 그대 자신을 잊게 된다는 것이 될 것입니다. 그 말은 궁극적 상태에 들어가면 "그대의 존재성(you-are-ness)"이 완전히 망각된다는 뜻입니다. "내가 존재하든" 혹은 "내가 존재하지 않든지" 간에, 그 둘 다가 망각됩니다. 이것이 바로 가장 높은 형태의 휴식, 즉 빠람마-비슈란띠입니다. 내가 말하는 것을 온순하게 받아들이지 마십시오. 의문이 생기면 반드시 질문을 하십시오. 누구든지 질문을 하려 한다면 그들은 몸-마음의 수준에서 할 것이고, 마음은 우리가 외부에서 수집한 모든 것을 의미합니다. 그것은 우리 자신의 것이 아닙니다. 그래서 지금까지 논의된 것에 대해서만, 그리고 올바른 관점에서 질문하십시오.

방문객 그 가장 높은 상태를 어떻게 경험합니까?

마하라지 경험에 관한 문제는 없습니다. 그대는 오로지 그 상태일 뿐입니다.

방문객 모든 경험은 감각 기관을 통하여 시작됩니다.

마하라지 그렇습니다. 그러나 궁극적 경험자인 "참 그대"는 단순히 경험의 총합만이 아닙니다.

깨어나자마자, 그대는 "그대가 존재한다."는 것을 압니다. 이것이 그대의 지식입니다. 이 지식이 나오기 이전에, "그대의 존재"가 무엇이든지 간에, 그것은 지식이 아닙니다.

방문객 이것은 궁극적인 상태와 어떤 관계를 가지고 있습니까?

마하라지 많은 명칭과 속성들이 있지만, 모든 속성들보다 먼저 "참 그대"는 존재합니다.

방문객 우리에게는 깨달음이 있습니까?

마하라지 이런 것들은 모두가 개념입니다. 그러나 궁극적 상태는 말로 표현할 수 없습니다. 하나의 개념에서 더 많은 개념이 생겨납니다. 그리고 모든 것이 이러한 개념과 함께 그리고 이러한 개념들을 통하여 일어나고 있습니다. 따라서 창고가 개념들로 꽉 차 있습니다. 하지만 첫 번째 개념 그 자체를 없애면, 더 이상의 개념이 일어날 문제가 어디에 있겠습니까?

방문객 이러한 "나"는 과장된 것입니까, 그렇지 않은 것입니까?

마하라지 그대 나이는 얼마입니까?

방문객 61살입니다.

마하라지 (그대의 수명 중) 61년 남짓한 기간보다 하루 앞선 날로 돌아가면, 그대는 그대가 태어날 것이라는 것을 알았습니까?

방문객 분명히 몰랐습니다. 저는 제가 태어나기 전에는 태어날 것이라는 것을 전혀 몰랐습니다.

마하라지 그런데 태어난 후에도, 그대는 도대체 왜 그대가 태어났는지를 물어본 적이 있었습니까? 일찍이, 이러한 "나의 존재성(I-am-ness)"의 지식은 태어나기 이전에는 거기에 없었습니다.

방문객 저는 제가 언제 태어났는지를 모릅니다. 또한 언제 죽을지도 모릅니다.

마하라지 그러나 지금까지 살아오면서 왜 그대는 물어보지 않았습니까? 이제 그대가 "나의 존재(I am)"에 대한 지식을 가지고 있으므로, 어떻게 그 지식에 이르게 되었습니까? 그대가 모르는 사이에 태어났다고 하더라도, 그러나 마치 잠자던 사람이 깨어나서 그에게 커다란 종기가 생긴 것을 보고, "언제 나에게 이 종기가 났지?"라고 물어보는 것처럼, 그대는 왜 물어보지 않았습니까?

방문객 저는 정말로 물어보았습니다.

마하라지 누구에게 물어보고 어떤 대답을 얻었습니까?

방문객 하지만 아무 대답도 얻지 못했습니다.

마하라지 "내가 존재한다(I am)."는 이 지식은 어떻게 그리고 왜 나타났습니까? 그대는 반드시 그것을 알아야만 합니다. "내가 존재한다."는 이 지식은 "지식이 전혀 없는" 상태에서 어떻게 나타났습니까?

방문객 모릅니다.

마하라지 그대는 그것을 알아야만 합니다. 모든 형태의 정보를 가지고 있어도 무슨 소용이 있겠습니까? 수천 명의 사람들이 배 안에서 익사했습니다. 그들의 현재 상태에 대하여 그대는 어떤 정보를 얻을 수 있습니까?

방문객 죽음입니다.

마하라지 분명히 아무것도 없습니다. 죽음이나 출생에 대해 몰랐던 사람이 자신의 죽음에 대해 알 수 있겠습니까?

방문객 우리는 죽은 사람의 입장에서 물어봐야 할 것입니다.

마하라지 죽은 자의 입장에서 물어보겠습니까?

그대가 알지도 못하는 사이에 이러한 지식이 나타났습니다. 어떻게 나타났습니까? "공"에서 이러한 "나의 존재성(I-am-ness)"이 나타났습니다. 어떻게 그렇습니까? 그대가 태어나기 전에, 그대는 "나의 존재성(I-am-ness)"을 경험해 본 적이 있습니까?

방문객 아마도 없을 것입니다.

마하라지 왜 "아마도"란 말을 합니까?

방문객 명백히 없습니다. "지식이 전혀 없는" 상태에 대하여 어떤 정보를 수집하는 것도 단지 쓸데없는 질문에 불과합니다.

마하라지 그대가 죽음을 맞이할 것이 명백한데, 왜 그대는 지금 그 지식을 붙들고 있습니까? 태어나기 전에 그대는 그대가 존재했다는 것을 몰랐습니다. 그대는 죽을 것입니다. 그렇다면 왜 그대는 천국이나 지옥, 미덕, 죄악과 같은 이 모든 개념들을 붙들고 있습니까? 이제 그대가 이 모든 이야기를 들었으므로, 반대로 돌아서서 보시겠습니까?

방문객 가끔 그렇게 하고 있습니다.

마하라지 그것이 무슨 소용이 있습니까?

　　결국, 그대는 "나"나 "나의 것"과 같은 것이 전혀 없다는 결론에 도달해야 합니다. 적어도 그대의 시작을 보십시오.

방문객 아마도 우리는 시작할 권리는 있지만 끝낼 권리는 없나 봅니다.

마하라지 나는 그대의 시작에만 관심이 있습니다. 그대는 어떻게 존재하게 되었습니까? 그것이 가장 중요합니다.

방문객 저는 저와 저 자신에 관심이 많습니다.

마하라지 그러나 그대는 그대의 정체성이 무엇인지를 알게 되었습니까?

방문객 저에게 은총을 내려 주십시오.

마하라지 내 앞에 그대의 정체성을 갖다 놓으십시오. 그러면 그것에 은총을 내려 주겠습니다. 확실히 자신의 시작도 모르는 사람이 어떻게 무엇을 해 달라고 누군가에게 간청할 수 있겠습니까?

그대가 모른다는 것을 아주 잘 알고 있지만, 왜 그대는 여전히 이 모든 것을 받아들이고 있습니까?

방문객 그것은 본능입니다. 우리는 자연스럽게 이 모든 것을 받아들이고 있습니다.

마하라지 그 본능적인 일어남은 무엇입니까? 태어난다는 것은 무엇입니까? 그대는 그것에 관심이 없습니다. 그대에게는 강한 충동이 없기 때문에 그 지식을 가지고 있지 않습니다. 그대에게 강한 충동이 있다면, 그때서야 비로소 깨달음이 있을 것입니다. 그때까지 그대는 온갖 노력을 다 기울이겠지만, 다른 누군가는 마치 장님이 맷돌로 작업하는 동안 개가 밀가루를 다 먹어치우듯이, 이득을 취할 것입니다.

방문객 우리는 어떻게 하면 이 무지를 없앨 수 있습니까?

마하라지 집요하게 참나 속에 거주함으로써 가능합니다. 참나에 대하여 명상하십시오. 참나에 대한 완벽한 지식을 얻으려면 그대는 고집과 인내의 하타-요가를 해야 합니다.

방문객 그런 지식을 얻은 사람이 있습니까?

마하라지 예. 극소수의 사람, 천만 명 중 한 사람입니다. 이런 수학적 확률을 보고, 이제 그대는 탐구를 포기하시렵니까?

방문객 저는 포기하고 싶지 않습니다.

마하라지 그대는 귀를 꼬집은 뒤에 이런 결론에 도달했습니까?

방문객 처음부터 노력한들 무슨 소용이 있습니까?

마하라지 그대의 개념들도 무슨 소용이 있겠습니까? 냐니(jnani)는 개념을 초월합니다. 그는 어떤 개념에도 중요성을 두지 않습니다.

방문객 그는 우리가 지금 얼마나 노력하고 있으며 또 얼마나 일찍부터 노력해 왔는지 모를 것입니다. 당신은 모릅니다. 라마크리슈나 빠라마함사는 어머니께 "오, 어머니, 저를 생각과 지식 너머로 데려가 주십시오. 그 생각과 지식 때문에 미치겠습니다."라고 호소했습니다.

마하라지 그대는 생각과 지식을 초월하기 위하여 직접 노력했습니까? 아니라면 왜 다른 사람들을 들먹입니까?

방문객 안 했습니다.

마하라지 만약 그대가 그대 자신에 대한 처방을 시도해 보지 않았다면, 왜 그것에 관하여 이야기합니까? 왜 다른 사람의 판단을 소개합니까? 그대는 말이 없어도 살아남을 수 있습니까? 말이 없다면 그대는 일상생활을 어떻게 꾸려나갈 수 있습니까? 나는 그대 출생의 내력을 알고 있습니다. 나는 그대가 왜 어떤 사람을 그대의 "아버지" 혹은 그대의 "어머니"라고 부르는지 아주 잘 알고 있습니다. 그대는 왜 그대 자신의 자기에 대하여 신경 쓰지 않고, 타인들, 즉 라마크리슈나 빠라마함사와 같은 다른 사람들에 대하여 신경을 쓰고 있습니까? 그대가 무지하다면 타인들에 대하여 알아보는 것은 괜찮습니다. 그러나 그대가 그대 자신에 대하여 관심이 있다면, 오직 그대 자신에 대해서만 알아보십시오. 내가 "나의 존재성(I-am-ness)"을 이해함으로써 그것을 기쁘게 해 주었을 때, 오직 그때서야 나는 이 "나의 존재성"을 알게 되었고, 또한 그 과정에서 절대적 상태인 "내"가 그 "나의 존재"가 아니라는 것을 발견했습니다. 한 곳에 그대로 계십시오. 이미 모든 지식을 모았으므로, 사람이 없는 조용한 곳에서 그것을 깊이 생각하십시오.

방문객 만약 마하라지께서 은총을 베풀어 주신다면, 저는 깨달음을 얻을 것입니다.

마하라지 그것은 그렇게 간단하지 않습니다. 그것은 마치 어떤 누군가가 결혼한 부부에게 은총을 내려 주기만 하면, 그 부부가 자식을 낳을 것이라고 말하는 것과 같습니다.

방문객 "내가 존재한다(I am)."는 지식은 하나의 저주입니다.

마하라지 그것은 우연하고 자발적인 것입니다. "나의 존재(I am)"의 시작은 "내가 존재한다(I am)."는 음성 메시지를 들을 때입니다. 그리고 나에게 "내가 존재한다(I am)."는 정보가 있을 때, 그것은 가네샤 상태입니다.

방문객 왜 가네샤는 "옴"이라고 하는 근원적인 소리인 쁘라나바와 동일시되고 있습니까?

마하라지 왜냐하면 가네샤가 생명의 호흡인 쁘라나에 대한 지식을 나타내고 있기 때문입니다. 쁘라나바에서 쁘라나의 산물인 음성 언어가 네 단계, 즉 빠라, 빠슈얀띠, 마드야마, 바이까리를 거친 뒤에 생겨납니다. 빠라는 근원이고 가장 미묘한 단계인 반면에, 바이까리는 가장 거친 단계로서 음성으로 터져 나오는 언어를 나타냅니다. 빠라보다 앞에 있는 상태는 사랑의 느낌인 "존재의 사랑"이며, 이것이 모든 활동을 일어나게 합니다. 그 상태가 가네샤입니다.

1980년 7월 26일

18

그대의 존재성은
마음의 시작이자 끝이다

방문객 이곳을 방문한 어느 스페인 신사는 명상을 많이 했지만 집착을 버릴 수 없었습니다.

마하라지 그대가 몸에 집착하는 한, 여러 사람과 사물에 대한 집착을 초월할 수 없을 것입니다.

방문객 제가 저 자신을 이해하려고 노력할 때마다 친척들에 대한 사랑의 부재를 느낍니다.

마하라지 타인에게 관심을 두지 말고, 그대 자신에게 관심을 가지도록 하십시오.

방문객 명상을 하고 난 후에 저는 타인에 대한 사랑을 잃어버렸습니다.

마하라지 그것은 그대의 사랑이 적어졌기 때문이 아닙니다. 이제 사랑이 그대 자신의 자기 속으로 융합되었습니다. 그대 자신의 존재성(beingness)이 곧 사랑이요 희열입니다. 그대는 그대의 사랑을 객체화시켰습니다.[18] 그대의 본성 자체는 사랑입니다. 존재성(beingness)에 안주함으로써 그대는 외부에 널리 퍼져 있는 모든 사랑을 모을 수 있습니다. 그대는 "내가 존재한다(I am)."는 지식 속에 거주하고 있습니다. "그대의 존재(you are)"가 몸 안에서 무엇이든지 간에 그것은 오직 사랑만을 나타냅니다. 이 사랑은 일을 하고, 음식을 모아 먹고 소화하며 그리고 지식을 얻습니다. "그대의 존재(you are)"가 바로 그 사랑이며, 생명의 호흡을 통하여 나타납니다. 다시 말해서, 활동은 생명의 호흡 때문에 계속 일어납니다. 몸이 우리의 세속적인 활동을 수행하기 위해 많은 수족을 가지고 있는 것처럼, "그대가 존재한다."는 지식도 활동을 위한 그 수족으로서 생명의 호흡을 가지고 있습니다. 그것은 타인을 사랑하는 문제가 아니라, "그대의 존재"가 무엇인지를 직접 아는 문제입니다. 그 사랑이 그대를 돌보고 있습니다. 왜냐하면 그 사랑이 그대의 자

---

18. 즉, "객체"(그리고 이 용어는 "주체"를 포함하고 있다)와의 동일시를 통하여, 무한한 사랑이 불가피하게 제한적이고 상대적인 것이 되었다.

양분이며 그대의 동기이며 그리고 그대에게 힘을 불어넣는 활력이기 때문입니다. 그대는 거기에 주의력을 집중합니다. 그것의 움직임은 생명의 호흡에 의해 알 수 있습니다. 왜냐하면 그것이 생명력이기 때문입니다. 그것이 나타나는 것을 확실히 느끼는 것이 "그대가 존재한다."는 지식입니다. 이 사랑은 우주적 사랑입니다. 이러한 사랑은 어떤 특정한 사람이나 사물로 지향되는 것이 아니기 때문에 그것은 공간과 아주 흡사합니다. 공간은 "나는 오로지 아무개를 지지한다."라고 말하지 않습니다. 공간은 누군가와 내밀히 사랑을 하지 않습니다. 그 사랑은 현시적이고 우주적입니다. 그대가 몸과 동일시하기 때문에 모든 문제가 시작됩니다. 근원적인 사랑은 "존재하려는 사랑"입니다. 그 이후에 비로소 그대는 타인에 대한 사랑을 생각할 수 있습니다. 왜 그대는 "존재하려고" 노력합니까? 그것은 단지 그대가 "존재를 사랑하기" 때문입니다. 가장 큰 장애물은 그대가 몸-마음과 동일시하는 것입니다. 그대가 신이 될 수 있는 것이 아니라는 것을 이해하십시오. 왜냐하면 그대가 바로 신이기 때문입니다. 그대는 원래 신성합니다. 그러나 그대는 본래의 그대가 아닌 무언가로 변해 버렸습니다. 그대는 그대의 목적지가 그대 자신의 자기, 즉 "나의 존재(I am)"라는 것을 이해해야 합니다. 그것이 바로 모든 것의 근원입니다. 그대는 "내가 존재한다."는 그것을 깨달아야만 합니다.

방문객 그것이 목적지입니다만, 어떻게 도달할 수 있습니까?

마하라지 그대는 몸 때문에 그것을 찾아가던 길에서 탈선했습니다. 그대는 몸을 붙들고 있음으로써 신의 우월한 위치에서 떨어진 것입니다. "그대가 존재하고 있기(you are)" 때문에 의식이 존재합니다. 그대가 "나는 존재한다."라고 말하기 전에, 그대는 이미 존재하고 있습니다.

방문객 동감입니다.

마하라지 그대는 이제 "그대가 존재한다(you are)."는 것을 알고 있습니다. 그 상태로 존재하십시오. 나는 여기서 경전이 아무리 세련되어 있다 하더라도 그 경전에 있는 내용을 말해 주려는 것이 아닙니다. 나는 단지 "그대가 존재한다."는 것을 말해 주려는 것입니다. 만약 내가 하는 말이 마음에 든다면 와도 좋습니다. 반대로 나의 이야기가 마음에 들지 않으면, 여기 오지 마십시오. 현재 그대는 그대 자신을 제한된 가치나 지성을 가진 하찮은 사람으로 생각하고 있을지도 모릅니다. 그러나 실제로는 그렇지 않습니다. 그대는 매우 지혜롭습니다. 그대는 무한하고 영원한 존재입니다. 이러한 "나의 존재성(I-am-ness)"의 느낌은 광고와 같습니다. 왜냐하면 그것은 그 영원한 상태를 알려 주기 때문입니다. "나의 존재", 즉 그대가 그대 내부에서 느끼는 그 말이나 "내가 존재한다."는 느낌은 영원하지 않습니다. 그러나 참 그대는 영원하며 지혜롭습니다.

방문객 제가 영원한 존재라는 것을 어떻게 알 수 있습니까?

마하라지 이것은 보통의 지적인 방식으로 이해될 수 있는 것이 아닙니다. 그러한 상태는 저절로 깨달아지는 것이기 때문입니다. 그대가 "나의 존재성(I-am-ness)"의 상태에 있을 때, 그대는 영원한 상태로 융합이 됩니다. 이제 그대는 그대가 존재하고 있다는 것과 그리고 그대가 앉아 있다는 것을 알고 있습니다. 그대는 어떻게 이러한 확신을 갖게 되었습니까?

방문객 저는 제가 지금 여기 앉아 있다는 것을 압니다.

마하라지 마찬가지로, 그대는 절대적 상태라는 확신을 가져야만 합니다. 이것은 아주 중요합니다. 그대는 오로지 그것에 주의력을 집중해야 합니다. 존재성(beingness)이나 앎이 나타나기 전에, 절대적 상태인 내가 이미 거기에 영원히 존재하고 있습니다. 누가 주의력을 집중할 것입니까? 이것이 주의력의 집중이라는 것을 누가 압니까? 주의력을 집중하는 그것은 주의력보다 먼저 존재하고 있습니다.

　마음속으로 그대는 어떻게 명상할 수 있습니까? 그대가 "명상"이라고 부르는 것에는 대상이 필요합니다. 누가 그 명상을 관찰하고 있습니까? 누가 그 명상을 하고 있습니까? 그 과정은 "대상"뿐만 아니라 "누군가"의 존재를 필요로 합니다. 그렇지 않습니까? 그렇지만 다른 어떤 것보다 먼저 참 명상가가 존재해야만 합니다. 이제 어떠한 대상도 없이 참 명상가 혼자만이 있도록 하십시오. 진정한 명상에서는 명상할 어떤 대상도 없이 참 명상가 "혼자"뿐입니다.

깨어 있는 상태보다 먼저, 절대적 상태인 내가 늘 존재합니다. 깨어나자마자 "내가 존재한다(I am)."는 생각이 나에게 떠오릅니다. 그리고 그 이후에 비로소 다른 모든 사건과 일들이 마음에 떠오릅니다. 다시 말하지만, 깨어 있는 상태보다 앞서 절대적 상태인 내가 반드시 존재하고 있습니다. 여기에 그대로 계십시오. 그 안에 거주하십시오. 그대는 그대의 현재의 참된 본성인 "나의 존재(I am)"에 안주해야만 합니다. 다른 모든 부차적이고 불필요한 대상들은 없애야 합니다. 이러한 것들 가운데 어느 것에도 주의를 집중하지 마십시오. 전 과정이 그대의 근원에 존재하는 것입니다. 현재 그대의 근원은 무엇입니까? "나의 존재(I am)"입니다. 그 "나의 존재성(I-am-ness)"을 붙들고, 그 안에 계십시오.

그대는 그대 자신의 자기를 깨달아야 합니다. 그대는 "나의 존재(I am)"와 "나의 존재 아님"의 경계선에 있어야만 합니다. "그대가 존재한다."는 생각이 그대에게 떠오르지 않는다고 가정해 봅시다. 그것이 그대가 존재하지 않는다는 것을 의미합니까? 그 "나의 존재성"이 거기에 없다 하더라도, 절대적 상태인 참 그대는 존재하고 있습니다. 그러한 절대적 상태로서 참 그대는 깨어 있는 상태보다 먼저 존재하고, 깨어 있는 상태 동안과 그 이후에도 존재하고 있습니다. 깨어 있는 상태 동안에 그대가 가지고 있는 "나의 존재성(I-am-ness)"의 느낌이 이 세상을 감지합니다. 그리고 절대적 상태인 참 그대의 관점에서 "나의 존재성(I-am-ness)"과 그것의 지각 작용에 대한 목격이 있습니다.

방문객 저는 영적인 무엇인가를 하고 싶습니다.

마하라지 그대는 자기 지식을 원합니까, 원하지 않습니까? 그대는 영적인 뭔가를 하고 싶어 합니다. 하지만 뭔가를 하기 위해서는 그대가 존재해야만 합니다. 그대는 "참 그대"를 알아야만 합니다. 영성의 행위자는 누구입니까? "나의 존재"가 행위자입니다. 그대가 집과 거리와 사무실에서 일상적인 활동에 몰두할 때, 그 공통인수는 "누구"입니까? 그것은 바로 "나의 존재성(I-am-ness)"입니다. 그대의 이러한 "나의 존재성(I-am-ness)"이 모든 것을 수행하고 있습니다.

아침부터 밤까지 내가 많은 일을 한다고 합시다. 내 활동의 전체는 무엇입니까? 이 모든 많은 활동은 나의 존재성(beingness)의 상태에서 일어났습니다. 깊은 수면 상태에서는 "나의 존재(I am)"가 망각의 상태로 들어갔습니다. 그것은 그 자신을 잊어버렸기 때문입니다. 그렇다면 이루어진 모든 것은 무슨 소용이 있습니까? 존재성(beingness)은 영원한 상태가 아닙니다. 그것은 일시적인 단계, 말하자면, 잠깐 동안의 구경거리입니다. 의식은 다섯 가지 원소와 그들의 상호 작용이 만들어 낸 산물입니다. 다섯 가지 원소들의 결과는 일시적인 것이며 시간의 구속을 받습니다. 그대의 앎과 그대가 축적한 모든 것은 항상 그대의 존재성(beingness) 다음에 옵니다. 그대가 뭔가를 알 수 있는 것은 오직 앎이 "그것의 존재"를 알 때만 가능합니다. 그대가 의식의 영역 안에 있는 뭔가를 "그대 자신"과 동일시할 때 그대의 타락은 일어납니다. 그대의 의식은 이 세계를 나타냅니다. 그대가 몸과 그대 자신을 동일시하려고 할 때, 타락은 시작됩니다.

방문객 제가 의식이라고 누가 생각합니까?

마하라지 그대입니다! 존재성(beingness)이 없다면, 생각도 없습니다. 존재성(beingness)은 생각이나 생각 없음의 기본적인 전제 조건입니다. 그대의 몸에 고통이 있다고 합시다. 그 고통을 목격하는 자는 누구입니까? 그대의 존재성만이 그것을 목격합니다. 존재성(beingness)이 없다면, 목격이라는 것이 도대체 어떻게 있을 수 있겠습니까? 참된 목격자는 오직 영원한 참나뿐입니다. 존재성(beingness)이 거기에 있는 한, 그대는 그 존재성입니다. 그 존재성(beingness)이 없으면, 그대는 절대적 상태입니다. 이곳을 찾아오는 모든 사람들은 떠나가야 합니다. 마찬가지로, 나타났던 존재성(beingness)은 사라져야만 합니다.

1980년 7월 28일

19

깨달은 사람에게는 이 세상에서
일어나는 모든 작용이 바잔이다

방문객 마하라지께서는 사띠야 사이 바바가 예증한 물체의 물질화와 비물질화에 대해 어떻게 생각하십니까? 하지만 저는 이 현상을 사띠야 사이 바바에게 한정시키고 싶지는 않습니다.

마하라지 그것은 그저 여흥일 뿐입니다. 그냥 내버려두십시오. "그대 존재"의 정체와 "나의 존재"의 정체도 또한 개념입니다.

방문객 개념이 없다면 세상은 작용할 수 없을 것입니다.

마하라지 세상은 계속될 것입니다. 그럼에도 불구하고 세속적인 삶에 나타난 모든 것은 환영에 불과합니다. 이미 일어난 사건이거나

(혹은 이미 사라져 버린 그 모든 것이) 다시 되돌아올 수 있습니까?

방문객 아무도 모릅니다.

마하라지 비슷한 일이 일어날지는 모르지만, 결코 동일하지는 않을 것입니다.

방문객 환생에 대해서 말씀해 주시겠습니까?

마하라지 자신의 확고한 신념에 따라서, 죽은 자는 또 하나의 꿈을 꾸게 될 것이고, 그 꿈에서 그는 다시 태어날 것입니다.

방문객 다시 태어나는 분명한 원인은 무엇입니까? 과거의 까르마 때문입니까? 그리고 까르마와 같은 것이 도대체 있기나 합니까?

마하라지 까르마는 그대의 신체적, 정신적 활동으로 이루어져 있습니다. 그러나 실제로 그러한 활동들은 존재성(beingness), 역동적 특성, 행위자 신분의 주장에 각각 해당하는 사뜨바(sattva), 라자스(rajas), 그리고 따마스(tamas)라는 세 가지 구나(guna)로 인해서 일어나는 것입니다.

방문객 우리는 어떻게 우리 자신들로부터 멀어져 갑니까? 대부분의 사람들은 개념이라는 족쇄의 형태에 고착되어 있는 것 같습니다.

마하라지 누가 그렇게 말합니까?

방문객 제가 관찰한 것입니다.

마하라지 그대가 "그대의 존재"를 알고 있는 한, 그것은 항상 그대와 함께 있으며 절대로 떠나지 않습니다.

방문객 제가 어떻게 개념으로부터 해방될 수 있을까요?

마하라지 먼저, 그대는 "그대의 존재(you are)"가 무엇인지를 알아야만 합니다.

방문객 몇 가지 방법을 제시해 주실 수 있습니까?

마하라지 그 방법은 딴뜨라와 만뜨라 그리고 얀뜨라입니다. 딴뜨라는 기술이며, 만뜨라는 정해져 있는 일련의 성스러운 말이며, 얀뜨라는 영적인 발달을 위한 장치입니다. 그대는 내가 설명하고 옹호하는 것을 이해하고 받아들여야 합니다. 그 다음 모든 것을 놓고 그대 자신이 되십시오.

방문객 저는 당신이 말씀해 주시는 것을 쉽게 행동으로 옮길 수 없습니다.

마하라지 그대가 그대 자신을 변화시켜야 한다는 뜻이 아닙니다. 사실 그대는 이미 그대 자신 이외의 다른 뭔가로 그대를 변화시켜 놓았습니다. 이제 그 변화된 그대 자신을 원래의 그대 자신으로 되돌려 놓아야 합니다. 그대 자신 속에 안주하십시오.

그대는 "존재하고(to be)" 싶어 하기 때문에, 이야기와 그 밖의 모든 일에 종사하고 있습니다. 이러한 "그대의 존재(you are)"를 유지하기 위해서, 그대는 다양한 활동을 수행하고 있습니다. 따라서 그대는 그대의 마음을 계속 분주하게 움직이는 것입니다. 그러나 깨달은 사람에게는, 마음의 흐름이 밑에서 불쾌한 가스를 배출하는 것과 같습니다. 참나 속에 안주하고 있는 사람은 마음의 지껄임이 마치 뱃속의 불쾌한 가스처럼 더럽고 불필요한 것이듯 그것을 경멸합니다.

그대가 무지한 상태에 있다면, 좋고 나쁨에 대한 문제와 수용할 것인가 혹은 거부할 것인가의 선택에 대한 문제들이 발생합니다. 그러나 지식의 상태에서는, 일은 자연스럽게 일어나며, 선택하거나 버린다는 문제는 전혀 없습니다. 깨달은 사람은 신 등을 찬양하는 노래나 암송인 바잔과 같은 분명히 의례적인 행동들도 자연스러운 표현입니다. 그러한 행동은 계획된 것이 아니라 그냥 일어납니다. 깨달은 사람에게는 세상의 전체 작용이 바잔입니다. 일어나는 모든 일은 "그대"라는 원동력의 결과입니다. 비록 활동은 자연스럽게 일어나고 있지만, 그대는 그 활동의 행위자라고 주장하고 싶은 마음이 생깁니다. 그러나 그러한 주장은 그대가 몸-마음과 동일시하는 데서 일어납니다.

영적인 지식을 얻고 난 후에, 그대는 세상을 위하여 무엇을 하려고 합니까?

방문객 저는 그냥 존재하겠습니다.

마하라지 사회복지사업에 취향이 있는 사람들은 뭔가 선행을 하고 싶어 합니다. 그들은 서로가 조화롭게 살 수 있도록 다른 사람들이 갖고 있는 지성의 특성을 바꾸고 싶어 합니다.

방문객 세계는 진리의 표현이며, 사람들은 이것을 이해하기 위하여 도움을 받아야 합니다.

마하라지 만약 그러한 일이 일어난다면, 그것은 저절로 일어날 것입니다. 계속해서 변화하고 있는 것은 비실재적인 것입니다. 변화는 오직 비실재적인 것에서만 일어날 수 있습니다. 실재하는 진리 속에서는 어떠한 변화도 일어날 수 없습니다. 이 세상에서 그대는 개념의 향상을 가져올 수 있지만, 그 개념을 감히 진리라고 부르지는 못합니다.

진리는 진리가 아닌 것을 이해할 수 있지만, 진리가 아닌 것은 진리를 이해할 수 없습니다. 그대가 옷을 갈아입는 것과 마찬가지로, 그대는 그대의 개념을 갈아치우고 행복을 느낍니다. 진리는 볼 수 있거나 감지할 수 있는 것이 아닙니다. 그러나 진리는 진리가 아닌 것을 볼 수 있습니다.

방문객 개념들 때문에 저는 행복하지 않을 것입니다. 맞습니까?

마하라지 그대는 개념이 있어서 행복할 수 있다고 생각합니다. "개념이 전혀 없는" 상태에서 드러나는 행복이나 희열은 우리가 감지할 수 없습니다.

방문객 우리가 살아가면서 진리를 잠깐 보게 되는 평화로운 순간들이 있습니다. 그리고 그 결과 우리가 갖게 되는 신념은 우리의 삶에 영향을 미치고 우리의 삶을 인도합니다.

마하라지 이러한 것들은 말일 뿐이고, 말에는 진리가 들어 있지 않습니다. 진리에는 말의 도움이 필요 없습니다. 그대가 무슨 말을 하더라도 그것은 경험입니다. 그러나 그대는 경험자입니다. 그리고 그 경험이 없어도 "그대는 존재합니다." 경험은 오고 가지만, 경험자는 그대로 남아 있습니다. 그대는 세상을 경험하지만, 그대는 세상보다 먼저 존재하고 있습니다. 세상은 경험적이지만, "참 그대"

즉 절대적 상태는 비경험적입니다.

현재, 그대는 "그대의 존재성(you-are-ness)"의 느낌을 느끼지만, 그것은 일시적인 상태입니다. 그것은 사라지기 때문입니다. 백 년 전에, 즉 태어나기 전에, 이러한 "그대의 존재성(you-are-ness)"은 절대적 상태인 "참 그대"와 관련이 없었습니다. "그대의 존재(you-are)"에 대한 이러한 경험은 하나의 열병처럼 나타났습니다. 이러한 열병이 어떻게 그리고 왜 나타났는지에 대해서는 아무런 설명이나 이유가 없습니다.

방문객 순식간에 당신은 "그대의 존재(you are)"라는 병에서 벗어났습니다. 저도 그러한 숭고한 순간을 경험할 어떤 가망성이라도 있습니까?

마하라지 있습니다. 단, 그대가 이 이야기를 이해하고 받아들인다면 말입니다. 지금 존재하고 있는 모든 것은 우리 모두에게 존재의 느낌입니다. 우선, 우리는 그 존재의 느낌 속에 거주해야만 하고, 마지막으로 우리는 그것도 초월해야 합니다.

방문객 오늘 아침, 저는 명상을 통하여 제가 몸–마음이 아닌 오로지 존재성(beingness) 속에 있다는 느낌을 받았습니다.

마하라지 그것이 바로 의식입니다. 그것은 어떠한 개성도 없고, 남성이나 여성도 없는 나타난 상태입니다. 그것이 바로 "그대가 존재한다(you are)."는 지식입니다.

방문객 얼마 동안, 존재성(beingness)의 느낌도 전혀 없었습니다.

마하라지 그것은 고요의 상태였으며, 오직 의식만이 거기에 있었습니다.

방문객 어떤 사람에 의하면, "나의 존재"의 느낌은 가슴 오른쪽에, 즉 가슴 중앙에서 손가락 네 개 정도 떨어진 곳에 있다고 합니다.

마하라지 그것은 개인의 경험마다 다릅니다. 그 위치는 사람에 따라 다를 수 있습니다. 그러나 그것을 몸과 관련해서 이해하거나 그 위치를 알려고 하지 마십시오.

〔한 인도의 구도자가 마하라지의 주소를 찾기 위해 인근을 많이 배회하다가 마하라지의 집으로 들어온다.〕

마하라지 이곳을 알고 있습니까? 이곳을 찾기 위해 많이 돌아다녔습니까?

방문객 예, 스승님. 몇 해 전에 성자와 같은 수도승을 만나기 위하여 이곳을 방문했습니다.

마하라지 그가 뭔가를 가르쳐 주었습니까?

방문객 아닙니다. 그러나 그에게는 특별한 능력이 있었습니다. 몇 해 전에, 봄베이 항에 정박해 있던 배에서 폭발 사고가 있었습니다. 폭발이 일어나기 전에 우연히 그 근처에 있었던 이 수도승은 어떤 예감이 들었습니다. 그는 자기 주위 사람들에게 소리를 질러 그 지역을 즉시 이탈하라고 했습니다.

한 번은 그가 저의 머리를 두드리면서 저에게 은총을 베풀어 준 적이 있었습니다. 그때 저는 마치 저의 꾼달리니 에너지가 위로 솟구쳐 오르는 것처럼 느꼈습니다.

마하라지 그 이야기를 듣고 보니, 띠꾸 바바라는 이름으로 통하는, 위대한 재능을 가진 또 한 명의 수도승이 생각납니다. 그는 꼴라바 구역에서 살았습니다. 내가 그를 개인적으로 알지는 못했지만, 나의 비디[19] 가게를 자주 들렀던 전령 역할을 하던 수도승을 통하여 우리는 서로 의사소통을 하곤 했습니다. 띠꾸 바바는 기적을 일으키는 위대한 능력을 지니고 있었습니다. 어느 날 전령 역할을 하던 수도승이 밤늦게 띠꾸 바바를 만나러 갔습니다. 깜짝 놀랍게도, 그

---

19. 값싼 인도 담배 종류

는 띠꾸 바바의 몸이 절단되어 그의 사지가 함께 쌓여 있는 것을 발견했습니다. 당연히 살인 사건일 것이라고 생각하고서, 그는 띠꾸 바바가 살던 곳에서 도망쳐 나왔습니다. 그 다음날 아침에 그는 호기심이 나서 다시 가봤는데, 깜짝 놀랍게도 띠꾸 바바가 원기 왕성한 상태로 있는 것을 발견했습니다.

어느 날 그 전령이 내 가게에 와서, 띠꾸 바바의 죽음이 임박했기 때문에 최대한 빨리 그를 만나러 오라는 그의 메시지를 전해 주었습니다. 게다가 그가 육신을 떠나기 전에 그가 갖고 있는 모든 능력을 나에게 전수해 주고 싶다는 것도 전해 주었습니다. 그 대답으로 나는 감사의 말을 전하며, 그 전령에게 "계약은 오직 한 번만 체결되는 것이라고 띠꾸 바바에게 전해 주시오."라고 말해 주었습니다. 이 말로 내가 뜻하고자 했던 것은 진정한 제자는 오직 한 번만 구루를 받아들인 뒤 그에게 계속 헌신하는 것이지, 다른 구루들을 쫓아다니지 않는다는 것이었습니다. 띠꾸 바바는 이 메시지를 받고서, "오, 그는 이미 목적지에 도달하여 어떠한 욕망도 초월했구나."라고 말했습니다.

1980년 10월 22일

20

그대의 존재 느낌을 고수하라

마하라지 우주적 의식은 모든 곳에 존재합니다. 그래서 그것은 다섯 원소들의 상호 작용에서 빚어지는 어떠한 손실이나 이득도 보지 않습니다. 그러나 이러한 상호 작용의 과정에서 그것은 명백하게 나타납니다. 〔마하라지가 금속제 꽃병을 집어 들고 마루에 떨어뜨리자 쨍그랑 소리가 난다.〕 하나의 물체가 다른 물체와 접촉했을 때, 잠재되어 있던 소리가 분명한 소리로 변했습니다. 〔마하라지는 수건을 집어 들고 천 속에 불이 잠재되어 있다고 지적한다.〕 수건에 어떤 작용이 있을 때 (즉, 수건에 불을 가함으로써)만 불은 나타납니다. 그리고 반작용으로서 불은 나타나고, 수건은 불에 탑니다. 의식은 항상 거기에 있습니다. 생명도 항상 거기에 있습니다. 그리고 하나의 형태가 있을 때 생명은 나타날 것입니다. 마치 소리가 일어나고 천에 불이 붙는 것과 마찬가지로, 의식도 작용을 하게 됩니다(즉, 나타나고 지각할 수 있게 됩니다).

소리나 불에 어떤 특별한 정체성이 없다는 사실과 마찬가지로, 의식에도 전혀 정체성이 없습니다. 비록 의식이 우주적이고 그리고 오로지 몸을 통하여 작용을 하지만, 그대가 무지하고 그리고 몸과 동일시하고 있기 때문에 그대는 기쁨과 고통을 경험합니다. 그토록 많은 사람들이 죽었고, 그토록 많은 사람들이 살해되었지만, 의식은 언제나 동일한 상태로 남아 있습니다. 그것은 어떤 식으로든 줄어들거나 확대되지도 않았습니다. 말하자면, 그것은 전혀 변화를 받지 않았습니다. [마하라지는 또다시 꽃병을 떨어뜨려 소리를 내며, 그 소리는 그냥 일어난다고 지적한다.] 소리에는 어떠한 고통이나 기쁨도 없습니다. 그것은 단지 나타날 뿐입니다. 의식도 마찬가지입니다. 의식에도 전혀 고통이나 기쁨이 없습니다. 다섯 가지 원소에 손실이나 이득도 없습니다. 인간이 경험하는 이 모든 불행들은 다섯 가지 원소들에게뿐만 아니라, 감각 기관이 감지하는 다양한 특성(구나들)에 대해서도 기쁨이나 고통을 주지 않을 것입니다. 그 다섯 가지 특성들이란 촉감(觸), 형태(色), 냄새(香), 미각(味), 그리고 소리(聲)입니다. 이제 그대에게 그 "그대"의 의미가 무엇입니까? 그대의 욕망에 말려들지 마십시오. 그대는 어디로 나아가고 있습니까? 다음과 같은 방면에 대하여 생각해 보십시오. 즉 다섯 가지 원소들이 작용하고 있습니다. 그리고 그것들의 상호 작용의 결과로 형태가 만들어집니다. 그리고 이 형태에는 다섯 가지 감각 기관이 구비됩니다. 다섯 원소의 대상들, 즉 식물과 음식에서부터 형태가 모양을 취합니다. 이제, 이 형태를 통하여 의식은 다시 다섯 원소들의 특성(구나들)을 나타냅니다. 이것을 깊이 생각하면서, 그대의 정체가 무엇이고 그대가 어디로 나아가고 있는지를 알아내십시오.

지금까지 수천 번의 전쟁이 있었습니다. 그런데 그 모든 것이 다섯 원소에 미친 영향은 어떠했습니까? 이 다섯 원소들은 다섯 가지 몸의 감각 기관에 의해 지각됩니다. 이 다섯 원소들이 최고의 상태에서 탈선했기 때문에, 이 구나 즉 의식이 나타났습니다.

어떤 사람이 살해되었다고 가정해 봅시다. 실제로 무슨 일이 일어났습니까? 살해된 몸 안에 내재해 있던 의식이 망각 상태로 들어갔으며, 다섯 감각 기관의 작용이 정지된 것입니다. 수백만의 사람들이 죽어 사라졌습니다. 그런데 그들의 오감과 의식이 그대를 찾아와서 어떤 논쟁을 일으킵니까? 몸에는 지각을 담당하는 오감과 행동을 담당하는 다섯 개의 수족이 갖추어져 있습니다. 나이를 먹어 감에 따라 이 몸은 약화되어 가고, 오감과 수족도 더 이상 예전만큼 효과적으로 작용하지 못합니다. 따라서 "노령"으로 인한 오감과 수족의 점진적인 쇠약 때문에, 의식인 구나도 또한 약화됩니다(즉, 의식의 나타남이 그 자체로 약화됩니다). 몸과 오감과 수족과 의식의 이 모든 작용 속에서, "그대"는 그 자체로서 어디에 들어맞습니까? 그리고 그대는 어디로 나아갑니까? 다양한 과정과 사건들은 음식으로 된 몸과 쁘라나에 기인합니다. 그 속에서 그대의 위치는 어디입니까?

방문객 의식은 몸과 독립해 있습니까? 다시 말해, 몸의 영향을 전혀 받지 않습니까?

방문객 어떻게 그렇게 될 수 있겠습니까? 의식은 음식의 정수로 된 몸의 결과이며, 사뜨바—구나라고 합니다. 마찬가지로, 아이도 또한 그 부모 몸의 정수입니다. 만약 아이가 기형아라면 그것은 음식물로 된 물질적인 몸의 특성상에 어떤 불완전함이 있기 때문입니다.

세속적인 활동과 또한 마음으로 행하는 영적인 활동들은 무지한 상태에서 일어나는 단순한 오락일 뿐입니다. 그러한 활동은 존재의 느낌이 자고 일어나는 주기와 더불어 작용하기 시작했을 때 시작되었습니다.

만약 어떤 사람이 영적인 수행을 통하여 무언가를 얻을 수 있다고 생각한다면, 나는 그러한 사람의 의도와 정체성을 알고 싶습니다. 영적인 구도자들은 그들의 의식인 그들의 본성 자체를 탐구하지 않고, 대신 지식을 얻기 위하여 영적인 책에 탐착하고 있습니다.

방문객 지금까지 수집한 모든 개념과 관념들을 버려야 합니까?

마하라지 그러한 것은 전혀 하지 마십시오. 그대가 "그대의 존재(you are)"를 알고 있는 한, 단지 그대의 존재의 느낌을 고수하며, 오로지 그 상태 속에 계십시오. 그것이 사라져 버리는 것에 대해서도 걱정하지 마십시오.

방문객 존재의 느낌을 기억에 맡겨야 합니까? 그러나 그것은 노력을 의미할 것입니다.

마하라지 그대의 편에서 노력을 해야 할 문제가 어디에 있습니까? 의식은 자동적으로 생겨났습니다. 의식 그 자체는 주의력에 속합니다. 거기에 존재하십시오. 그 어떤 것도 바꾸거나 수정하려고 하지 마십시오. "존재하는" 것은 모두가 거기에 존재하며, 그것이 자기의 사랑, 즉 아뜨마-쁘렘입니다. 만약 그대가 독서를 통해서 그리고 전통적인 이른바 영적인 길과 수련을 통하여 만족을 얻을 수 있다면, 반드시 그렇게 하십시오.

방문객 하지만 마하라지께서는 우리가 목적지에 도달해야 한다고 하셨는데요.

마하라지 목적지로 나아가는 문제가 어디에 있으며, 거기로 나아가야 할 사람은 "누구"입니까? (마하라지는 금속 조각을 쳐서 소리를 낸다.) 이 소리를 살펴봅시다. 그것은 어디로 갑니까? 냐니(jnani)는 모든 개념에서 완전히 벗어난 사람입니다. 그 지점에서는 아무것도 존재하지 않습니다.

방문객 어제 당신은 구루와 삿구루차란, 즉 삿구루의 발에 대하여 말씀하셨습니다.

마하라지   예, 그랬지요. 삿구루차란이란 그대가 "그대가 존재한다 (you are)."는 것을 알 때 의식이 자동적으로 나타나는 것을 의미합니다. 모든 것은 "그대가 존재한다(you are)."는 이 지식 속에 거주하고 있습니다. 그리고 그것은 무한하며 모든 곳에 존재하고 있습니다. 이러한 상태가 바로 삿구루의 신성한 발을 나타냅니다.

방문객   제가 어리석은 질문을 해도 기분 나쁘게 생각하지 마십시오. 이 방의 벽에는 왜 그렇게도 많은 사진들이 걸려 있습니까? 이것은 당신의 가르침과 상반된다는 느낌이 듭니다.

마하라지   그것들은 무지했던 시기의 유물입니다. 무지를 없애기 위해서는 그러한 도움이 필요합니다. 목적이 충족되면 그것들은 더 이상 필요 없습니다. 내가 사용하는 이 몸도 또한 무지한 단계의 결과입니다. 그러나 비록 나는 무지의 단계를 초월했지만, 그 몸을 여전히 사용하고 있습니다. 그래서 그 사진들도 벽을 장식하도록 그냥 내버려둔 것입니다. 그렇게 해도 아무런 해가 없습니다. 바깥에 있는 것들을 바꾸지 말고, 그대의 잘못된 정체성들을 없앰으로써 내부를 바꾸는 것이 어떻겠습니까?

　그대는 지혜를 가지고 있는 것처럼 이야기합니다. 그러나 그대는 실제로 어떤 지식을 가지고 있습니까? 그대가 현재 가지고 있는 자본은 반복되는 깨어남과 깊은 수면과 그리고 "내가 존재한다(I am)."는 지식입니다. 그 밖에 무엇을 가지고 있습니까? 이렇게 반복되는 주기는 그대가 요청하지 않아도 저절로 나타난 것입니다. 그 밖의 다른 모든 것은 그대가 나중에 배우고 얻은 것입니다. 여기를 찾아오는 사람이면 누구든지 비록 그가 외부로부터 이른바 어떠한 지식을 얻었다 하더라도 무지한 아이와 같습니다.

1980년 11월 13일

21

태어나기 이전의 상태로 돌아가라

마하라지 예전에 나는 개성이라는 느낌을 가진 적이 있지만, 그러나 지금은 그 개성을 가지고 있지 않습니다. 개성이라는 느낌은 우주적 나타남의 상태로 변해 버렸습니다.

방문객 그것은 단지 그렇게 일어났습니까?

마하라지 병명이 나타나자마자, 개인이라는 느낌이 일어났습니다. 이제 개성이라는 느낌은 사라지고, 오직 우주적 의식의 느낌만이 남아 있습니다.

　개성은 몸의 형태라는 정체성과 더불어 사라졌습니다. 몸은 내가 설계한 것이 아닙니다. 또한 나는 남자도 여자도 아닙니다. 모든 것은 자동적으로 일어납니다. 날이 새고 태양이 빛나는 것을 누가 봅니까? 하루에 대한 지식이 개인의 것이 될 수 있습니까? 우리가 깨어나자마자, "나의 존재성(I-am-ness)"은 일어납니다. 이때 그것은 오직 존재의 느낌만을 의미합니다. 나중에 또한 몸에 대한 느낌이 거기에 있습니다. 이러한 존재성(beingness)의 느낌은 모든 곳에 존재하며, 그것은 이름이나 모양도 없는 존재 그 자체입니다.

방문객 몸이 고통을 받으면, 실제로 어떤 일이 일어납니까? 나타나지 않은 상태와 몸의 관계, 혹은 이 세상에서 볼 수 있는 실제적 모습과 환영의 모습 간의 관계는 어떤 것입니까?

마하라지 그것들은 아주 밀접한 관계를 맺고 있습니다. 모든 원자의 문화와 정조(sentiment)가 다르듯이, 이 세상에 있는 모든 개인도 다릅니다.
　원자와 원자의 구성 요소에도 다양한 표현이 있습니다.

방문객 진리는 나타나는 것입니까, 아니면 나타나지 않은 것입니까? 진리가 몸을 통해 나타나게 된다면, 몸의 모든 질병들도 나타나지 않은 상태에 있습니다.

마하라지 나타나지 않은 것이 나타나게 될 때, 그것을 사구나─브람만이라고 합니다. 이 브람만의 원리는 풍부하고 충분하며, 나타나며, 그리고 다섯 원소와 세 가지 구나들과 쁘라끄리띠뿌루샤로 이루어져 있습니다. 태양과 공간을 인지하고, 심지어 공간보다도 더 널리 존재하며 더 미묘한 것이 바로 이것입니다.

방문객 대체 무슨 일로 이 모든 작용이 일어납니까? 나타나지 않은 상태의 결과로 나타난 이 우주에서 몸이, 즉 마하라지의 몸이 병으로 고통을 받고 있습니다. 그 결과 우리도 또한 그 병을 목격한 뒤에 고통을 받고 있습니다. 왜 이 모든 성가신 일이 일어납니까?

마하라지 만약 그대에게 "나의 존재성(I-am-ness)"이 없다면, 누가 태양이 떠오르는 것을 보겠습니까?

방문객 비록 당신께서 그것을 수천 번이나 설명해 주셨지만, 저는 아직도 이해를 못했습니다.

마하라지 가장 높은 차원에서는 "누가" 그리고 "무엇"과 같은 것은 그 자체로 공(Nothing)입니다. 존재하는 모든 것은 매우 분명하고 명백합니다. 하지만 이렇게도 단순한 사실이 하나의 수수께끼로 변해 버린 것은 그 원리가 형태와 잘못 동일시한 뒤에 그러한 동일시를 자랑하고 있기 때문입니다. 그것은 몸을 그 정체성으로 받아들인 것입니다.

방문객 그러나 나타나지 않은 것이 몸을 통하여 나타나게 되는 이것이 왜 당신에게 일어납니까?

마하라지 이 질문에 대한 답변을 듣기 위해서는 그대는 그대 자신의 내부로 물러나야만 할 것입니다.

　이 원자의 접촉, 즉 이 작은 의식의 조각에서 이 웅대한 모든 우주가 나타났습니다. 그대는 다음의 질문에 어떻게 그리고 무슨 대답을 하시겠습니까? 즉, 그것은 그 자체를 창조했습니까, 아니면 그것은 창조를 준비했습니까? 그대의 답변은 단순히 추측과 억측에 지나지 않을 것입니다. 그대에게 생사의 윤회가 있다는 어떤 증거를 가지고 있습니까? 그대는 환생에 대하여 어떤 증거를 가지고 있습니까?

방문객 당신의 말씀은 우리가 의식이 나타나는 그 순간에 머물러야 한다는 뜻입니까? 그렇다면 이것을 이해할 수 있을까요?

마하라지 예, 그렇습니다. 나는 지금까지 정확하게 그 점을 사람들에게 이야기해 왔습니다.

방문객 그렇다면 당신의 말씀은 만약 제가 의식이 나타날 때 멈추지 않는다면, 제가 나타나지 않은 상태와 나타난 상태, 몸의 고통 등의 이러한 작용을 이해하지 못할 것이라는 뜻이고, 그리고 저의 모든 이야기는 실제로 수다에 불과하며 그러므로 귀찮은 것에 지나지 않는다는 뜻입니다.

마하라지 그렇습니다. 그것은 시간을 보내기 위한 오락에 불과합니다.

방문객 그 말씀은 우리가 당신을 방문하여 당신 곁에 앉아 있는 것도 사실상 당신을 괴롭힌다는 뜻입니다.

마하라지 나는 심지어 나를 창조한 다섯 가지 원소들에 의해서도 괴롭힘을 당하지는 않습니다. 그러니 어찌 그대가 나에게 귀찮은 존재라 할 수 있겠습니까? 만약 내가 나 자신을 몸과 동일시한다면, 나는 반드시 그것에 따르는 모든 귀찮음과 고통을 받아야만 할 것입니다.

방문객 다른 질문을 하나 해도 되겠습니까? 당신은 이미 어떤 높은 단계에 도달한 의식을 가지고 있습니다. 당신이 아무런 이야기도 하지 않고 단순히 존재하는 것만으로도 그것이 우리에게 유리한 결과를 가져다줄 수 있습니까?

마하라지 그대뿐만 아니라, 심지어 미생물, 개미, 벌레 등도 수혜자들입니다.

방문객 그 말씀은 당신의 영향력이 가장 작은 것에까지 미치는 것을 포함하여 우리에게도 계속 작용하고 있다는 뜻입니까?

마하라지 이야기를 하기 위해서, 그 말은 맞습니다만, 실제로는 아무도 어떤 누구에게도 영향을 미치지 않습니다. 나의 출생 원리가 발아하는 순간에 거기에 어떤 지성이라도 있었습니까? 이 출생 원리는 아이 원리이기도 하지만, 자동적으로 자라나서 마음과 지성을 갖게 되며, 머지않아 마하뜨마 즉 위대한 성자도 될 수 있습니다. 그러나 그 성자의 뿌리는 오로지 아이 원리의 발아입니다. 그렇지 않습니까? 그런데 그대는 영성의 이름을 빌려 많은 지식을 모으고 있습니다만, 그것은 오락에 불과합니다.

방문객 아이 원리가 어떻게 냐니(jnani) 혹은 성자의 지위를 얻을 수 있습니까?

마하라지 이것을 이해하기 위해서는 발아(안꾸라)의 지점에 머물러 안꾸라(옴까라)가 되십시오. 〔옴은 말의 시작이다. 그리고 마하라지는 방문객에게 마음속에 말이 형성되기 이전의 상태에 있으라고 지시한다.〕

방문객 바로 그렇군요. 이제 저는 그 옴까라 상태에 머물러 있기로 마음먹었습니다. 그런데 바깥세상에서, 즉 이란이나 미국, 소련 등의 나라에서 계속 일어나고 있는 폭력은 어떻습니까? 아무런 관련이 없는 것입니까, 다시 말해, 제가 옴까라 상태에서 수동적으로 앉아 있어야 합니까?

마하라지 둘 다 긴밀한 관련이 있습니다.

방문객 그러나 폭력, 고통, 착취 등에서 벗어나기 위해서는……

마하라지 그대의 모든 이야기는 그대의 개성을 변호하고 있습니다. 사실상, 그대는 현재 일어나고 있는 모든 것에 대한 책임 문제로 비난받을 것입니다. 그대 이외에 누가 그 피고인이 될 수 있겠습니까? 그 모든 것을 말하기 위해서는, 그대 이외에, 즉 "나의 존재성 (I-am-ness)"의 느낌 이외에 거기에 누가 있습니까? "어떤 것이라도 존재한다."는 것을 말하기 위해서는 누군가가 우선 거기에 있어야 합니다.
　그대의 존재성(beingness) 속에서, 수백만의 죄가 저질러지고 있으며, 이제 그대는 개성에 매달리고, 그리고 개성 속에 몸을 숨김으로써 책임을 회피하려 합니다. 이 모든 사건들은 오직 그대가 만든 것입니다.

방문객 그러나 당신도 또한 당신의 존재성(beingness) 속에서는 그 모든 것입니다.

마하라지 완전히 모든 것이 그대 자신을 포함하여 나의 존재성
(beingness) 속에 있습니다. 그러나 사태를 바로잡기 위한 어떤 권
한도 나에게나 그대에게 주어져 있지 않습니다.

방문객 문제를 바로잡기 위해서는 옴까라가 조금이라도 도움이 될
수 있겠습니까?

마하라지 옴까라는 모든 것에 유용합니다. 그리고 고통을 포함하여
모든 것이 옴까라입니다. 옴까라의 영역이 없다면 달리 어떻게 기
쁨과 고통이 있을 수 있겠습니까? 발아된 모든 것은 태어남이라고
합니다. 그리고 태어남과 더불어 존재성(beingness)은 그 자신을 하
나의 개인으로 잘못 동일시해 버립니다. 그 결과 기쁨과 고통이 생
기는 것입니다.

방문객 옴까라와 더불어, 안꾸라(발아)는 어떻게 멈출 수 있습니까?

마하라지 그것이 발아했던 방식과 꼭 같은 방식입니다.

방문객 옴까라는 발아(안꾸라)를 저지할 수 있습니까, 아니면 안꾸라
는 옴까라의 작용입니까?

마하라지 옴까라와 안꾸라는 모두 경험적 상태입니다. 그들이 분리

될 수 있겠습니까? 옴까라가 없다면 무엇이 거기에 존재할 수 있겠습니까?

방문객 저는 안꾸라 즉 발아를 저지할 수 있는 어떤 과정이 있는지 알고 싶습니다. 예컨대, 신성한 만뜨라인 옴까라의 암송을 통해서 말입니다. 아니면 우리는 수동적으로 모든 사건을 지켜보아야 합니까?

마하라지 모든 만뜨라에는 목적이 있습니다. 목적이 없는 만뜨라는 있을 수 없습니다.

방문객 그렇다면 만뜨라를 암송함으로써 모든 것이 재창조될 수 있습니까?

마하라지 그렇습니다.

방문객 그런데 도대체 왜 우리는 만뜨라를 암송합니까?

마하라지 그러나 이 만뜨라는 어떤 언어나 어떤 말도 없습니다. 근원으로 돌아가서 그대가 죽기 전에 현실을 보고, 그대의 참된 본성에 거주하십시오. 그러나 대신, 그대는 그대의 정체성이라고 여기는 그대의 몸의 욕망을 채우느라 너무 분주합니다. 사람들은 오직 세속적인 것을 얻기 위하여 신에게 헌신합니다.

방문객 그 말씀은 신에 대한 우리의 헌신이 물건을 사러 시장에 가는 것과 같다는 뜻입니다.

마하라지 이런 식으로 인생은 계속 진행됩니다. 그것이 사람이 한 평생을 살아가는 방법입니다. 일반적인 원동력은 자신의 모든 행동에 대한 이득입니다.

방문객 우리가 이득을 목적으로 신을 숭배하는 한, 그 숭배는 어떤 효과도 없을 것입니다. 그렇지 않습니까?

마하라지 최초의 원동력은 "존재의 사랑", 즉 자신의 생명을 계속 유지시키는 것입니다.

방문객 "존재의 사랑"이 없으면, 어떤 일이 일어납니까?

마하라지 대답할 사람이 누가 있겠습니까?
  "존재의 사랑"이 가라앉은 뒤에는, 그것이 가라앉았다고 말할 사람이 누가 있겠습니까? 샥띠(에너지 잠재력)와 아난다(희열), 그리고 삿-칫-아난다(존재-의식-희열)를 경험하는 것이 가능하겠습니까? 아니면, 그런 것이 아무것도 없겠습니까?

방문객 우리는 샷-칫과 아난다에 대하여 줄곧 들어 왔습니다. 그것들이 실재하고 있다면, 우리는 그것들을 향해 나아가야 하지 않습니까? 만약 그것들이 그 자체로 존재하지 않는다면, 도대체 우리가 왜 그것들을 얻기 위하여 노력해야 하겠습니까?

마하라지 우리의 근원 즉 뿌리는 존재성(beingness)에 대한 우리의 느낌, 즉 아이 원리입니다. 그것이 어떤 활동에 의식적으로 관여했습니까? 그것은 그 단계에서 어떤 지성이라도 가지고 있었습니까? 이 근본적인 아이 원리 이외에 거기에 달리 무엇이 있겠습니까?

방문객 이제 다른 사람의 질문을 받아 보시지요.

마하라지 그들이 어떻게 참된 질문을 할 수 있을까요? 그들은 어떤 정체성에 매달린 뒤에 질문을 제기할 것이고, 그러한 정체성들은 독서를 통해서나 남의 이야기를 들은 뒤에 형성된 것입니다. 이 모든 것은 외부에서 수집된 정보 차원의 지식입니다. 그래서 그것은 자연적으로 생겨난 지식인 참된 지식이 아닙니다. "우리가 존재한다(one is)."는 지식을 누가 가지고 있습니까? 그리고 "우리가 존재한다."는 그것은 무엇입니까? 이러한 쉬바의 원리는 무엇입니까? 마라띠어로, 쉬브(shiv)는 "촉감"을 의미합니다. 나에게 존재성(beingness)의 촉감을 보여 주십시오. 이러한 원리 즉 존재성(beingness)의 촉감이 어떻게 일어나게 되었는지를 철저하게 관찰하고 조사하십시오. 우주 전체의 표현은 존재성(beingness)의 촉감이 확산된 것입니다. 이 원리는 다섯 가지 원소와 세 가지 구나들과 그리고 쁘라끄리띠 뿌루샤로 이루어져 있습니다.

방문객 이 모든 웅장한 우주는 옴까라, 즉 존재성(beingness)의 접촉에서 만들어진 것입니다. 그것은 에너지입니까, 힘입니까, 아니면 단순한 개념에 불과합니까?

마하라지 어떠한 말이나 명칭이나 관념이 그대에게 떠오를지라도, 그것들은 목적에 맞습니다.

방문객 이러한 원리에 대하여, 우주의 어머니인 '자가담바' 혹은 악마 마히샤의 파괴자인 마히샤수라 마르디니와 같은 명칭들이 붙여졌습니다.

마하라지 자가담바는 무슨 뜻입니까? 새벽녘을 알아보는 원리, 즉 깨어 있는 상태가 그 자가담바입니까?

방문객 그러나 이 원리는 에너지입니까, 아니면 개념에 불과합니까, 아니면 환영입니까?

마하라지 그것에게 지성이 있습니까?

방문객 그것이 일종의 지성입니까?

마하라지 그대는 그것이 그럴 것이라고 추정할 수도 있습니다.

방문객 제가 알고 싶은 것은 바로, 제가 저에게서 생겨난 이 나타남의 일부분인지, 아니면 저는 그 나타남과 떨어져 있는지 하는 것입니다.

마하라지 그대는 그것과 떨어져 있지 않습니다. 그것은 오직 그대의 빛일 뿐입니다.

방문객 여러 종교나 딴뜨라나 뿌라나 등을 통하여 그것이 에너지 잠재력이고, 그것이 아난다이며, 그것이 샥띠이며, 그것이 사랑으로 채워져 있다는 것이 몇 번이고 거듭 선언되어 왔습니다. 이런 것들은 우리에게 뿌리 깊게 새겨진 인상들입니다. 그런데 우리가 그것들을 포기하고 그들을 버린다면, 우리는 어떻게 해야 합니까?

마하라지 그것들을 버릴 필요가 어디에 있겠습니까?

방문객 당신은 저에게 두 가지 차원을 주셨습니다. 하나의 차원에서는 저는 저의 나타남과 참나 간의 이러한 관계를 볼 수 있고, 그리고 다른 차원은 "나의 존재성(I-am-ness)"이란 느낌의 발아 즉 일어남입니다. 제가 어떻게 해야 합니까?

마하라지 만약 그대가 차원에 관심이 있다면, 수백만 개의 차원이 있으며, 그대는 그 수를 계산하기 시작할지도 모릅니다. 그러나 그 원리는 계산을 하기 위한 하나의 견본으로서 객관화될 수 없습니다. 그대의 정체는 무엇입니까? 그대는 무엇이라고 느끼고 있습니까? 그대의 표본은 무엇입니까?

사회복지사업 등을 한답시고 여기저기 뛰어다닌들 무슨 소용이 있습니까?

이 객관적 세계에서 영원한 것이 있기라도 합니까? 그대는 사람들을 행복하게 하고자 사회봉사와 같은 너무도 많은 일들을 하고자 노력하고 있습니다.

그대는 오늘 면도를 하고, 수염이 자라면 내일 또다시 면도를 해야 하는 등 이것이 계속 되풀이될 것입니다. 마찬가지로 그대는 오늘 사람들을 행복하게 하고, 내일 그들이 불행해지면 다시 그들을 행복하게 해 주려고 합니다. 그래서 그 주기는 계속되고 그대는 거기에 걸려들고 맙니다. 처음, 내가 영성을 추구하고자 했을 때, 나는 쁘라빤차 즉 세속적인 삶을 포기했습니다. 나중에 나는 영성의 의미를 이해하게 되었고, 그리고 그것도 이미 사용한 개숫물을 버리는 것만큼이나 쉽게 버릴 수 있다는 결론에 도달했습니다. 그러므로 나는 현재 영성에는 전혀 관심이 없습니다. 왜냐하면 그것을 초월했기 때문입니다. 나는 일반 대중들 앞에서는 이런 식으로 이

354

문제를 이야기할 수 없습니다. 그렇게 하면 그들은 나에게 돌을 던질 것입니다. 그대는 무엇입니까? 그대의 정체성은 무엇입니까? 그대는 그대 자신을 올바르게 보았습니까? 그대는 몸-마음이 없는 그대의 참된 정체성을 사진으로 찍을 수 있습니까? 이런 종류의 이야기를 듣고서도 그대는 다시 나를 보고자 하겠습니까?

방문객 마하라지 스승이시여! 니사르가닷따 마하라지라고 알려진 저명인사이신 당신과 만날 수 있는 큰 특권을 가지고 이러한 방문을 하고 난 뒤, 저의 영적인 추구에 어떤 추진력을 받았다는 느낌이 듭니다. 이러한 방문이 있고 난 뒤에 서너 달 동안 지속되는 이러한 느낌은 아마도 너무 기뻐 어쩔 줄 모르는 일종의 환희의 상태일지 모릅니다. 그것은 우리가 안꾸라의 지점에, 즉 "나의 존재성(beingness)이 발아"하는 순간에 멈출 수 있다는 확신을 줍니다. 이러한 느낌 그 자체는 곧 지혜와 직관적 통각이 있다는 표시입니다.

　지난 삼사 년 동안 당신을 방문하면서 저는 이러한 인상을 받고 돌아갔으며, 어떤 평화, 일종의 평온함을 얻었습니다.

마하라지 예, 그러나 그것은 그대의 마음의 소란이 단순히 진정된 것에 지나지 않습니다. 그 이상 아무것도 아닙니다.

방문객 하지만 마하라지 스승이시여! 그것은 좋지 않은 것입니까? 당신을 방문하고 난 이후이면 우리는 평온하고 행복한 느낌을 얻습니다. 당신은 왜 그것을 매도하십니까?

마하라지 그것은 오직 일시적인 상태에 불과합니다. 얼마 후에 그것
은 사라집니다. 태어남과 더불어, 깊은 수면과 깨어남과 앎이라는
세 가지 상태가 작용을 합니다. 그대가 경험한 것은 시간의 한계를
받는 상태인 앎의 영역에 있는 것입니다. 태어남이 있기 이전에는
어떤 것이라도 하고 싶은 욕구가 있겠습니까?

1980년 11월 20일

| 용어 해설 |

가네샤(ganesha) "나의 존재성(I-am-ness)" 상태의 깨달음; 언어의 형
성에서 '빠라' 이전의 상태; 또한 신의 이름

구루 박띠(guru-bhakti) 영적인 스승에 대한 헌신

까르마(karma) 활동, 운동; 자신의 행위에 대한 도덕적 결과로서 그것
이 행위자에게 돌아올 때 좋든 싫든 미래의 경험을 만들어 낸다.

꾼달리니(kundalini) 척추의 기반부에 잠재되어 있다가 영적인 수행
을 통하여 활성화되는 우주적 영적인 에너지(샥띠)

꾼달리니 요가(kundalini-yoga) 꾼달리니의 요가, 꾼달리니 에너지를
일깨움으로써 영적인 발달과 힘을 추구하는 수행

나마스마라나(namasmarana) 신성한 신의 이름의 암송

나마 자빠(nama-japa) 신성한 신의 이름의 반복적 암송

나바라나쓰 삼쁘라다야(Navanath Sampradaya) 전통적인 나인 구루의 종
단(미국에서 초판으로 나온 《나는 그것이다》의 539쪽을 참조)

냐나(jnana) 지식, 더 구체적으로 영적인 지식

냐나 요가(jnana-yoga) 지식의 요가

냐니(jnani) 글자 뜻 그대로 "지식을 소유하고 있는", "아는 자"; 깨달은 성자

네띠 네띠(neti-neti) "이것도 아니요, 저것도 아니다." 우빠니샤드의 경구로서 그 말의 의미는 지고의 브람만은 어떠한 속성이나 특성을 초월해 있다는 것이다.

니루빠(niroopa) 메시지, 표시

니루빠나(niroopana) 논증, 증거를 제공하는 영적인 이야기나 의견의 교환

니르구나(nirguna) "속성 없는", 무조건적인, 특성이 없는 상태; 절대적 브람만, "비존재성"

니르바나(nirvana) 비정체성의 상태 혹은 에고의 완전한 초월; "나의 존재성(I-am-ness)"의 느낌의 상실; 빠라브람만

니르비샤야(nirvishaya) 대상이 없는, 지각의 대상이 없는, 그러므로 주체도 없는 상태; "비존재성"의 상태

니르야나(niryana) "나의 존재성(I-am-ness)"의 느낌이 소멸되었을 때 존재하는 상태

니쉬까마 빠라브람만(nishkama Parabrahman) 욕망이 없는(니쉬까마) 지고의 절대성(빠라브람만)의 상태

디야나 요가(dhyana-yoga) 명상의 길, 영성을 향한 명상적인 접근

딕샤(diksha) 입문

따마스(tamas) 불활동, 저항, 어둠. 세 가지 구나들 가운데 하나; 또한 행위자임의 주장

따빠(tapa) 금욕 생활의 실천

딴뜨라(tantra) 만뜨라와 얀뜨라를 포함한 의식의 고양을 도모하는 일단의 기법; 그러한 기법을 설명하는 경전

땃 뜨밤 아시(tat-tvam-asi) "그대는 그것이다." 유명한 베단따의 마하 바끼야('마하 바끼야' 참조)

라자스(rajas) 에너지, 정열, 역동적 특성; 세 가지 구나들 가운데 하나

리쉬(rishis) 선각자, 고대의 현인

마노자야(manojaya) 마음에 대한 승리

마드야마(madhyama) 확실한 언어의 형성이 시작되는 빠슈얀띠와 바이까리 사이에서 언어와 의식이 현시되는 중간 단계

마라띠(Marathi) 마하라지가 살았던 봄베이와 마하라슈뜨라 주에서 사용되는 언어

마야(maya) 우주적 환영, 더욱 구체적으로 몸과 동일시하는 최초의 환영; 우주적 환영을 투사하고 초월적 통일성을 숨기는 현시의 역동적 원리

마하 따뜨바(maha-tattva) 글자 뜻 그대로 "대원리"; 의식

마하뜨마(mahatma) 위대한 인물

마하 바끼야(maha-vakya) 글자 뜻 그대로 "위대한 말씀"; 브람만의 진리, 즉 지고의 실재를 표현하는 《우빠니샤드》의 말

마하 요가(maha-yoga) 글자 뜻 그대로 "대결합"; 마하라지는 존재성

(beingness)과 비존재성(non-beingness)의 경계선을 지칭하기 위
하여 사용

마헤쉬와라(Maheshwara) "지고의 신." 신

마히샤(Mahisha) 물소; 큰 물소로 나타난 악마 마히쉬아수라의 이름

마히쉬아수라 마르디니(Mahishasura Mardini) 악마 마히쉬아수라의 파괴
자, (깔리, 즉 신성한 어머니의 한 양상으로 여겨지는) 두르가의 이름

만뜨라(mantra) 마음을 신과 연결시켜 줌으로써 마음을 고상하게 하
고 순화시켜 주는 힘을 가진 신성한 말이나 말의 정해진 문구;
정해진 일련의 신성한 말

물라(moola) (나무의 뿌리와 같은) 뿌리, 기초, 토대; 마라띠어로, 아이

물라마야(moolamaya) 근본적, 기초적인 환영; 존재와 "비존재" 사이
의 경계

바가반 바수데바(Bhagavan Vasudeva) 글자 뜻 그대로 "신 크리슈나";
마하라지가 이 책에서 사용한 용법으로는 "나의 존재성(I-am-
ness)"의 향기를 풍기는 신

바나스빠띠(vanaspati) 글자 뜻 그대로, "숲의 신." 식물계

바사나(vasanas) 잠재의식 속에 있는 잠재된 인상들; 타고난 경향성

바이까리(vaikhari) 언어가 나타나는 과정에서 빠라, 빠슈얀띠, 마드
야마 다음에 오는 마지막 상태

바잔(bhajan) 신의 이름이 암송되는 헌신의 노래, 박띠-요가의 중
요한 특징

바차스빠띠(vachaspati) 글자 뜻 그대로 "언어의 신." 인도 신화에 나

오는 신; 마하라지는 인간을 포함한 동물계를 가리키는 이름으로 사용

박띠(bhakti) 헌신, 신에 대한 사랑

박띠-요가(bhakti-yoga) 충실한 복종의 태도로 신에게 다가가는, 신에 대한 충실한 헌신의 길

발크리슈나(balkrishna) 글자의 뜻 그대로 "아이 크리슈나", "소년 크리슈나." 화신 크리슈나의 장난기 많은 어린 시절에 대한 언급; 마하라지의 용법으로는 "아이-의식". 마음이 형성되기 전에 일어나는 "나의 존재성(I-am-ness)"의 느낌

보디사뜨바(bodhi-sattva) 불교에서, 이 세상에 남아서 다른 사람들이 깨달음을 얻도록 도와 주는 깨달음을 얻은 존재

브람만(Brahman) 절대적 실재

브람만 수뜨라(Brahman-sutra) "브람만의 실." 이 세상을 두루 꿰매고 있으면서 이 세상을 지탱하고 있는 것으로서의 브람만

브리띠(vritti) 정신적 변화, 마음의 변동

브리하스빠띠(brihaspati) 글자 뜻 그대로 "거대한 크기의 신." 인도의 민간 전승에 나오는 신들의 구루를 가리키는 이름; 마하라지는 이따금씩 인종을 지칭하는 데 사용

비데히스티띠(videhisthiti) 몸이 없는 상태. 몸이 없음

비샤라 안띠(vishara-anti) 마하라지가 설명한 비쉬란띠의 어원, 최종적인 자아의 망각을 의미

비쉬바비샤야(vishvavishaya) 지각의 대상으로서 우주, 우주의 나타남

비쉬바 수뜨라(vishva-sutra) "우주의 실." 우주를 두루 꿰매고 있으면
서 우주를 한데 묶어 주는 것

비쉬바요가(vishvayoga) 우주와의 일치

비자(bija) 종자, 근원

빠라(para) 신; 언어의 근원; 절대자

빠라마 비쉬란띠(parama-vishranti) 지고의 휴식, 절대성에 거주하는
가장 높은 상태

빠라메쉬와라(Parameshwara) "지고의 신." 쉬바의 이름; 절대자

빠라 바니(para-vani) 최고의 언어. 빠라, 빠라 샥띠와 동일한 언어의
초월적 상태

빠라브람만(Parabrahman) 절대자의 지고의 상태; 공간-시간 이전의,
나타나기 이전의 상태; 태어나지 않은 영원한 원리, 일시적인
"나의 존재"나 "존재성"보다 "더 높은" 상태

빠라 샥띠(para-shakti) 지고의 에너지; 빠라처럼 언어의 최고의 상태

빠람아뜨만(Paramatman) 지고의 참나, 영원한 절대적 상태

빠랍디(parabdhi) "대해"; 생명의 바다; 시간; 죽음

빠슈얀띠(pashyanti) 언어가 현시되는 초기 단계

빤차 쁘라나들(pancha-pranas) 다섯 부분의 생명의 호흡

뿌라나(puranas) 신성한 저작물, 신성한 역사와 신들의 이야기를 하
나하나 열거하고 있는 인도 종교의 경전

뿌루샤 쁘라끄리띠(purusha-prakriti) "정신과 물질." '쁘라끄리띠 뿌루
샤'와 동일

뿌루샤(purusha) 상징적으로 남성적인, 순수한 영혼이나 의식의 원리; 쁘라끄리띠 혹은 마야의 우주적 표현을 목격하는 자각

뿌르나브람만(poornabrahman) 무한한 브람만

쁘라끄리띠 뿌루샤 샥띠(prakriti-purusha shakti) "물질과 정신의 에너지"; 마하라지는 존재성(beingness)을 가리키는 말로 사용

쁘라끄리띠 뿌루쉬(샤)(prakriti-purush, prakriti-purusha) "물질과 정신." 다섯 가지의 원소와 세 가지의 구나들을 만드는 이원적인 여성-남성의 원리

쁘라나(prana) 생명의 호흡, 생명 에너지

쁘라나바(pranava) 옴, 최초의 소리

쁘라랍다(prarabdha) 운명, 현생의 진로를 결정짓는 까르마

쁘라빤차(prapancha) 나타난 세계, 세속적인 삶

쁘라사다(prasada) 신이나 구루에게 공물로 바쳐짐으로써 정화된 축복 받은 음식

뿌루쇼따마(prushottama) 최고의 뿌루샤, 지고의 영혼; 절대성, 영원성

사구나 브람만(saguna-brahman) "속성을 가지고 있는" 브람만, 브람만의 나타남, 브람만의 제한적 양상. 마하라지는 "나의 존재성(I-am-ness)" 즉 존재성(beingness)의 느낌을 가리키는 말로 사용

사뜨바(sattva) 의식; 또한 종자-존재성; 명료, 순수, 조화; 세 가지 구나들 가운데 하나

사뜨바 샥띠(sattva-shakti) 글자 뜻 그대로 "순수의 에너지"; 마하라지는 존재성을 가리키는 말로 사용

사마디(samadhi) 글자 뜻 그대로 "열중"; 요가 명상의 최고의 단계, 흔히 "황홀경 같다"고 묘사됨

사비사야(savishaya) 글자 뜻 그대로 "대상이 있는"; 주체와 객체가 존재하는 상태; 마하라지는 존재성(beingness)을 가리키는 말로 사용

삼스까라(samskarara) 무의식에 기록된 잠재의식의 인상들, 현생과 전생의 경험으로 만들어짐

삿구루(sat-guru) 참된 스승, 진정한 영적인 스승

삿 구루차란(sat-gurucharan) 삿구루의 발

삿 칫 아난다(sat-chid-ananda) 존재-의식-희열; 베단따 철학에서 브람만의 본성에 대한 "본질적인 정의"

상그(sangh) 수도원 교단

샥띠(shakti) 에너지, 힘, 영적인 에너지

쉐샤샤이(Sheshashayi) "우주적인 뱀인 쉐샤의 또아리 위에 누워 있는 자"로서 비슈누의 이름

쉬브(shiv) 마라띠어로, 촉감

슈다비냐나(shuddhavijnana) 순수한 지식; 순수한 "초지식"

스바다르마(svadharma) 우리에게 마련된 특별한 인생 진로, 우리 "자신의 의무"

스바라사(svarasa) 사물의 정수 혹은 "주스." 마하라지는 "앎의 느낌"을 가리키는 말로 사용

스바루빠난다(svarupananda) 자기 자신의 본성(스바루빠)의 희열; 존재

의 희열

싯다뿌루샤(siddhapurusha) 고도로 진화된 사람

싯디(siddhi) "초자연적" 능력

아난다(ananda) 희열, 초월적 기쁨

아난다 마이(ananda mayi) 희열로 이루어진, 희열로 가득 찬

아난다 마이 마(Ananda Mayi Ma) "희열로 가득 찬 어머니." 대단히 존
경받는 여성 성인의 이름, 마하라지의 동시대인

아드바이따(advaita) 비이원성

아뜨마,아뜨만(atma, atman) 참나; 몸-마음으로 된 경험적인 자기와
상반되는 참된 영적인 참나

아뜨마 냐나(atma-jnana) 참나-지식, 아뜨만의 직접적인 깨달음

아뜨마 쁘렘(atma-prem) 자기애, 경험적인 자기의 사랑 혹은 보다 높
은 참나인 아뜨만에 대한 사랑

아뜨마 수뜨라(atma-sutra) "참나의 실." 우주를 두루 꿰매고 있으면
서 우주를 지탱하고 있는 우주적 참나

아뜨마 요가(atma-yoga) 참나-지식의 훈련이나 길; 아뜨만의 지식을
가져다주는 수행

아라띠(arati) 신성한 성상이나 그림 앞에서 불꽃이 노출되어 있는
등불을 흔드는 의식; 마라띠어로 "특별한 필요." 개개 피조물의
자기에 대한 사랑

아바따(avatar) 화신

아사나(asana) 자세, 이를테면 요가의 자세

아잔마(ajanma) "태어남이 없는." 창조되지 않은, 시작도 없는; 태어나지 않은 상태.

아차리아(acharya) 위대한 스승, 널리 존경받는 스승, 영적인 지도자

아함-까라(aham-kara) 글자의 뜻 그대로 "나를 만드는 사람"; "나의 존재" 혹은 에고; 행위자임, 소유자임 등의 느낌

아함-바바(aham-bhava) "내가 존재한다."는 느낌

안꾸라(ankura) 발아, ("나의 존재성"의) 발아

알락(alak) 무-주의력

암리따(amrita) 넥타, 신의 음식

얀뜨라(yantra) 의식적 숭배의 대상, 전형적으로 신비한 도형

옴(Om, Aum) 신성한 소리. 나타나고 나타나지 않은 본질적인 실재를 구현하는 최초의 소리

옴까르, 옴까라(Omkar, Omkara) "옴" 소리(위 참조); 말이 형성되기 이전의 상태

요가(yoga) 글자 뜻 그대로 "멍에로 연결된" 혹은 "결합," 마음을 정화시키고 참나의 깨달음에 다 가까이 다가가도록 해 주는 영적인 훈련이나 수행

요가마야(yogamaya) 나타남의 힘, 존재성, 나타난 상태

요가샥띠(yogashakti) 우주의 에너지

이슈와라(Ishwara) 하느님, 신

이슈와라 박띠(Ishwara-bhakti) 신에 대한 헌신

자가담바(Jagadamba) 우주의 어머니

366

자빠(Japa) 신의 신성한 이름의 암송; 마라띠어로 "지키다, 보호하
다"의 뜻

차란 암리따(charan-amrita) 신의 발의 넥타, 신상의 발을 씻을 때 사
용하는 향기 나는 "성수"; 특히 신성한 것으로 여겨짐

칫(chit) 의식, 우주적 의식, 참나

하타 요가(hatha-yoga) 장기간의 명상을 대비하여 몸을 준비시키도
록 고안된 신체적 수양에 관한 인도인들의 학문 체계

하타 요기(hatha-yogi) 하타 요가의 수행자

훔까라(humkara) "윙윙거리는 소리." 명상 때 들리는 존재성
(beingness)의 윙윙거리는 소리

히란야가르바(hiranyagarbha) 글자 뜻 그대로 "황금빛 태아"; 의식

| 참고 문헌 |

Balsekar, Ramesh S. *Pointers from Nisargadatta*, Bombay, India: Chetana; Durham, N.C.: The Acorn Press, 1982.

Brent, Peter. *Godmen of India*, Harmondsworth, Middlesex, England: Penguin Books, 1972.

Nisargadatta, Maharaj. *I Am That: Talks with Sri Nisargadatta Maharaj*, Translated from the Marathi by Maurice Frydman, and edited by Sudhakar S. Dikshit. Bombay, India: Chetana; Durham, N.C.: The Acorn Press, 1994.

_____. *Consciousness and the Absolute*, Edited by Jean Dunn. Durham, N.C.: The Acorn Press, 1994.

_____. *Prior to Consciousness*, Edited by Jean Dunn. Durham, N.C.: The Acorn Press, second edition, 1990.

_____. *Seeds of Consciousness*, Edited by Jean Dunn.

Durham, N.C.: The Acorn Press, second edition, 1990.

_____. *The Ultimate Medicine*, Edited by Robert Powell. San Diego: Blue Dove Press, 2001.

_____. *The Experience of Nothingness*, Edited by Robert Powell. San Diego: Blue Dove Press, 2001.

Powell, Robert. *The Blissful Life*, Durham, N.C.: The Acorn Press, 1994.

_____. *The Wisdom of Sri Nisargadatta Maharaj*, San Diego: Blue Dove Press, 1995.

Sri Nisargadatta Maharaj Presentation Volume: 1980. Bombay, India: Sri Nisargadatta Adhyatma Kendra, 1981.

불멸의 넥타

초판 1쇄 발행 2010년 6월 30일

지은이 니사르가닷따 마하라지
편집   로버트 파웰
옮긴이 김병채
펴낸이 황정선
펴낸곳 슈리 크리슈나 다스 아쉬람
출판등록 2003년 7월 7일 제62호
주소 경상남도 창원시 북면 신촌리 771번지
대표전화 (055) 299-1399
팩시밀리 (055) 299-1373
전자우편 krishnadass@hanmail.net
홈페이지 www.krishnadass.com

ISBN 978-89-91596-29-0   03270

Printed in Korea